JN002258

人口減少時代における

保育の多機能化

～子育て支援・保育の職場環境改革～

社会保険労務士法人ワーク・イノベーション
特定社会保険労務士
菊地 加奈子 [著]

日本法令®

はじめに

　2022年は、子どもを取り巻く社会のあり方を大きく変えることになる、改正児童福祉法、こども基本法、こども家庭庁設置法の3つの法案が可決、成立しました。

　中でもこども基本法は、子どもをまんなかに据えた国内法として日本社会が考える子どものあり方を示したものであり、最も重要な基本理念です。すべての子どもの基本的人権を守り、差別的な扱いをしないこと、適切な保護と養育を行うこと、子どもの年齢や発達の程度に応じて意見を表明する機会を与え、子ども自身が多様な社会的活動に参画できるようにすることが明記されています（2023年4月施行）。

　そして、こども家庭庁設置法の成立によって2023年4月より新たに設置されたこども家庭庁は、「こどもまんなか社会」の実現のため、すべての子どもが福祉や地域から切り離されることなく育つことができるよう、各省庁を越えて子ども施策に関する司令塔としての役割を果たし、子どもの権利が守られるよう力強く動いていくことになります。

　改正児童福祉法では、保育所等が身近な地域の相談機関として明確に位置付けられ、孤独な子育てに悩む非就労家庭の支援やかかりつけ相談機関・子どもの育ちを支える地域の総合的な拠点としての役割を担い、様々なニーズに応えていくために多機能化していく方向性が示されています。

　保育の現場では、待機児童問題から一転してコロナ禍や経済不安により予想を超える深刻な少子化が進み、多くの保育所等で空き定員が生じる時代に入りました。少子化による園児減少による余剰を、非就労家庭の子どもの受入れやインクルーシブ保育の推進といった新たな機能を加えて埋めていくという国の施策は理にかなっているようにも見えます。

　しかし、現場では未だに保育者が足りない状況が続いており、相次ぐ不適切保育や保育中の死亡事故の報道等も大きな社会問題となりました。

このような中で保育者たちは、業務の幅・専門性ともに自分たちのスキルを超える役割を担っていくことに対して大きな不安を抱いているようにも感じます。

　事業者は経営維持のために多機能化を検討せざるを得ない時期にきていますが、まずは「こどもまんなか社会の実現」という多機能化本来の目的の理解が不可欠です。そのうえで、地域との連携体制をとりながら、保育所等の機能強化と質の向上を目指していくことを、行政と共有し合いながら丁寧に進める必要があります。

　本書では、大きな変革期にある保育所等の道標となればとの思いから、社会的な問題、子どもを取り巻く様々な課題に対して、社会保険労務士という立場から「働く」「公的扶助」という視点をベースに解決策を提示するとともに、これからの保育の多機能化・地域共生社会のあるべき姿を横断的に探りました。

　「こどもまんなか社会」の実現には、子どもと関わるすべての人たちが働きがいと働きやすさを感じながら毎日を過ごせることが重要です。また、子どもを取り巻く様々な問題に関して、どうしても当事者だけで解決を図ろうとで考えがちですが、子どもは日本の未来をつくるかけがえのない存在であり、社会全体で子どもを育てるという意識のもと、すべての大人が当事者意識を持ち解決策を見い出していく必要があると考えます。

　行政、事業者、親、これから親になる人たち、親たちを雇用している企業、そして保育者…それぞれの立場を理解し合いながら、つながりを持って「こどもまんなか社会」の実現について考えるきっかけになれば幸いです。

令和５年５月　菊地　加奈子

CONTENTS

第1章 少子化時代における これからの保育

第2章　多様化する保育のニーズに応える

第3章　開かれた保育・教育のために

第4章 保育士確保・資質向上のための組織づくり

※　本書では、原則として保育所（小規模保育所含む）、認定こども園、幼稚園を総称して「保育所等」と表記します。また、保育士、保育教諭、幼稚園教諭、保育補助者を「保育者」と表記します。

第1章

少子化時代における
これからの保育

　人口減少が深刻な地方の保育所等を中心に、認定こども園化、公私連携といった運営形態に変化がみられます。また、多様化した保育形態・地域の違いにより保育現場に差が生まれています。

　少子化時代に選ばれる園になるために、どのような取組みをしていくべきでしょうか。好事例とともに園と地域の役割について考えます。

第1節 人口減少化時代における保育行政・保育所等の運営

1 地域共生と多機能型地域子育て支援

これからの国の保育政策は、すべての子育て家庭が必要とする支援を受けられ安心して子どもを産み育てられる環境を整備することを目的に、子育て家庭における様々なニーズに対応していくとしています。

ポイント

❶ 公的支援は、縦割りから地域を包括して捉える「地域共生社会」へと向かっている。

❷ 子育て家庭を包括的に支援する体制が検討され、それにともない保育所等の機能も拡張が求められている。

❸ 国の「地域における保育所・保育士等の在り方に関する検討会」では、保育所の多機能化や求められる役割、他機関との関わりについてまとめている。

❶ 地域共生社会

かつての日本は、地域の相互扶助や家族同士の助け合いなど、地域・家庭・職場といった様々な場面において支え合いの機能が働いていました。その後、社会は変化し、現在では主に社会保障制度といった公的支援が中心となって、人々の暮らしを支えています。しかし、少子高齢化、

人口減少が深刻化していくと、社会保障制度も限界に近づきます。

　また、2015年9月25日第70回国連総会で採択された「我々の世界を変革する：持続可能な開発のための2030アジェンダ」では、貧困の撲滅、保健や教育、環境問題や格差拡大などの課題に対応していくこと、そして、その課題に取り組むにあたっては「誰一人取り残さない」という原則が採択されました。

　福祉ニーズが多様化・複雑化している現在、公的支援では解決が難しい複雑に絡み合った課題に向き合うためにも、かつてのような地域全体での支え合いの機能を呼び戻していくことが必要であるという考えが広まってきています。

　「地域共生社会」とは、このような社会構造の変化やライフスタイルの変化を踏まえ、制度・分野ごとの「縦割り」や「支え手」「受け手」という関係を越えて、地域住民や地域の多様な主体が参画し、人と人、人と資源が世代や分野を越えてつながることで、住民一人ひとりの暮らしと生きがい、地域をともに創っていく社会を目指すものです。

　こうした考えに基づき、いま、保育所等のあり方も見直されつつあります。

❷　保育所等の多機能化　待機児童対策から家庭支援へ

　これまでの国の保育政策は待機児童対策が主軸でした。もちろん、保育の質がないがしろにされてきたわけではありませんが、施設や職員を増やすことが重点施策となっていたのは事実でしょう。しかし、年間の出生数が2016年に初めて100万人を割り、その後も国の予想を上回るペースで減り続け、2022年には過去最少の79万人となり初めて80万人を下回りました。これは想定よりも6年も早く少子化が進んでいるということを意味します。待機児童が社会問題となっていた時期から一転して、保育所等が余る時代へと移りつつあるのです。

　こうした背景から、国は保育所等の定員に余裕が生じた部分を、共生社会実現のための機能強化に活用することを求めています。

子育てにおける共生社会とは、子どもの権利条約の精神に則り、子どもの今と未来が生まれ育つ環境に左右されることなく、心身の健康と教育の機会が等しく保障され、子ども一人ひとりが夢や希望を持つことができる社会のことをいいます。親の就労の状況や家庭環境に関係なく支援を受けられるよう保育所等の機能強化が求められています。

❸　人口減少地域等における保育所・保育士等の在り方

　人口減少時代を迎える中で、ライフタイルの多様化、子育ての課題の複雑化など、子どもを取り巻く課題は多岐にわたり、親の負担や不安を取り除くことができない状況が続いています。このような状況において、地域における保育所・保育士等の役割はますます大きくなっていくと考えられます。

　こうした背景を踏まえて、厚生労働省「地域における保育所・保育士等の在り方に関する検討会」(第1回(2021年5月26日)〜取りまとめ(2021年12月20日))では、図表1のような具体的取組み内容が示されました。新たに予算化されたもの、すでに事業化・制度化されているものを導入・再構築していくことになります。

図表1　人口減少地域等における保育所・保育士等の在り方の方向性

①人口減少地域等における保育所の在り方
□各市区町村が各保育所等の状況を踏まえた役割分担を整理・明確化し、持続可能な保育提供体制づくりを計画的に行う
□統廃合や規模の縮小、多機能化等の事例収集と展開
□人口減少地域で有効活用が期待される制度(公私連携型保育所、社会福祉連携推進法人等)に関する制度周知と多機能化のための改修費支援
■利用定員区分の適切な設定の周知と細分化等を含む公定価格の見直しの検討

人口減少の動向はどうやって把握するの?
市町村がまち・ひと・しごと創生総合戦略を策定しています。※まち・ひと・しごと創生法により努力義務

どのような場で議論するの?
地方版こども子育て会議などを通して議論されます。

既存の事業者はどうなるの?
多機能化や公私連携型保育所、社会福祉連携推進法人への移行など、新たなニーズとスキームに移行しながら変化していくことが考えられます。

②多様なニーズを抱えた保護者・子どもへの支援

□子育て負担を軽減する目的（レスパイト・リフレッシュ目的）での一時預かり事業の利用促進や施設見学・ならし預かり等を経た事前登録制度の構築

□保育所に通所していない児童を週1～2回程度預かるモデル事業やICT等を活用した急な預かりニーズへの対応

□保育所と児童発達支援との一体的な支援（インクルーシブ保育）を可能とするための規制の見直し

□一時預かり事業を通じた保護者への相談対応などの寄り添い型の支援の実施や、そのための職員研修の検討

■医療的ケア児、障害児、外国籍の児童等への対応に係る研修の検討・推進等

どうやってニーズを把握するの？

市町村が子ども子育て支援事業計画を策定する過程でアンケート調査などを通じて把握します。

多機能化が進んでも、どんな機能があるのかがわからない

利用者支援事業（本書14頁）
こども家庭センター（本書151頁）
が、相談者のニーズを聞きながら適切な機関を紹介してくれます。

ニーズに応じて新しい機能が追加されていくの？

保育所等の多機能化に関しては、
・「地域子ども・子育て支援事業（13事業）」（本書14頁）をもとに機能が強化される（事業補助金によって運営）
・運営形態の移行（認定こども園化など）による多機能化
・障害・母子保健分野の事業を追加
・こども家庭センターとの連携による相談体制強化
等が考えられます。

③保育所・保育士による地域の子育て支援

□保育所の地域支援を促進するための情報提供の義務化

□地域の身近な相談先である「かかりつけ相談機関」を保育所が担うためのインセンティブ喚起

□他機関と連携して効果的に地域支援を行う保育所等の実践例の収集・共有、保護者相談への対応手引きの作成

□巡回支援事業等で保育経験者の活用による保育所の地域支援力向上

■人口減少地域に対応した地域支援の在り方の検討（主任保育士専任加算の要件見直し等）

保護者支援と子育て支援は何が違うの？

保育所等の保護者対応だけでなく、地域の子育て支援拠点として「子育ての支援」をしていくことが求められるようになりました。（保育所保育指針・認定こども園教育・保育要領・幼稚園教育要領）

なぜ保育所等が地域の子育て支援を担うの？

園庭や保育スペースの活用がしやすく、特に認定こども園については就労の有無を問わず受け入れることから認定こども園要領においてもその役割が期待されています。

どんな事例がある？

おやこ広場や子育て相談の開催、ひとり親家庭や虐待が疑われる家庭にも目を向けた子ども食堂の運営や出産前妊婦への対応（マイ保育園）といった取組みが広がっています。

④保育士の確保・資質向上等

□中高生への周知や保育技術の見える化等、保育士の魅力発信

□各種研修の更なるオンライン化の推進

□休憩とは別に、物理的に子どもと離れ各種業務を行う時間（ノンコンタクトタイム）の確保と、そのためのスペース確保の改修費支援

□児童へのわいせつ行為で登録を取り消された者には、再登録の際、厳格な審査を求める等、教員と同等の保育士資格管理の厳格化

■公的価格評価検討委員会での議論等を踏まえた更なる処遇改善

■へき地医療等も参考にした地域での保育士の定着支援の検討

■自己評価、第三者評価の実態把握と改善策の検討

人口減少地域の保育士確保策で新たに追加されるのは？

・保育士養成施設に対する就職促進支援事業
→過疎地や離島などいわゆる人口減少地域に所在する保育所等への就職内定の割合が、前年度の当該保育所等への就職割合を上回る場合についても補助対象へ

ハード面の職場環境改善の補助は？

保育環境改善等事業
→ノンコンタクトタイムを確保し、保育士同士で保育の振り返りを実施するためのスペース等の設置に必要となる改修費等について補助

不適切保育への対応は？

わいせつ行為を行った保育士に対して登録取消しの措置が取られるようになりましたが、不適切保育全般に対する法制化は進んでいません。

（参考）「地域における保育所・保育士等の在り方に関する検討会とりまとめ　概要」より

2 多機能化によって複雑になる子育て支援の情報を届ける「利用者支援事業」

地域子ども・子育て支援事業（13事業）や医療・福祉・障害分野との連携など、必要な情報を必要な人に届けるよう、相談に応じてくれるのが利用者支援事業です。

ポイント

❶ 子ども・保護者（妊産婦も含む）の置かれている環境に応じて保護者の選択に基づいて良質な支援を提供することを目的としている。

❷ 基本型・特定型（保育コンシェルジュ）・母子保健型と3つの事業類型がある。

❸ 市町村の子ども・子育て支援事業計画によって様々な支援を整備（多機能化）している。家庭ごとのニーズを把握する利用者支援事業と子ども・子育て支援計画は車の両輪の関係。

❶ 高まる子育て支援のニーズに応える利用者支援

「少しだけ子どもを預かってほしい」「子どもの行動がちょっと気になる」「子育てに疲れてしまってつらい」。このように、子育て中の親子（妊産婦）のニーズは多岐にわたります。一方で、認定こども園や保育所等においても子育て支援の役割を担うことが求められ、一時預かり事業や病児保育事業などを含む地域子ども・子育て支援事業（13事業）を施設に付加して多機能化したり、児童発達支援などの障害福祉分野のサービス、子育ての悩み相談などの支援が充実してきているにもかかわらず、情報が多く、役所の窓口も異なるといったことから、どこに相談に行ってよいかわからないという声もあります。

利用者支援事業は、各家庭のニーズを把握しながら、地域の様々な子

育て支援関係者とネットワークを築き、それらの橋渡しをする役割を
担っています。

図表1　これからの子育て支援

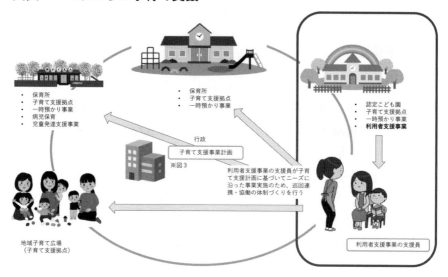

❷　3つの事業類型

利用者支援事業には3つの事業類型があります。

⑴　基本型

「利用者支援」と「地域連携」の2つの柱で構成されます。「利用者支
援」は子育て家庭等から日常的に相談を受け、個別のニーズを把握する
とともに子育て支援に関する情報を収集して寄り添った支援を行うもの
です。「地域連携」は地域で展開されている子育て支援と連携・調整・
協働の体制づくりを行い、ネットワークを構築します。

このように、地域のネットワークをつくりながら支援者・家庭双方の
情報を集め、適切な支援を可能にしています。

⑵ 特定型

　主に市区町村の窓口で保育所や各種保育サービスに関する情報提供や利用に向けての支援を行うものです。いわゆる保育コンシェルジュのことを指します。

⑶ 母子保健型

　主に市町村保健センター等で、保健師等の専門職が妊娠期から子育て期にわたるまでの母子保健や育児に関する相談に応じ、情報提供を行うとともに、関係機関と協力して支援プランの作成などを行います。

❸　市町村の子ども・子育て支援事業計画と両軸で機能する

　各市町村は5年間の計画期間における幼児期の学校教育・保育・地域の子育て支援についての需給計画を策定しています。この計画策定には地域の子育て支援ニーズを盛り込む必要があり、そこには利用者支援事

図表2　各市町村が策定する子育て支援推進事業計画

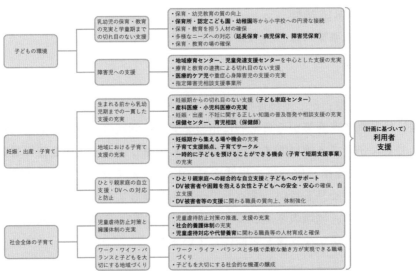

業で得られた各家庭のニーズ把握が役立っているのです。実際の声に基づくニーズ、潜在ニーズに応じて多様な施設や事業が組み合わさった計画が立てられています。

3 待機児童は依然存在するが、園の空き定員は増え続けている

少子化問題は、特に地方の保育所等で深刻です。園をどう維持するか考えることも当然ですが、いかにして子どもの最善の利益を守るかを考える必要があります。

ポイント

❶ 待機児童・保留児童は依然として存在するが、定員充足率は減少し続けている。

❷ 「保留児童」となったことで保育所等を利用できずにいる児童は多く存在する。

❸ 女性の就労率向上や保育料無償化の影響により、幼稚園のニーズ減少が深刻化している。

❶ 待機児童・保留児童は依然として存在するが、定員充足率はすべての都道府県で減少し続けている

待機児童は年々減少傾向にありますが、依然としてゼロにはなっていません。一方、定員充足率は、令和4年4月時点ですべての都道府県において昨年よりもマイナスになっています（厚生労働省　保育所等関連状況取りまとめ）。また、保育所、認定こども園、地域型保育事業すべてにおいて100％を割り込んでいます。出生数の減少に加え、以前は0

歳から保育所等に預けなければ入所が難しくなるという理由から１歳前の育休復帰者も多かったのですが、コロナ禍での"預け控え"や少子化の影響から、法定通り１歳の誕生日まで育休を取得する人が増えたこと、そして育児・介護休業法の改正により育休が取りやすくなったことなどから、０歳児の空き定員が目立っていることなどが主な理由として挙げられます。

❷ 待機児童だけではない、「保留児童」の存在 〜園が選ばれる時代へ

　保留児童とは、入所可能な保育所等があるにもかかわらず、特定の施設を希望したことにより入所を保留した児童のことです。「きょうだいと同じ園に通わせたい」「家から近い園に通わせたい」といった希望を持つ保護者は少なくありません。待機児童解消プランや子育て安心プランにより、令和４年の全国の待機児童は2,944人まで減少しました。一方で、特定の園を希望する保留児童は依然として多く、３万５千人程度も存在しています（令和４年４月の待機児童のポイント：厚生労働省）。国の待機児童対策で急速に整備された地域型保育事業(小規模保育など)の定員充足率が80％を割り込んでいることを見ても明らかなように（図表１）、市区町村の利用調整に応じず入所を保留してでも納得のいく環

図表１　運営形態別定員充足率の推移

	保育所等数		利用定員数		利用児童数		定員充足率
H31年	保育所等	28,713	保育所等	2,739,372	保育所等	2,252,529	82.2%
	認定こども園等	1,175	認定こども園等	49,745	認定こども園等	45,256	91.0%
	地域型保育事業	6,457	地域型保育事業	99,042	地域型保育事業	81,866	82.7%
令和2年	保育所等	29,461	保育所等	2,801,281	保育所等	2,592,886	92.6%
	認定こども園等	1,280	認定こども園等	58,058	認定こども園等	55,718	96.0%
	地域型保育事業	6,911	地域型保育事業	107,989	地域型保育事業	88,755	82.2%
令和3年	保育所等	29,985	保育所等	2,838,675	保育所等	2,592,812	91.3%
	認定こども園等	1,339	認定こども園等	62,990	認定こども園等	58,807	93.4%
	地域型保育事業	7,342	地域型保育事業	115,253	地域型保育事業	90,452	78.5%

（出典）　学校基本調査／令和３年度 初等中等教育機関・専修学校・各種学校《報告書掲載集計》学校調査・学校通信教育調査（高等学校）幼稚園（文部科学省）、学校基本調査／令和３年度 初等中等教育機関・専修学校・各種学校《報告書未掲載集計》市町村別集計 学校調査 幼稚園（文部科学省）、社会福祉施設等調査（厚生労働省）

図表2　幼稚園（公立・私立）の在園児数と充足率

	在園児数	充足率	在園児数	充足率
	公立		私立	
計	128,534	35.8%	875,379	65.2%
都道府県平均		33.4%		58.1%
北海道	1,424	34.8%	36,492	68.7%
青森県	27	15.4%	4,209	44.7%
岩手県	696	23.2%	3,673	48.2%
宮城県	2,827	37.0%	20,762	65.6%
秋田県	92	27.1%	1,894	41.1%
山形県	514	38.1%	4,792	63.3%
福島県	5,029	37.9%	11,905	65.0%
茨城県	3,716	26.9%	16,155	68.7%
栃木県	60	22.2%	9,742	56.1%
群馬県	2,564	26.7%	5,850	54.9%
埼玉県	2,160	36.0%	79,066	65.0%
千葉県	3,970	33.2%	62,676	64.3%
東京都	9,458	58.7%	124,639	72.0%
神奈川県	1,608	25.8%	95,958	70.9%
新潟県	1,033	30.6%	3,198	44.7%
富山県	428	22.8%	1,513	40.8%
石川県	67	22.3%	4,366	54.2%
福井県	346	9.5%	646	34.4%
山梨県	113	41.9%	3,486	41.7%
長野県	363	49.7%	8,203	57.5%
岐阜県	3,091	47.8%	15,333	58.6%
静岡県	8,874	33.1%	21,914	59.2%
愛知県	4,394	51.6%	63,326	71.5%
三重県	3,945	30.1%	8,045	66.3%
滋賀県	7,969	39.4%	2,031	64.5%
京都府	2,365	34.9%	18,449	50.9%
大阪府	10,767	40.3%	62,910	66.0%
兵庫県	11,917	37.8%	30,144	68.1%
奈良県	5,250	30.3%	5,007	62.3%
和歌山県	1,059	25.8%	3,311	46.7%
鳥取県	143	68.1%	1,779	46.8%
島根県	2,275	32.4%	270	24.8%
岡山県	6,577	37.8%	5,160	70.5%
広島県	1,320	20.8%	18,563	62.8%
山口県	665	25.3%	12,353	58.3%
徳島県	3,632	42.6%	911	54.4%
香川県	3,575	31.9%	4,550	66.5%
愛媛県	1,120	23.1%	8,715	57.7%
高知県	432	32.6%	1,820	46.9%
福岡県	1,642	40.9%	53,057	69.3%
佐賀県	167	31.7%	3,172	52.0%
長崎県	467	27.5%	7,071	58.5%
熊本県	962	35.6%	7,119	64.9%
大分県	1,767	24.9%	5,642	71.3%
宮崎県	183	23.3%	4,938	49.1%
鹿児島県	1,382	28.5%	6,971	66.3%
沖縄県	6,099	50.9%	3,593	73.6%

（出典）　文部科学省「令和3年度　学校基本調査　幼稚園市町村別入園者数」より作成

境で子どもを預けたいと思う保護者がいることで、待機児童と空き定員のある施設が共存するというアンバランスな状況が起きているのです。

❸　保育所よりも深刻な幼稚園

　少子化に加え、女性の就労率の上昇と令和元年から始まった満3歳以上の保育料無償化の影響で、長時間預かりの保育所や認定こども園を利用する児童が増えました。それにより、保育所以上に幼稚園の充足率が悪化しています。特に公立の幼稚園については47都道府県のうち43都道府県で充足率が5割を切っており、さらに18の県で3割を下回っています。私立幼稚園についても充足率が7割を下回っているのが41都道府県と、経営面でも深刻な状況にあります（図表2参照）。

4　深刻な空き定員があるのに公立園の統廃合が進まない理由

　公立幼稚園の定員割れが深刻な状況にもかかわらず統廃合が進まないのは、なぜなのでしょうか？

ポイント ....

❶　公立幼稚園の定員減少はすべての都道府県で起きているが、統廃合を予定している自治体は2割にも満たない。

❷　民間事業者を保護する、地域のインフラ維持などの理由により、明確な方針が定まらずにいる自治体も多い。

❸　空き定員による収入減を埋めるためではなく、質の維持向上を見据えた多機能化を考えていく必要がある。

....

❶　激減する公立幼稚園の利用児童数と進まぬ統廃合

　ある自治体の公立幼稚園では、定員200名のところ、12名まで園児が減少する状況に陥りました。園長は「園児が減ったので職員数も少なくなったが、園児がいる以上、行事もあるし、事務仕事も変わらずある。それどころか、広大な園庭の草むしりや清掃など、職員1人当たりの負担はどんどん大きくなっている」と言います。

　公立幼稚園における園児の大幅減少はこの園に限ったことではなく、どの都道府県においても起きています。深刻な少子化の影響に加え、満3歳以上の保育料無償化の政策によって保育所や認定こども園へ園児が移行していることや、公立幼稚園の老朽化といったことが理由として挙げられます。

　厚生労働省令和2年度子ども・子育て支援推進調査研究事業「人口減少地域等における保育に関するニーズや事業継続に向けた取組事例に関する調査研究」（実施主体　有限責任監査法人トーマツ）によると、「これまで統廃合をしてこなかったが、今後、統廃合をする予定がある」と答えた自治体は15.9%と、それほど多くはありません。また、統廃合をした自治体は、運営の効率化よりも老朽化を理由に挙げているケースのほうが多くあります。これだけ定員を割り込んでいる状況にもかかわらず、園の存続を重視していることがわかります。

図表1　保育所等の統廃合の状況と理由

（出典）　厚生労働省　人口減少地域等における保育に関するニーズや事業継続に向けた取組事例に関する調査

❷ なぜ、統廃合をしないのか？

　筆者による自治体へのヒアリング取材では、統廃合をしない理由として、「これまで待機児童対策や子育て支援策に協力してくれた民間保育事業者を守るため」という声が多く上がりました。つまり、公立の幼稚園・保育所を統合して認定こども園を設立してしまうと、運営上の効率化は図れるものの、減りゆく児童を民間事業者から奪うことになり、彼らの経営が立ち行かなくなってしまう、という理由です。

　こうした議論において「子ども」が外れ、事業者保護の視点のみで地域の児童福祉・幼児教育施策が検討されていくことに対して危惧する声も少なからず聞かれるところです。もちろん自治体によっては事業者との対話を重ねながら最適なニーズ推計をもとに子育て支援のあり方、計画を策定しているケースもあります。

　統廃合によって人材や保育機能が集約されると、より豊かで多様な保育が実現できる一方で、利用者の立場に立ってみると、これまで地域に点在していた施設が少なくなるために、子どもや親同士の交流を深める機会や、子どもに合った施設を選ぶということが難しくなるといった声も出ています。

図表２　保育所等の維持のために自治体が重要視している課題

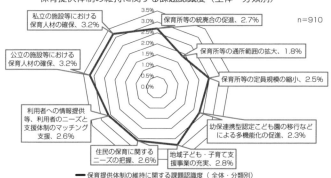

保育提供体制の維持に関する課題認識度（全体・分類別）

- 私立の施設等における保育人材の確保、3.2%
- 保育所等の統廃合の促進、2.7%　　n＝910
- 公立の施設等における保育人材の確保、3.2%
- 保育所等の通所範囲の拡大、1.8%
- 保育所等の定員規模の縮小、2.5%
- 利用者への情報提供等、利用者のニーズと支援体制のマッチング支援、2.6%
- 幼保連携型認定こども園の移行などによる多機能化の促進、2.3%
- 住民の保育に関するニーズの把握、2.6%
- 地域子ども・子育て支援事業の充実、2.8%

━━ 保育提供体制の維持に関する課題認識度（全体・分類別）

(出典)　厚生労働省　人口減少地域等における保育に関するニーズや事業継続に向けた取組事例に関する調査

　様々な考えやライフスタイルを受け止めたうえで地域の子育てを担っていくことが求められています。

❸　多機能化という考え方

　少子化時代に直面した保育行政は大きな変革期にありますが、そのような状況下においても良質な保育を提供し続けるために、国は「地域における保育所・保育士等の在り方に関する検討会」（厚生労働省・第1回2021年5月26日～取りまとめ2021年12月20日）において、様々な取組みを推進しているのは先述の通りです（12頁参照）。

　特に多機能化については、空き定員を補うために、一時預かりや病児保育の機能の追加、これまで保育の必要性がなかった児童の受入れを検討している自治体も見受けられますが、本来は良質な保育の維持が目的です。単に地域の子どもをかき集めればよいというものではありません。保護者が抱える育児不安や特定妊婦・要支援家庭、障害児といった幅広い社会課題を見据えたうえで、常に子どもを中心に据えて、本当に必要な施策は何かを考えることが必要です。

第2節 人口減少地域の保育
～公私連携・民間委託・認定こども園化による変化～

1 公私連携型で民間と公立の良さを併せ持つ

　公立の保育所等を民営化する際には、住民から自治体の関与を強く望む声が上がります。

　公私連携型の保育所・認定こども園は、民営化後も協定に基づいて自治体が関与する形態です。

ポイント

❶ 公立園の民営化の動き。民間委託と公私連携の違いを押さえる。

❷ 公私連携型は協定に基づいて自治体と法人が連携して運営する形態。

❸ 市町村から法人へ土地、建物、備品等の公有設備を無償または廉価で貸付・譲渡できるため、法人の財務的な負担が軽減される。

❶　公立園と民間との連携が進む理由

　2001年以降、小泉純一郎内閣で示された聖域なき構造改革によって郵政民営化をはじめとする官業民営化が進みました。その中の1つに保育所等も含まれており、多くの自治体で公立園の民営化が行われました。特に加速した要因が財源の変化です。私立園も公立園も2000年以前は運営・整備にかかる費用を国・都道府県・市区町村で負担していましたが、改革以降は公立園の財源についてはすべて市区町村の負担となった

ため、管轄自治体は負担軽減のために民営化の方向に進んでいきました。一方、子育て世代の住民からは「効率化ばかりを重視していたら保育の質が落ちるのではないか」「これまで慣れ親しんだ職員が入れ替わるのは子どもにとっても負担だ」「保育理念や方針がバラバラになってしまうのではないか」という反対の声が相次ぎました。

　このような背景から、2015年からは公私連携型が始まりました。設置主体を民間に移しつつも市町村が関与し続けるため、民間と公立の両方の良さを併せ持つ形態といえます。

❷　公私連携型保育所・認定こども園とは

　公私連携型保育所・認定こども園とは、市町村から公私連携法人として指定された法人によって設立された保育所・認定こども園のことです。民設民営の施設になりますが、通常の民営の保育所・認定こども園とは異なり、市町村と法人との協定によって引き続き市町村が関与することになります。民営の保育所・認定こども園は、設立に際して都道府県の認可を必要としますが、公私連携型法人の場合は、市町村の指定を必要とするため、都道府県へは届出となります。

図表1　公私連携型保育所・認定こども園移行の流れ

①　自治体が募集開始
※　制度上、法人格の指定はありませんが、自治体ごとに限定する場合があります。
※　公私連携型幼保連携型認定こども園は社会福祉法人、学校法人のみ。

②　審　査

③　法人決定、協定締結

④　引継ぎ、開園

図表2　公私連携型保育所・認定こども園のイメージ

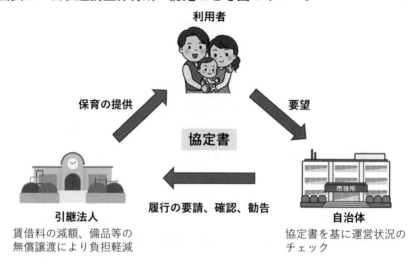

【協定の内容】
- 協定の目的となる公私連携幼保連携型認定こども園（公私連携型保育所）の名称および所在地
- 公私連携幼保連携型認定こども園（公私連携型保育所）における教育・保育・子育て支援事業（保育・子育て支援事業）に関する基本的事項
- 市町村による必要な設備の貸付け、譲渡その他の協力に関する基本的事項
- 協定の有効期間
- 協定に違反した場合の措置
- その他公私連携幼保連携型認定こども園（公私連携型保育所）の設置および運営に関し必要な事項

　法人と市町村が施設の運営について協定を結ぶことによって連携します。協定は、保護者・法人・自治体からなる三者協議会において協議され、移管後も引き継いでほしい教育・保育内容などが盛り込まれます。

民営化後も市町村が関与し、適正な運営が行われるように法人を支援・指導します。

❸　公私連携法人のメリット

　公私連携によって、市町村から法人へ土地、建物、備品などの公有設備を無償または廉価で貸付・譲渡できるため、法人の財務的な負担が減り、より健全な運営が期待できます。

　民間移管は、公立から私立に代わるという民営化ではなく、法で定められた公私連携という制度の下、規定された「公私連携型保育所」として移管するというものです。法人は協定に基づいて教育・保育を行うことになりますが、万一協定違反があった場合、自治体は指導・是正勧告を行い、指示に従わない場合は指定を取り消すことができます。

2　認定こども園化によって機能強化を図る

　認可保育所や幼稚園から認定こども園に移行するケースが増えています。

ポイント

❶　親の就労状況にかかわらず受入れ可能なため、保護者は、施設変更といった不安から解放される。

❷　近隣の幼稚園・保育所の統合という事例は少ない。

❸　幼稚園・保育所からの移行によって、職員の働き方・労務管理も変化する。

❶ 認定こども園のメリット

　保育所を利用するには自治体から保育認定を受ける必要があります。その最たるものが「就労」ですが、保護者からすると、子どもが卒園するまで働き続けることができるか確証が持てないこともあります。特に子育て期はライフスタイルの変化も大きいために勤務先の両立支援を受けられない等の問題があったり、第2子、第3子の誕生でさらなる困難が生じたりするなど、働き続けること自体に困難を感じることが多くあるからです。「親が仕事を辞めれば子どもも保育所を退園しなければない」、「卒園間近で幼稚園への転入は難しい」という理由から保護者が無理をして仕事を続け、疲弊してしまうこともあります。

　一方、認定こども園は、親の就労状況等にかかわらず受入れ可能なため、子どもは安心して保育・幼児教育を受ける機会を得られます。認定こども園の一番のメリットといえます。

❷保育所や幼稚園からこども園化するケースが多い

　人口減少によって施設数の調整を検討する必要も出てきている状況ですが、民間の場合は運営形態が異なることや、経営上の問題などから統廃合するケースは少なく、むしろ保育所や幼稚園に機能をプラスして認定こども園化するケースが多いといえます。

　公立園については統廃合するケースもありますが、地方によっては子育てコミュニティのエリアが広域化しすぎること等を懸念して、統廃合を断念することもあります。最近は特に幼稚園が認定こども園化する動きが高まっています。

❸ 幼稚園と保育所機能の統合で、職員の働き方も変化する

　幼稚園と保育所とでは、職員の働き方が大きく異なります。2つの機能を統合するにあたっては、職員の働き方についても調整していく必要があります。次項では、幼保連携型認定こども園を例に、必要となる労務管理について紹介します。

図表1　認可保育所等の数、増減率

		認可保育所等		
		H30（数）	R2（数）	増減率
利用児童	認可保育所等	2,614,405	2,737,359	4.7%、増加
	認可保育所	2,024,537	1,944,381	▲4.0%、減少
	幼保連携型認定こども園	417,194	553,707	32.7%、増加
	保育所型認定こども園	63,869	94,798	48.4%、増加
施設	認可保育所等	34,763	37,652	8.3%、増加
	認可保育所	22,778	22,704	▲0.3%、減少
	幼保連携型認定こども園	4,392	5,702	29.8%、増加
	小規模保育事業	4,298	5,365	24.8%、増加

		構成割合		増減率
利用児童	認可保育所等	99.1%	99.0%	▲0.1%、減少
施設	認可保育所等	88.8%	86.1%	▲2.7%、減少

（出典）　令和2年度子ども・子育て支援推進調査研究事業「人口減少地域等における保育に関するニーズや事業継続に向けた取組事例に関する調査」調査研究事業報告書

図表2 保育所・幼稚園・認定こども園の違い

	保育所	幼稚園	認定こども園
根拠法令	児童福祉法	学校教育法	就学前の子どもに関する教育、保育等の総合的な提供の推進に関する法律
対象児	2号認定（3～5歳） 3号認定（0～2歳）	1号認定（3～5歳）	1号認定（3～5歳）教育時間のみ 2号認定（3～5歳） 3号認定（0～2歳）
預かり時間	7:30～18:30（11時間型） 7:00～20:00（13時間型） （※）他にも8時間型、延長保育、夜間保育、24時間保育がある	教育時間9:00～14:00頃（4～5時間） ※前後で預かり保育	1号認定：教育時間9:00～14:00頃（4～5時間） 2号、3号認定：7:30～18:30（11時間型）、7:00～20:00（13時間型）
休園日	日曜（年末年始）	土日 夏休み、冬休み、春休み	1号認定：土日、夏休み、冬休み、春休み 2号、3号認定：日曜（年末年始）
職員の種類	保育士	幼稚園教諭	保育教諭
職員の年間休日（平均）	96日～120日 （※）年間の総労働時間が長い	120日～150日 （※）年間の総労働時間が短い	96日～130日
勤務時間帯	運営時間に応じてシフト勤務	固定時間勤務(8:30～17:30頃) 預かり保育がある場合はシフト勤務の場合もある	1号の担任：固定勤務 2号3号の担任：運営時間に応じてシフト勤務 1号の担任が朝夕の保育時間や長期休みに2号3号のヘルプに入る場合はシフト勤務
新卒からのキャリア構築	複数担任のクラス（0-2歳）で先輩から学び、担任数の少ないクラス（幼児）へ移行する	副担任として担任の補助をして、5年前後で主担任へ	複数担任のクラス（0-2歳）で先輩から学び、担任数の少ないクラス（1号認定・2号認定）へ移行する
有休や欠勤	複数担任・シフト勤務なので休みが取りやすい	一人担任の場合は休みが取りづらい	複数担任のクラスは休みが取りやすい 一人担任の場合は休みが取りづらい
給与の時間単価	休みが少ない分、同じ給料額でも時間単価は低くなる	休みが多い分、同じ給料額でも時間単価は高くなる	年間休日数による
配置の負担感	法定配置人数に対して1.4倍くらいの人数を配置している（※）	法定配置人数に対して1.4倍くらいの人数を配置している（※）	法定配置人数に対して1.6倍くらいの人数を配置しいている（※）

（※）　内閣府令和元年度　幼稚園・保育所・認定こども園等の経営実態調査より

3 認定こども園化で必要となる労務管理の整備 （幼保連携型）

保育所機能と幼稚園機能の割合が同程度である幼保連携型認定こども園は、園の特徴によってシフトパターンも変わります。

ポイント

❶　幼稚園部分（1号）と保育所部分（2号、3号）の担当方法を考える。

❷　幼児担任は教育標準時間後の業務を考える。

❸　幼稚園から認定こども園化する場合は年間休日数を減らす不利益変更に注意。

❶　幼稚園部分（1号）と保育所部分（2号、3号）を分けるケース

幼稚園と保育所を統合するケースや、幼稚園を運営していた法人が保育所部分を追加するケースにおいて、幼稚園（1号）の担任制の働き方を維持するために、保育所部分の職員の働き方と明確に分ける場合があります。

その場合、乳児と幼児で担任を入れ替えることや職員の入退職や育休時の柔軟な対応をとることが難しくなります。また、シフト勤務と固定的勤務の労働負荷の違いや、保育と教育の専門性の違いによって労働条件に差をつけようとしても納得を得られません。

そのため、担当業務をはじめ給与や休日数などの労働条件を、双方できるだけ合わせるようにするなどの調整が必要となります。

つまり、幼稚園部分と保育所部分の機能が違っていたとしても、できるだけ働き方を統一する方向で考えていくことが理想です。基本は全員がシフト勤務の中に収まるけれども、幼児担任は教育標準時間に勤務で

きるような時間帯でシフトパターンを作るようにします。

図表1　幼稚園（1号）と保育所部分（2号、3号）の勤務形態を分けるケース

❷　教育標準時間後

　幼稚園の場合、教育標準時間後は教育活動時間として、教室内の片付けと記録作成、翌日以降の検討準備の時間を十分に設けることができていましたが、認定こども園に移行すると2号認定の保育に移行する必要が生じます。この場合、以下のような勤務体制が考えられます。

- 休憩を順番に取って引き続き保育を担当。ノンコンタクトタイムを作り教育活動時間に充てる。
- 午後の保育は担当を交替する。

　いずれにしても1人の幼児担任とする場合は、遅番シフトが難しくなりますので、遅くても17時30分までのシフトパターンとするか、複数担任制にして交替制とすることなどが考えられます。また、変形労働時間制を採用して遅番の日は9時間勤務、別の日を7時間にして調整することも可能です。
　幼稚園教諭には「1人で担任を持つこと、平日に休みを取れないこと

は当たり前」という考えが浸透していることもありますが、チーム保育加算を活用して職員配置を増やしたり、保育・教育の観点からも必ずしも1人の担任が責任をもって子どもを見る必要はない、と働き方を切り替える園も増えています。

図表2　教育標準時間後の勤務体制

❸　幼稚園から認定こども園化する場合は年間休日数を減らす不利益変更に注意

　　幼稚園でも預かり保育が一般的になりつつある中、シフト勤務や当番制でバスの添乗と預かり保育の担当を行うケースも増えていますが、幼稚園は長い夏休み・冬休みがあって1日の勤務時間は原則一定としているケースが多いです。このため、認定こども園化すると長期休みがなくなる関係で、年間休日が少なくなる不利益変更が生じます。急激な休日数の減少となると混乱も生じるので、最初は計画的年休を使いながら出勤数を徐々に増やしていくなどの調整が必要です。

　　また、幼稚園型認定こども園移行後の場合は、0〜2歳児の3号認定の子どもを受け入れなかったり、1号が大半を占めていたりするケースも多くありますが、この場合は大きな組織の変更をせずにすみます。

第3節 少子化によって園を選ぶ時代に ～改めて園の格差を考える～

1 ＜自社調査＞保育者が感じる園の格差

　保育所等に求められる機能や役割、質が明確に保育所保育指針等に定められているにもかかわらず、多くの保育者が施設ごとの職場環境や保育の質に「格差」を感じています。筆者が経営する社会保険労務士法人ワーク・イノベーションがアンケートを実施し、実際にヒアリングをした結果も踏まえて検証します。

調査期間：2022年7月25日～8月26日
調査対象：全国37都道府県。保育士や幼稚園教諭、保育教諭として働いている人や過去に働いていたことがある方。
調査方法：Web上で実施。回答理由を記述してもらうほか、一部オンラインでの個別ヒアリングを実施。
回答状況：回答者数165名。

ポイント ⋯⋯⋯⋯⋯⋯⋯⋯⋯⋯⋯⋯⋯⋯⋯⋯⋯⋯⋯⋯⋯⋯⋯⋯⋯⋯⋯⋯⋯⋯

❶　保育の質に関する格差として、「地域差」「教育の差」「経営者の運営能力の差」など様々挙がったが、中でも「職員の保育スキルの差」を回答した方が最も多かった。

❷　格差や課題を解消したいと回答した園長・主任層は多い。経営者の意識改革が重要になる。

❸　少子化によって園を選ぶ時代において、格差の放置は避けるべき。

保育者の離職や不適切保育といったリスクにも直結する。

❶ 回答者の属性

基本情報①現在、保育士・保育教諭・幼稚園教諭として勤務されていますか？
165件の回答

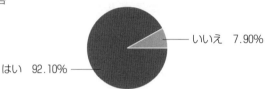

基本情報②お勤めの施設、もしくは過去に勤務していた施設の運営形態（今回）のヒアリング対象として1つのみ選択ください
165件の回答

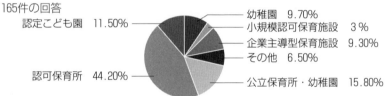

基本情報④あなたの保育者としての経験年数
165件の回答

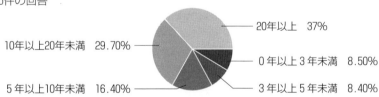

基本情報⑤あなたの立場（現在勤務されていない場合は勤務されていた時の立場）
165件の回答

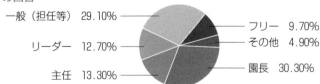

質問①基本情報②で回答された該当の施設（今働いている施設／直近で働いていた施設）において「保育の質」に問題があると感じたことがありますか？
165件の回答

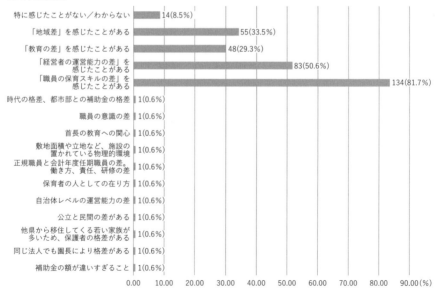

ない　26.10%

ある　73.90%

❷　回答者の8割が「職員の保育スキルの差」を感じている

　保育の質に関する格差で最も多かった回答が「職員の保育スキルの差」でした。回答者の属性を見てみると、経験年数が長い人だけでなく、保育経験5年未満の職員からの回答も多くあり、その理由として「昔の保育を引きずってアップデートできていない」というものがありました。最新の指針や要領に対応できていない先輩を問題視していることがわかります。

質問④保育の質に関して、「格差」はあると感じますか？（複数回答可）
164件の回答

特に感じたことがない／わからない	14(8.5%)
「地域差」を感じたことがある	55(33.5%)
「教育の差」を感じたことがある	48(29.3%)
「経営者の運営能力の差」を感じたことがある	83(50.6%)
「職員の保育スキルの差」を感じたことがある	134(81.7%)
時代の格差、都市部との補助金の格差	1(0.6%)
職員の意識の差	1(0.6%)
首長の教育への関心	1(0.6%)
敷地面積や立地など、施設の置かれている物理的環境	1(0.6%)
正規職員と会計年度任期職員の差。働き方、責任、研修の差	1(0.6%)
保育者の人としての在り方	1(0.6%)
自治体レベルの運営能力の差	1(0.6%)
公立と民間の差がある	1(0.6%)
他県から移住してくる若い家族が多いため、保護者の格差がある	1(0.6%)
同じ法人でも園長により格差がある	1(0.6%)
補助金の額が違いすぎること	1(0.6%)

0.00　10.00　20.00　30.00　40.00　50.00　60.00　70.00　80.00　90.00(%)

❸ 不満があるけど辞めない。理由は「何とか改革したいと思っているから」

質問③現在も働いている方に質問です。課題感を感じながらも働き続けているのはなぜですか？（複数回答可）
127件の回答

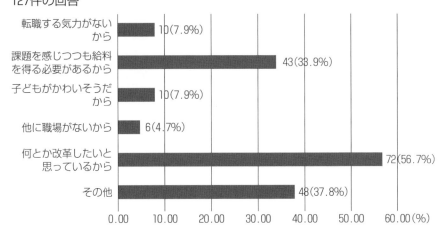

　様々な課題意識や不満を持ちつつも働き続ける理由として、「給料を得る必要があるから」（33.9%）との回答がある一方で、「何とか改革したいと思っているから」という声も半数以上（56.7%）ありました。そのうちの7割が園長・主任クラスの職員でした。
　トップがリーダーシップを発揮できる環境が整っていること、また、ボトムアップで課題を前向きに吸い上げる風土が根付いていけば、保育の質が向上する期待が持てるということです。

❹ 職員に課題意識・改革意識があっても経営者が気づかなければ変わらない

　現場の保育者の課題意識が単なる不満で終わらず、改革意識に繋がっていることがわかりました。しかしながら、経営者の運営能力の差を感じているという回答が半数程度（50.6%）いることからもわかるように、

「経営者の理解が得られないために、結局は変えることができない」という無力感に繋がる可能性もあります。

　格差の放置は、少子化時代において確実に「選ばれない」園につながること、意識の高い保育者の離職や不適切保育といったリスクにも直結することを業界全体で共有していく必要があります。

2　＜自社調査＞地域差を考える

　公定価格や環境等の違いにより地域ごとに保育の質に差が出ますが、保育者は地域差をどのように捉えているのでしょうか。

ポイント

❶　地域による保育の質に差を感じる保育者は多いが、「保育者間のスキルの差」「経営者のマネジメントの差」に比べると少ない。

❷　保育者の多くはエリアを越えて転職することがないため、地域の差を実感しにくい。一方で、10年以上の経験者になると地域差を感じる割合が高まる。

❸　少子化問題が深刻になるほど、行政は保育所等をいかに維持・存続させるかといった対応に追われがち。質の維持向上は行政と施設が一体となって考えていく問題。

❶　地域の差に関するアンケートの実施

　とある自治体の担当者との話の中で「急激に子どもが減り続けている現在、最重要課題は自治体としてこれまで保育行政に協力してくれた事業者をいかに守るか、ということ。保育の質とか、保育者の働き方改革とか、そういったことにまで意識を向ける余裕はありません」というよ

うな説明がありました。

　このような地方自治体が抱える課題や無力感を現場の保育者も感じ取っているのでしょうか。また、地域ごとの保育の質の差というものを認識しているのでしょうか。以下、アンケート結果から検証します。なお、紙幅の都合から、本書では、アンケート結果の一部を掲載しています。

❷　地域差に気づかない保育者

　アンケートの実施にあたっては、広く課題を把握するために、公定価格や環境等の保育の質といった「地域差」だけでなく、「職員の保育スキルの差」「教育の差」「経営者の運営能力の差」といったことも含めて、周囲の園やこれまで働いた園と比較してどう感じたかを調査しました。結果は36頁の図表の通りです。

　保育の質に関して「地域差」を挙げた人も一定数いましたが（33.5%）、圧倒的に多かったのは「職員の保育スキルの差」（81.7%）と「経営者の運営能力の差」（50.6%）でした（複数回答）。転職が増えてきているとはいえ、勤務する地域が大きく変わるというケースが少ないために、現場の保育者にとって「地域差」を感じにくいのかもしれません。

　地域差を感じた理由としては、「都市部と補助金や保育士の配置基準（補助金）が異なる」「地域差による保護者の所得の違いが子どもにも影響を与えていると感じた」などの回答が出ましたが、地域差があると回答した人の72%が10年以上の経験がある保育者でした。経験が長くなるほど業界の全体が見えてきたり、研修等で他の地域の保育者と交流する機会が増えたりして地域差を自覚し始めるのかもしれません。

　ヒアリングを通してさらに探ってみると、「複数のエリアで勤務してみると地域差に気づく」「ずっと地元で働いている人は、何が問題で何が（他の地域と比べて）遅れているのか、ということすら気づくこともできない」という回答が返ってきました。

❸ 地方の保育行政は良くなっていくのか？　教育・保育の格差
をなくすことはできるか？

　地方によっては人口減少が著しく、存続が危ぶまれる施設もあります
が、アンケート結果から見る限りでは、そのことだけを理由として保育
の質が低下すると感じている保育者はほとんどいませんでした。むしろ、
保育の質低下のそもそもの原因は人口減少といった外的要因ではなく、
内なる要因である「組織」にあるということが見えてきました。

　保育の質低下を防ぐには、人口減少地域における自治体の保育行政に
対する意識変革はもちろんですが、地理的な条件に関係なく、組織単位
で意識を変えていくことやオンライン研修の浸透で都心と変わりない良
質な研修機会を得らえるようしていくことが必要でしょう。それにより、
子どもたちが住む地域によって受ける教育・保育の質が異なるといった
深刻な影響を食い止めることができると考えます。

3　＜自社調査＞学びの機会に消極的な保育者と これからの研修の可能性

　保育者が感じる差について調査した結果、最も多かった回答が「職員
の保有スキルの差」です。現場の保育者はどう考えているかを追いまし
た。

ポイント

❶　保育スキルの差は経験年数と比例するものではなく、個々の意識や
職業倫理、職場環境など、様々な要因によって生じる。

❷　学ぶ意欲がない保育者が多いと感じさせる背景には自主的な学びと
労働としての学びの区別について捉え方の違いがある。

❸　コロナ禍によるオンラインの普及で研修のあり方が大きく変わり、

地域差なく均等な機会が得られるようになってきている。

❶　経営者以上に感じ取っている保育者間のスキルの差

　保育現場の多くが複数担任のため、保育者は保育者間のスキルの差を直接感じやすいといえます。もちろん経験の違いによるところもありますが、筆者によるアンケート調査の回答で目立ったのが「経験の違いに関係なくスキルの差が存在する」という点です。

　保育には正解がなく、保育者間のスキルの差は「保育観の違い」「本人の資質の問題」と片づけられてしまうこともあります。しかしながら、不適切保育や虐待といった子どもの人権、保育者のメンタル疾患や離職と隣り合わせの問題であることを踏まえても保育者のスキルをどう保障し、確立していくかを考える必要があります。

❷　保育者の学びの意欲にも差が生じている

　現場に立つ保育者へのヒアリングからは、研修受講をはじめ学ぶことに受動的・消極的な職員がいることを指摘する声も多くあがりました。

　回答者に個別のヒアリングを繰り返してみると、「昔は休日に自己負担で学びに行ったのに、今の若い職員は勤務扱いになる研修しか参加しようとしない」「日々の業務が忙しすぎて研修に行く余裕がない」という声が挙がりました。一方で「先輩が現代の保育にアップデートできていない」という声もありました。世代間ギャップと業務過多の職場環境によるというものです。これらを解消するには、学びを強制しなくても、仕事が楽しいからもっとスキルアップしたい、新しい学びの機会を得たいと思えるような保育を実践することです。そのためには時間的な余裕を生み出すための負荷軽減が必須です。

　組織全体で保育者のレベルアップを図る体制が整い、保育を楽しみ、学ぶ意欲にあふれた保育者がいる園では当然に保育の質も高まるでしょう。学びを深めながら保育の質を高めることのできる組織に変えていか

図表1　保育者のスキルの差を感じる場面（アンケート結果より）

能力の違い	・子どもへの理解が浅く、大人都合の保育になっている。 ・「子ども中心・子ども主体の保育」を目指しているが、職員の中には保育者が手を出してはいけないとの思い込みから、「放任」と思われるような保育になっている。 ・職員の技術力の差から日によって安全面でも教育面でも保育の質にばらつきが生じ、子どもに必要な援助（言葉のかけ方・適切な玩具の提供等）ができていないと感じることがある。 ・経験年数がある職員でも新人と同じことをする。
意識の違い	・保育者に学ぼうとする気持ちがない。 ・子どもとの関わり、自分の保育の振返りにあたって目的をもって行っている職員がどれだけいるのか疑問。質を考えるまでには至っていない職員が多い。 ・個々の感覚やセンスの差が保育内容に直接反映されるので、職員間の関係構築に影響が出る。
学びのアップデート	・昔ながらのやり方に固執し、アップデートできない人がいる。 ・他園の状況含め、“現代の保育”から取り残されている。
学びの機会の保障	・スキルアップの機会の保障が不十分。外部研修への参加は数名程度、園内研修はフルタイム勤務者以外は参加できない。 ・人手不足を理由に、研修に参加させてもらえない。
子どもの人権に関わる意識の違い	・気に入った子どもを贔屓するような言動と関わりをする、気に入らない保護者の子どもに否定的な関わりをする職員がいる。 ・子どもをからかうような関わりをする保育者がいたが、勤続年数の長いベテランだったため、周囲の保育者は指摘できずにいた。 ・0、1歳児の給食で温野菜が出た時に、保育者が手で園児の口を塞いで口から野菜を出さないようにしていた。園児は号泣していた。 ・機嫌よく遊んでいる0、1歳児の背中を突然かなりの力で平手打ちする保育者がいた。 ・周りを困らせることをしていた1、2歳児を真っ暗な押入れに閉じ込め、ドアを叩くなどして怖がらせる保育者がいた。

なければなりません。そうすることで、地域差（公定価格や給与水準といった地域差から生ずる保育の質の差）の解消にもつながるでしょう。

❸　コロナ禍の影響とこれからの研修のあり方

　コロナ禍においては、職員研修が中止になるなど貴重な学びの場が制限されました。特に新卒の職員は戸惑うことも多かったようです。

　一方で、オンライン研修のあり方も大きく進化しています。例えば、公開保育がオンラインとなったことで、日本全国の素晴らしい園の取組みや園舎・園庭の様子を、全国どこからでもPCを通して見ることができ、また、見学者らを交えて議論ができるようになりました。現地に赴いて見学できるに越したことはありませんが、オンライン研修であれば子どもの活動の邪魔にならないようにと人数制限する必要もなく、カメラの使い方次第で、よりじっくり観察することもできます。さらに、保育者の記録の共有などもできるようになるなど、新しい研修の形が生まれています。

　これまでの外部研修は同じエリアの保育者間で受講し、議論することが中心でしたが、全国に広がることで地域差の解消にもつながっていくことが期待されます。

4　＜自社調査＞保育者は経営者の運営能力の差を感じている

　保育者が感じる経営者の運営能力の差。いかに保育の質を高めていくかは、経営者の能力によるところが大きいといえます。

ポイント

❶　これまでは質的なニーズよりも量的なニーズのほうが大きかった。

改めて経営者の意識と運営判断が問われる時代になってきている。

❷　様々な保育所等の経営者と接する機会が増え、保育者が格差を感じ始めている。

❸　保育の質に最も大きな影響を与える「人」をいかにマネジメントするかの視点が必要になる。

❶　少子化による園運営の危機

　保育ニーズ（保育所・幼稚園）の将来推計を見てみると、ほとんどの都道府県で2040年にかけて減少が見込まれます。特に幼稚園ニーズは、子どもの数が減り、女性の就業率が高まることで大きく減少するとみられています（幼稚園ニーズが最大のケースでもほぼ半減、最小のケースでは４分の３以上減少する見込み）。保育所ニーズについては、出生率や女性の就業率の動向によるものの、標準ケースで減少、もしくは幼稚園が認定こども園化していくことで園児が確保できない可能性があると考えられています（総務省『自治体戦略2040構想研究会　第一次報告』平成30年４月より）。

　経営者には、量的ニーズの減少を保育の質的向上の契機として捉えるなどの運営判断が問われていくことになるでしょう。

❷　経営者の運営能力の差を感じる保育者

　筆者によるアンケート調査では、約半数の保育者が「経営者の運営能力に差がある」と答えています（36頁参照）。保育者が転職等によって様々な経営者に接する機会を得たことで、園の方針を当たり前と捉えず、疑問や不満を明確に示していることがわかります。

- 経営者の組織運営に対する意識によって、職員のモチベーションや保育の質の維持にも影響が出る。
- 保育者は何に悩み、何を望み求めているかを園長は理解しているか、園児、職員、組織全体の成長を願う園長か否かで、園の運営能力に大きな差が出る。
- 園によっては積極的に外部研修へ参加させるなど学ぶ機会が豊富にある。
- 経営者の考え方1つで、園の方針が変わる。

❸　経営者に求められる人事マネジメント視点での運営能力

　高い保育理念を掲げて理想の保育を実現するために経営者には様々な能力が求められますが、その中で最も大切といえるものの1つが「人」のマネジメントです。

(1)　適切な労務管理

　労務管理の重要さを認識する園は増えつつありますが、「保育園だから休憩は取れなくて当たり前」「仕事は持ち帰らないと終わらない」という考えもまだ根強く残っています。そもそも保育や教育の世界では、子どもと関わる時間を「労働」と捉えることに違和感があるかもしれません。それは、子どもと関わる時間は苦しい時間であるべきでなく、対価が生まれるサービスでもなく、かけがえのない時間であるという考えがあるからでしょう。でも、休みも休憩も取れず、自宅に戻っても仕事をしなければならないという働き方に、保育者は心から喜びと充実感を得られるでしょうか。最近では、保育者の心身の疲弊が原因で不適切な保育をしてしまったり、職員が一斉に退職して保育が成り立たなくなってしまったりといった深刻な事態も起きています。

　労働基準法をはじめとする労働法制がなぜあるかといえば、労働者（保育者）が心身ともに健康であることや家庭生活とのバランスを考えるこ

と等は、働く人たちの「人権」に関わることだからです。子どもの最善の利益を追求するために働き手の人権を無視してよいということではありません。

　園長を中心に保育者の人権という原理原則を考える時期に来ています。労務は専門外だからと放置せず、園長の責務として取り組みます。場合によっては、社会保険労務士ら専門家の力を借りてもよいでしょう。人手不足に陥っている園であれば、求人や育成方法の見直し、変形労働時間制の導入などを検討するなど現状とのすり合わせをし、優先順位をつけて1つずつ改善していきます。

(2)　職員の待遇

　保育者らの賃金改善を目的とする処遇改善等加算はだいぶ浸透してきました。ただ、この加算はとても複雑で、細かい事務手続もあるために、本質を見据えた運用にまで至っていないこともあります。特に処遇改善等加算取得に必要となるキャリアパスや評価に関しては、単に職員の能力や給料をジャッジするための物差しとして考えている園が少なくないように思えます。保育の世界においては、保育の質や保育者の評価をお金に換算することに違和感を持つ人もいます。しかしながら、保育士のやりがいや魅力を盾に、職員の待遇や給料を切り離すことはできません。

　経営者はどう向き合えばよいのでしょうか。それには「育成の視点」を持つことです。

　保育の経験年数とともに保育者のスキルは上がっていきますが、常に自身を振り返り、目標を持って学び、日々の保育に向き合っている保育者のほうがより経験の幅もスキルも上がるでしょう。実はこれらがすべて網羅されているのが処遇改善等加算制度なのです。

　これまでの職業人生としてのキャリアを丸ごとその人の経験値として受け入れ、キャリアパスに基づいて自身の強みを捉え、目標設定をして、それに必要な研修を受講し、キャリアアップしていけば待遇が上がるというこの制度を、経営者が育成の視点を持って運用していくことがとて

も重要になります。

　労働の対価＝賃金という図式があらゆる業界のあらゆる仕事において成り立つのは、労働者が長い時間をかけて積み上げてきた経験値やスキルの集大成をその瞬間、瞬間に提供してくれているからです。

　処遇改善等加算制度を職員の育成という視点から積極的に運用することで、各園の保育の質が向上することはもちろん、保育者全体の尊厳が守られながら、保育者が心から保育の仕事を楽しみ、専門性が向上するという好循環が生まれることが期待できます。

第4節 人口減少地域の保育 〜選ばれる園になるための取組み〜

1 SDGs（持続可能な開発目標）

　保育所等の経営にSDGsの考えを取り入れ、それを広く発信、アピールすることが大切です。

> ポイント
>
> ❶　保育所等のSDGsの取組みは社会的なインパクトが大きく、ムーブメントを起こしやすい。
> ❷　SDGsは目標設定と実践への展開が重要。
> ❸　地域とのつながりの中で持続可能な社会の発展とステークホルダーへの貢献を考える。
> ❹　園内の取組みで終わらせるのではなく、外に向けてアピールしていくことで園にとっても地域社会にとっても良い変化が生まれる。

❶　保育業界にとってのSDGs

　SDGsとは、2015年9月に国連サミットで掲げられた「Sustainable Development Goals（持続可能な開発目標）」の略称で、持続可能な社会を作るための開発目標のことです。世界中の人々が差別を受けることなく安心して生きることのできる社会を作るため、2030年までの15年間で達成すべき17の目標が設定されています。

　SDGsは、保育・幼児教育と非常に親和性が高く、保育者と子ども、保護者、地域が一体となって取り組むことができ、社会に与えるインパクトも大きいので、多くの園・保育者の意識が高まりつつあります。中にはSDGsを教育の一環として捉える園もありますが、その取組みが持続可能な社会に貢献していることが重要であり、少子化・人口減少社会における保育所・認定こども園・幼稚園の存在意義が問われることとなるのです。

【持続可能な開発のキーワードとして「5つのP」が掲げられている】
People（人間）　　Prosperity（繁栄）　　Planet（地球）
Peace（平和）　　Partnership（パートナーシップ）

【SDGsの17の目標（「5つのP」をより具体化したもの）】
① 貧困をなくそう
② 飢餓をゼロに
③ すべての人に健康と福祉を
④ 質の高い教育をみんなに
⑤ ジェンダー平等を実現しよう
⑥ 安全な水とトイレを世界中に
⑦ エネルギーをみんなにそしてクリーンに
⑧ 働きがいも経済成長も
⑨ 産業と技術革新の基盤をつくろう
⑩ 人や国の不平等をなくそう
⑪ 住み続けられるまちづくりを
⑫ つくる責任　つかう責任
⑬ 気候変動に具体的な対策を
⑭ 海の豊かさを守ろう
⑮ 陸の豊かさも守ろう
⑯ 平和と公正をすべての人に
⑰ パートナーシップで目標を達成しよう

❷ SDGsは目標設定と実践への展開が重要

　保育所等の活動そのものが自然環境や教育、福祉とつながっているため、アピールもしやすいですが、具体的な目標設定と取組みを意識することが大切です。また、日々の保育においてこれらの目標が展開されている様子を伝えていくことで、園に関わる人たちと共有しやすくなります。

図表1　保育事業者として、どのようなことに重点的に取り組んでいるのかを宣言する

乳幼児期の保育・教育の充実と学齢期までの切れ目のない支援

▶①貧困をなくそう
▶④質の高い教育をみんなに
▶⑤ジェンダー平等を実現しよう

障害児への支援の充実

▶①貧困をなくそう
▶③すべての人に健康と福祉を
▶④質の高い教育をみんなに
▶⑧働きがいも経済成長も
▶⑩人や国の不平等をなくそう

ひとり親家庭の自立支援／配偶者等からの暴力（DV）への対応と未然防止

▶①貧困をなくそう
▶③すべての人に健康と福祉を
▶④質の高い教育をみんなに
▶⑤ジェンダー平等を実現しよう
▶⑧働きがいも経済成長も
▶⑩人や国の不平等をなくそう
▶⑪住み続けられるまちづくりを
▶⑯平和と公正をすべての人に

学齢期から青年期までの子ども・青少年の育成施策の推進

▶①貧困をなくそう
▶④質の高い教育をみんなに
▶⑤ジェンダー平等を実現しよう

生まれる前から乳幼児期までの一貫した支援の充実

▶①貧困をなくそう
▶③すべての人に健康と福祉を
▶④質の高い教育をみんなに
▶⑤ジェンダー平等を実現しよう

児童虐待防止対策と社会的擁護体制の充実

▶①貧困をなくそう
▶③すべての人に健康と福祉を
▶⑩人や国の不平等をなくそう
▶⑯平和と公正をすべての人に

若者の自立支援施策の充実

▶①貧困をなくそう
▶④質の高い教育をみんなに
▶⑩人や国の不平等をなくそう

地域における子育て支援の充実

▶①貧困をなくそう
▶④質の高い教育をみんなに

> ワーク・ライフ・バランスと子ども・青少年を
> 大切にする地域づくりの推進

- ▶①貧困をなくそう
- ▶③すべての人に健康と福祉を
- ▶⑤ジェンダー平等を実現しよう
- ▶⑧働きがいも経済成長も

- ▶⑩人や国の不平等をなくそう
- ▶⑪住み続けられるまちづくりを
- ▶⑰パートナーシップで目標を達成しよう

図表2　子どもたちとともに取り組むSDGsについても宣言する

> ・水、紙を大切に使おう
> ・プラスチック製品玩具やペットボトル、レジ袋
> 　はできるかぎり使いません。
> ・コンポストで生ごみを肥料に

- ▶⑫つくる責任　つかう責任
- ▶⑬気候変動に具体的な対策を
- ▶⑮陸の豊かさも守ろう

> 遊びを通して、
> ・自然に触れ合う保育を大切にします
> ・自然との共生を学ぶ機会をつくります

- ▶③すべての人に健康と福祉を
- ▶⑭海の豊かさを守ろう
- ▶⑮陸の豊かさも守ろう

> ・太陽光発電を行っています
> ・資源の大切さを学び合います

- ▶⑦エネルギーをみんなにそしてクリーンに
- ▶⑫つくる責任　つかう責任

> ・行事や日々の園生活を通じて地域を知り、共生
> する意識を醸成します

- ▶⑪住み続けられるまちづくりを
- ▶①貧困をなくそう
- ▶④質の高い教育をみんなに

> ・性別による差別、思い込みを排除
> ・性別役割分担意識を植え付けない教育

- ▶④質の高い教育をみんなに
- ▶⑤ジェンダー平等を実現しよう

> 世界に目を向けた教育

- ▶⑩人や国の不平等をなくそう
- ▶⑯平和と公正をすべての人に

❸　つながりをつくり、地域全体で取り組む

　園において子どもと一緒に❶の目標に向けた取組みを行うことも大切な教育ですが、法人・施設としては、より広い視野でSDGsを捉えていくことも重要です。

　保育・幼児教育施設という特性を生かし、地域に開かれた保育・教育を通して、地域と豊かなつながりを築き、園の存在意義を高めながら、園と繋がりあるすべての人・組織の価値創造につなげます。

❹　取組みは積極的・戦略的にアピールしよう

　社会貢献活動やボランティア活動などは善意で行うものであり、外に向けてアピールするような出過ぎたことはすべきではないと考える保育事業者も多いのですが、一般企業では「CSR推進室」「CSR戦略室」のように社会貢献活動について戦略的に自社アピールにつなげています。これらはいわゆる「三方よし」の考え方に基づくもので、自分たちにとっても子どもたち、社会にとっても良い方向につながるものなのだから、効果が最大化するように積極的にPRすることは当然のことといえるのです。意義ある取組みを実践し、それを多くの人たちに知ってもらうことで保育所等の永続的な発展につなげていきましょう。

2　CSRとISO26000

　社会的責任という言葉が広まりつつあります。CSR（企業の社会的責任）と国際規格であるISO26000（社会的責任）の考え方を理解すると、社会貢献とコンプライアンスの重要性が整理できます。

　ポイント
❶　CSRは長期的な保育・幼児教育施設の価値の創造につながる未来への投資となる。
❷　ISO26000は、国際標準化機構による（企業に限らない）組織の社会的責任に関するガイドライン規格。組織統治のあり方を改めて見直す。
❸　内外に宣言し、情報開示していくことで園の信頼や存在価値が高まっていく。

※著者注：定義上、「企業」と表現されるものについてはわかりやすくするため

に、一部「保育・幼児教育施設」という表現に置き換えています。

❶　CSR起点の運営と行動規範

　CSR（Corporate Social Responsibility：企業の社会的責任）に対する意識の高まりの背景には、環境破壊や環境汚染、競争激化による人権問題(ブラック企業※ブラック保育園)、安全管理や委託費の不正受給、不正会計などの企業不祥事やコンプライアンス問題が社会に深刻な影響を与えてきたということがあります。こうした問題から、企業には「企業（保育・幼児教育施設）の意思決定や活動が社会や環境に及ぼす影響への責任」を考え、透明性をもった運営、ステークホルダー（関係ある人や組織）への配慮、コンプライアンス遵守、組織統治が求められています。

　保育・幼児教育業界にとってはハードルが高い、大企業にしかできないことだといった声も聞かれますが、今しっかりと向き合うことで園の価値や信頼が大きく高まり、少子化時代に「選ばれる」園となるのです。CSRはまさに未来への投資ですが、投資といっても金銭的なものに限りません。工夫を凝らした社会貢献の形は無限にあるといえます。

❷　ISO26000を理解する

　ISO26000は手引規格（ガイダンス規格）であり、保育・幼児教育施設がCSRの取組みを進める際の「参考書」となります。独自で組織づくりについて検討している園も多いですが、業界の慣習等によって課題が見えづらい面もあります。この参考書を基に、園ごとに優先課題を見極め、特色ある取組みをしていくと組織の確実な変化を実感しながら地域社会にしっかりアピールすることができます。必ずしもすべての基準をクリアする必要はないので、自由な発想と未来志向で取り組むことが大切です。特にISO26000の7つの中核主題は、CSRに取組むうえで重要な要素となります。

【7つの中核主題】

1．組織統治（ガバナンス）

• 組織として有効な意思決定の仕組みをもつようにする。

• 十分な組織統治は、社会的責任実現の土台となる。

2．人　権

• 人権を守るためには、個人・組織両方の意識と行動が必要。

• 直接的な人権侵害だけでなく、間接的な影響にも配慮し、改善する。

3．労働慣行

• 労働慣行は、社会・経済に大きな影響を与える。

• 「労働は商品ではない」が基本原則である。

4．環　境

• 組織の規模にかかわらず、環境問題に取り組む。

• 環境への影響が「わからないから取り組まない」ではなく、「わからなくても、環境問題に取り組む」の予防的アプローチをとる。

5．公正な事業慣行

• 他の組織との関わり合いにおいて、社会に対して責任ある倫理的行動をとる。

6．保育・幼児教育の受け手の課題

• 組織の活動、保育・幼児教育の受け手である子どものプライバシーの保護、保護者からの苦情解決に誠実に対応する。

7．コミュニティへの参画およびコミュニティの発展

• 地域住民との対話から、教育・文化の向上、雇用の創出まで、幅広くコミュニティに貢献する。

＜ステークホルダーとは？＞

　保育・幼児教育施設とつながりのあるすべての人や組織を指します。保護者や地域、行政はもちろん、職員も重要なステークホルダーです。職員に対してコンプライアンスを遵守していくこと、誠実な労働慣行を

確立してエンゲージメント（※組織への愛着、思い入れ）を高めていくことも選ばれる園になるための重要な視点です。

❸　積極的な情報発信で信頼を高めよう

　CSRの取組みは、行動規範として外部に積極的に発信することで園の価値や信頼が高まります。大企業のようにCSR報告書を作成することまでは難しいでしょうが、重点課題や取組みについてはHP等で発信するといったことでも効果はあります。また、すぐに取り組むことが難しく改善が必要な場合は「将来計画」という表現を用いてもよいでしょう。

3　ESD（持続可能な開発のための教育）

　これからの園に必要な視点として、「SDGs」「CSRとISO26000」を取り上げましたが、もう1つの視点として、「ESD」（持続可能な開発のための教育）について考えます。

ポイント

❶　ESD（持続可能な開発のための教育）は、持続可能な社会のつくり手を生み出すための教育。社会課題を自らの問題と捉え、解決につながる新たな価値観や行動を生み出すことを目的とする。

❷　ESDはSDGsの実現にも寄与する。

❸　持続可能な社会づくりを構成する「6つの視点」と持続可能な社会づくりのための課題解決に必要な「7つの能力・態度」が重要となる。

❶ ESDは持続可能な社会のつくり手を生み出す

　ESDは「持続可能な開発のための教育」（Education for Sustainable Development）と訳します。ESDは世界で問題視されている気候変動、生物多様性の喪失、資源の枯渇、貧困の拡大といった現代社会の問題を自らの問題として主体的に捉え、人類が将来の世代にわたり恵み豊かな生活を確保できるよう、身近なところから取り組むことで、問題の解決につながる新たな価値観や行動等の変容をもたらし、持続可能な社会を実現していくことを目指して行う学習・教育活動のことをいいます。

　ESDが本格導入されたのが2005年ですから、当時小学生だった生徒はすでに社会に出ています。1980年〜1995年生まれのミレニアル世代を含め、1996年〜2015年生まれのZ世代はESDを受けている世代といえます。実践者たる保育者自身がすでに未来人材であり、新たな価値観を持っているといえます。経営者は保育者との間に世代間ギャップがあるのであれば、まずは経営者自身がESDの本質について考え、価値観を刷新していく必要があるかもしれません。

図表1　ESDの基本的な考え方

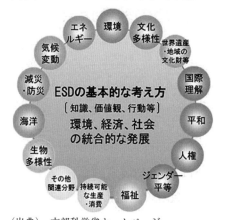

（出典）　文部科学省ホームページ

❷ ESDとSDGsの関係

　ESDはSDGs（持続可能な開発目標）の17の目標すべての実現に寄与するものであることが国連でも確認されており、持続可能な社会のつくり手を育成するESDは、持続可能な開発目標を達成するために不可欠である質の高い教育の実現に貢献するものとされています。また、「持

続可能な開発のための教育：SDGs実現に向けて（ESD for 2030）」ではそれらがより強調され、SDGsの17すべての目標実現に向けて教育は大きな役割を果たすことが謳われました。

　施設・法人としてのSDGsの取組みと、SDGsの担い手を生み出す教育そのものを考えることが求められている保育・幼児教育業界。大きな役割を担っている責務について、園内・ステークホルダー（つながりのある人たち）との対話がより一層重要になるといえるでしょう。

❸　持続可能な社会づくりを構成する「6つの視点」と持続可能な社会づくりのための課題解決に必要な「7つの能力・態度」

- 持続可能な社会づくりを構成する「6つの視点」を軸にした持続可能な社会づくりの構成概念
1. 多様性（いろいろある）
2. 相互性（関わりあっている）
3. 有限性（限りがある）
4. 公平性（1人ひとりを大切に）
5. 連携性（力を合わせて）
6. 責任制（責任を持って）

- 持続可能な社会づくりのための課題解決に必要な「7つの能力・態度」
1. 批判的に考える力
2. 未来像を予測して計画を立てる力
3. 多面的・総合的に考える力
4. コミュニケーションを行う力
5. 他者と協力する力
6. つながりを尊重する態度

（出典）「国立教育政策研究所学校における持続可能な発展のための教育（ESD）に関する研究〔最終報告書〕」

4　地域との共生と保育版・人的資本経営のすすめ

　職員は保育の価値を高めてくれる大切な存在であるということを、園の内外にきちんと意思表示しましょう。

ポイント

❶　職員が組織の価値を大きく左右する。職員を費用（コスト）と捉えるのではなく、価値創造を生み出すための投資と捉えることが重要。

❷　働き方改革を単なる業務改善と捉えないことが大切。

❸　完璧な状態で情報開示する必要はない。つながりのある人たちとの対話を重視する。

❹　人的資本経営で地域とつながる。地域共生社会の実現をめざす。

❶　人的資本経営が重要視されるようになった理由

　経営において「ヒト」「モノ」「カネ」は重要な要素です。保育の世界で言い換えると「モノ」＝「保育の質」といってよいでしょう。そして、この保育の質を生み出し高めていくのは誰かといえば、まぎれもなく保育者＝「ヒト」です。

　これまでの組織人事では、「ヒト」は「人的資源＝Human Resource」という考えが主流でした。「資源」とは、すでにあるものを使う、いまあるものを消費する、というものであり、できるだけ効率的に無駄なく使いきるという考えにもつながっています。人件費も教育も

すべて費用（コスト）として管理する、だから人事管理という言葉を用いるのです。

　しかし、「ヒト」は教育や研修を施せば成長し、組織に価値を生み出すものでもあります。外部から優秀な「ヒト」を獲得すればさらにその価値は高まります。つまり、ヒトが組織の価値を大きく左右する指標となり得るということです。これまでの「人的資源」という捉え方から「人的資本（Human Capital）」へ、まさに「ヒト」を費用（コスト）ではなく、価値創造を生み出すための投資と捉える考え方に変わりつつあり、この考え方に基づいた経営を「人的資本経営」と呼びます。

　保育業界では、これまでも職員を大切にし、育成に力を入れてきましたが、より踏み込んで考えることでその価値は高まることでしょう。

❷　働き方改革は単なる業務改善ではない

　人を大切にするためにまずは働き方改革を実践しようという機運はとてもよいことです。しかし、働き方改革と聞くと真っ先に「残業を減らす」「有休を取りやすくする」「休憩が取れるようにする」、そのためにICT化や業務効率化をするというように、業務改善につなげて考えがちですが、働き方改革は単なる業務改善を指すものではありません。職員の意欲・能力を存分に発揮できる環境を作るという視点が重要です。

　ここ最近、保育所等における不適切保育や人的ミスが原因と思われる悲しい事故が相次いでいますが、こうした問題の数々もすべて働く環境・労務管理の不備が招いたものだといえます。なぜならば危機管理の甘さ、体制の不備等、すべて「人」に目を向けていないことによって引き起こされたものだからです。

　労働時間・休憩・休日といったものは労務管理の根っこの部分といえますが、これらが法律で規制されているのは、そこで働く人の自らの人生が仕事上の負荷によって侵されることなく、心身ともに健康なバランスを保つうえで必要だからです。法令を遵守した環境を整備したうえで、さらにハラスメントのない風通しの良い関係性や個々の責任感や危機意

識を醸成し、職業人としての信頼関係を築いていくこと、これが働き方改革の全体像であり、そこまでを見据えて取り組む必要があります。

❸ 完璧な状態で情報開示する必要はない。つながりある人たちとの対話が大切

　人的資本経営の情報は開示しましょう。中小企業は義務ではありませんが、選ばれる園・信頼される園になるためには、官民問わず情報開示が不可欠だからです。外部に見せられる状態ではないと、人的資本の開示に尻込みする経営者もいるかもしれませんが、それでは一向に人的資本経営は好転しません。また、開示の目的は、選ばれる園の基準として完璧な状態を示すことではなく、つながりある人たちとの対話を行うきっかけとすることにあります。この対話には、外部の人だけでなく、職員との「労使対話」も含まれます。

　労使対話とは、自らの貢献がどのように保育の質向上に寄与し、園の発展につながっていくのか、職員自身の納得感を高めるために経営者と対等に対話をすることです。給与額をはじめとした労働条件の交渉ではありませんし、職員の権利主張を増長させるような関係性の変化を生むものでもありません。

　職員の教育・育成・多様な働き方・多様な人材活用・評価基準といった人事戦略を外部にわかりやすく示し、さらに外部の関係者とも対話を重ね、改良を続ける真摯な経営こそ、外部、特に保護者の安心感を生むといえるでしょう。

❹ 地域共生社会の実現のために保育所等ができること

　人的資本経営の情報開示を誰に向けて行うかですが、地域、保護者、そして職員すべてに向けて開示します。職員が働きがいと働きやすさを感じながら、心から保育を楽しみ、保育の質を高めていくために、今どのような課題があり、その課題をどのように乗り越えていくかについて、そして権利の保障にとどまらず、持続可能な園運営のために経営者と職

員、そして保護者や地域の繋がりある人たちとともに対話を重ねていくことができれば、課題の解決につながるはずです。

　少子化時代の園運営に欠かせない「地域共生」「社会全体で子どもを育てる」という意識を高めていくことです。

　こうした大きな全体像を共有したうえで、職員の働き方改革の実行に落とし込んでいきます。

図表1　保育版 人的資本経営

職員は「資源（コスト）」ではなく大切な「資本」。どのように生かし、育て、職員が喜びを感じながら保育の質を共に高めていこうとしているのか、そして現状の職場環境はどんな状況なのか、内外に開示し、職員・保護者・地域・経営者、皆で対話を重ねていく経営のあり方のことをいいます。

1．倫理とコンプライアンス	①苦情の件数と種類　②懲戒処分の種類と件数　③倫理・コンプライアンスの実施状況と職員の受講状況　④監査での指摘内容
2．コスト	①総労働力コスト　②採用コスト
3．ダイバーシティ	①平均年齢　②性別の割合　③職歴の多様性
4．リーダーシップ	①リーダーシップ教育の状況　②リーダーシップに対する信頼度
5．組織風土	①職員満足度　②職員定着率
6．健康・安全・幸福	①休職者（育児・介護休業除く）の数　②労災発生状況　③健康への配慮　④安全教育の状況　⑤職員のウェルビーイング
7．生産性	①ICT化をはじめとした効率化・業務改善の取り組み状況
8．採用・異動・組織	①応募数と採用数　②採用計画　③将来必要となる職員の能力　④離職率と離職理由　⑤重要ポストの登用状況（内部登用・外部からの採用）　⑥法人内での異動数
9．スキルと能力	①研修の総時間　②研修参加率　③職員一人当たりの研修受講時間　④カテゴリー別の研修受講率
10．事業承継の計画	①後継者の準備についての考え方
11．労働力	①総職員数（正規・パート）　②臨時の労働力（派遣）

ISO 30414をもとに保育所等用に改変

図表2　保育版 人的資本経営　開示例

〈総括〉

当法人では、子どもの人権と同じように職員の人権を大切にし、職員の成長や職場満足度が高まるほど保育の質の向上につながるという考えのもと、人的資本経営を実践しています。
コンプライアンスの遵守の状況、職員の育成、職員満足度を高めていくための様々な取組みを分析し、課題に対しても真摯に受け止めたうえで法人の内外に開示・共有します。

それによって、地域社会におけるすべてのつながりある方々と一体となって保育の質向上のための取組みを進めていきたいと考えています。
保育内容と職員の働く環境について、私たちの考え方や取組みをご理解いただけますと幸いです。

【私たちの組織の特徴】
● **現場主体の組織**
　　保育内容の立案、職員育成、保育環境づくり、保育実践の振り返り、管理・チェックを職員で構成するチームが主体となって実践しています。トップダウンではなく、現場主体とすることでそれぞれが責任とやりがい、向上心を持って取り組んでいます。

● **多様な働き方の実践**
　　当法人の職員は、20代から60代までと年代が幅広く、様々なライフステージの中でそれぞれの最大の力を発揮できるよう多様な雇用形態・働き方を実践しています。それぞれの違いを受け止めたうえで公正・公平な処遇を保障していくために、職務職責、勤務時間帯、経験スキルを適切に評価できるキャリアパスと人事制度を採用しています。

【開示例　コンプライアンス（労務関連）】
※企業主導型保育事業　労務監査項目を参考に社労士によるチェック

①労務管理関連規定

1. 就業規則の策定・届出
2. 労働条件関連の定め
3. 賃金（給与）関連の定め
4. 処遇改善に関する定め
5. 育児・介護休業関連の定め
6. ハラスメントの対応

すべて問題なし

2021年度は4．処遇改善に関する定めを職員に周知できていなかったことにより自身の給与・処遇改善の状況を理解できていない職員が半数以上いましたが、規程を整備し、全体への説明会を実施したことで透明性ある制度設計と職員への浸透が図られました。
ハラスメントについては窓口を設置するだけでなく、研修を実施しました。

②労務管理体制

1. 労働時間管理、休憩・休日
2. 労働時間関連労使協定
　　（36協定など）
3. 年次有給休暇の付与・管理
4. 一般健康診断の実施
　　（雇入時・定期・特定業務等）

すべて問題なし

2021年度は有給休暇について年5日の取得ができていない職員が4名いましたが、今年度は全員が5日以上取得できており、取得率も60%から89%まで上昇しました。

【開示例　コンプライアンス（労務関連）】
※企業主導型保育事業　労務監査項目を参考に社労士によるチェック

③帳簿等の調整・保管

1. 労働者名簿
2. 賃金台帳
3. 書類の保管

すべて問題なし

項目・保管期間・保管方法について問題ありません。

④労働保険・社会保険

1. 労災保険・雇用保険の手続
2. 健康保険・厚生年金保険の手続

すべて問題なし

加入漏れ・標準報酬月額の算定誤りもありません。

⑤その他

同一労働・同一賃金、高齢者雇用

すべて問題なし

今年度より職務同一パートを設定しました。正規職員同等のスキルを有し、正職員よりも短い時間帯の中であっても当該時間帯に応じた正職員同等の職務職責を担う職員に対し、均衡待遇を定めています。

【開示例　組織風土（快適職場調査より)】

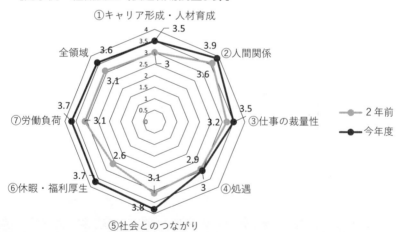

	所見
	●このES調査は、厚生労働省の「快適職場調査」をベースにしたもの（第4章第2節231頁参照） 　→　回答を数値化し、各領域・全領域の平均値を、標準値（3.0）と比較して評価
	●**特に満足度が上がったのは、⑤社会とのつながり（3.8）・⑥休暇・福利厚生（3.7）。** 　地域とのつながりづくり、休暇取得促進に努めたことによる。
	●**①キャリア形成について、個別の育成計画による研修実施により満足度がより高まった。**
	●満足度が最も低いのが、④処遇（3.0）で、標準値までは上昇したものの、今後も納得感のある給与体系の提示・積極的な職員対話を進めていきたい。

はやきた子ども園

　町と一体となって教育を考える。様々な家庭環境や地域の特性に目を向けて、誰もが豊かな教育の機会を受けられる公私連携こども園の取組み。

施設概要	
施設名	はやきた子ども園
運営法人名	学校法人リズム学園
施設所在地	北海道安平町
定　員	150名
運営形態	公私連携・幼保連携型認定こども園。子育て支援や学童保育、小規模保育を併設した多機能型施設。

①　安平町について

　安平町は北海道の南西部に位置する人口約7,400人の小さな町です。高齢化率は36.6%（R2年）と全国・全道を上回り、0歳〜14歳までの年少人口も10.2%と低く、将来推計においても緩やかに人口が減少することが予想されています。一方で、新千歳空港から車で30分程度、苫小牧や千歳、札幌への高校・大学通学、通勤も可能なことから、豊かな自然に囲まれながらも交通の利便性に恵まれた魅力ある町でもあります（安平町「第2期 安平町まち・ひと・しごと創生総合戦略」令和2年12月）。

②　安平町の教育

　日本で初めて「CFCI：日本型子どもにやさしいまちづくり事業」実

践自治体として、ユニセフ（国連児童基金）より承認されました。「子どもにやさしいまちづくり」を「子どもがあたり前に意見できるまちづくり」、「子どもたちが安心して遊べるまちづくり」と捉え、子どもが主人公のまちを目指し、「あびら教育プラン」を掲げ、乳児から大人までの一貫した教育に、町と地域団体が一体となって取り組んでいます。

※CFCI：Child Friendly Cities Initiative＝「子どもにやさしいまちづくり事業」のこと。子どもにもやさしいまちでは、子どもたちがまちの活動に活発に参加し、彼らの声や意見が考慮され、まちの決定や手続きに反映されることが重要と位置づけています。

③　はやきた子ども園について

　はやきた子ども園の運営主体である学校法人リズム学園は、北海道恵庭市で認定こども園や企業主導型保育施設、学童クラブ、小規模保育所を運営するなど、法人として多機能型の子育て支援を行っています。

　はやきた子ども園は平成28年に設立、以降、地域で唯一の認定こども園として今に至っています。人口減少・少子高齢化が進む安平町ですが、同園の設立後、徐々に子育て世帯が転入し、0歳〜2歳児の受入れが追い付かない状況となったため、令和3年には同じ敷地内に0〜2歳児のための小規模保育所の「はやきたゆきだるま保育園」が併設されま

はやきた子ども園

小規模保育のはやきたゆきだるま保育園

した。

④　町との連携〜すべての子どもに良質な教育を
　北海道で初めての学校法人との公私連携幼保連携型認定こども園（24頁参照）。私立園ですが安平町の公有設備を有効に活用しながら町と一緒に教育環境を作りあげていくという考えのもと、それぞれの強みや専門性を生かしながら町の子育て支援を行っています。
　また、地域に複数の多様な施設があれば保護者が個々の希望に合わせて園選びをすることができますが、安平町の早来地区の保育・幼児教育施設ははやきた子ども園のみであるため、保護者の経済状況、家庭環境、子どもの発達の状況など、町民のあらゆるニーズに応えています。ただし、それらすべては保護者の都合に合わせた対応ではなく、あらゆる環境に置かれた子どもが均一な教育の機会に恵まれるようにという願いに基づいています。
　家庭ごとの経済格差があっても教育の格差は生まないという町と園の信念によって、スノーブーツとスキーはすべて園が用意し、雪が降れば誰もが北海道の冬を楽しむことができ、広大な森で思う存分遊び、みんなで育てた野菜を使って料理もできる。町全体の資源を使い、温かい保育・教育理念のもとに子どもたちが育っていく、これこそが公私連携の

強みといえるでしょう。

⑤　園の環境〜子どもの探求心をとことん叶えられる場所〜

　園にはこども園に通う未就学児、学童に通う小学生が集っています。園庭には馬が2頭いて2歳児でも馬に乗ることができます。高見台と呼ばれる大きな台には柵もなければ年齢制限もありませんが、高いはしごを自分の力で登らなければならないため、「登れる子」しか上に行けません。そのため、大きな子たちへの憧れとともに体力と運動能力、判断力を身につけながら1人ひとり目標をクリアしていきます。また、都心のように高いビルがない安平町で育つ子どもたちにとって高い場所から「見下ろす＝物事を俯瞰する」、という大切な経験の機会にもつながっています。

2歳児も乗馬ができる

　安平町は全国的にも有名な馬産地。安平町の産業・文化を大切にするという考えのもと、馬を飼育して時には乗馬を楽しむこともできます。小麦を育てて収穫したときに子どもたちから「ピザを作りたい！」という声が上がれば保護者の協力のもとピザ釜作りから始めます。畑で作った野菜は寄付のお礼として提供、集まった寄付で子どもたちが自分たちで計画を立てて自らの活動に役立てるなど、どんなことも徹底的に楽し

み、経験することができます。子どもを真ん中にして職員と保護者が手を取り合って生まれる「遊びを通じた学び」がはやきた子ども園の教育のベースとなっています。

自分たちで作った小麦でピザを焼きたいという思いからピザ釜を手づくり

保護者からの寄付は森や畑で採れた薪や野菜でお礼

⑥ 地域の子育て支援から学童まで。多機能化と多様性

　保育の必要性のない家庭に対しての子育て支援や学童までを担っているため、年齢や目的によって職員に求められる専門性や勤務時間帯も異なります。そのため、職員組織は同質的な組織ではなく、多様性が大切になり、無資格者のパートタイマーや保育教諭以外の資格を持った職員

も活躍しています。一方で、多機能化することによって1つひとつの職場に固定してしまうと、人が滞留し法人全体の活性化につながりにくくなるため、法人としての普遍的な理念をどの運営形態においても浸透させたうえで、コアな資格である正職員の保育教諭を中心に定期的な異動を行って人事交流を図っています。

⑦　小さな町がめざす教育の意味

　全国からも注目を集めるはやきた子ども園。安平町も日本一の公教育を目指して令和5年度には隣接する場所に小中学校が開校されるなど、ますます期待が高まっており、教育移住も進み始めました。

　しかしながら、長期的な視点で見るとまだまだ課題はあります。町で暮らす子どもが増え、その子どもたちが良質な教育を受けられたとしても、10年後、20年後にその学びを自分たちが育った町に還元する場所・機会がなかったら活躍の場が別の都心部に移ってしまう可能性があるのです。これだけの豊かな公教育を実現できたとしても、それが若者を町外に出すための教育になってしまっては意味がありません。人口減少が進む町においては、教育を起点として転入者を増やすだけでなく、そこに住み続けるための環境が必要です。町の産業の活性化やリモートワークを含めた多様な働き方の実現によって、ここで結婚して子どもを産み育て、定住が当たり前になるよう、町と園は長期的なビジョンで豊かな教育の意味を考え続けています。

第2章

多様化する
保育のニーズに応える

　一時預かり、病児保育や医療的ケア児、発達障害児の保育、インクルーシブ保育といった多様なニーズに応える様々な保育のあり方について、社会背景を踏まえて考えます。

第1節 一時預かり事業の役割

1 3歳児未満の子どもの半数以上が保育所を利用していない中で起きていること

　女性の就労が増えるにつれ保育所等の利用率は上がっていますが、それでも3歳児未満の子どもたちの半数以上はまだ就園していません。

ポイント

❶　働く女性が増えたことで保育所等の利用率も上昇した。

❷　3歳児未満の子どもの半数以上が保育所等に通っていない。

❸　児童虐待相談件数は増え続けている。

❶　働く女性が増えたことで保育所等利用率も上昇した

　待機児童の解消を推し進めるため、平成25年5月に厚生労働省より「待機児童解消加速化プラン」として地方自治体への支援策が打ち出されました。その頃の女性の就労率は70%程度でしたが、保育所等の整備が急速に進んだことにより、令和3年には78.6%まで上昇しています。

　また、さらなる待機児童の解消を目指し、令和2年には、「新子育て安心プラン」（厚生労働省、令和2年12月21日公表）が出されました。そこには、女性の就業率の上昇を踏まえた保育の受け皿整備、幼稚園や

ベビーシッターを含めた地域の子育て資源の活用を進め、令和7年までに女性の就労率を82％まで上昇させる政府目標が立てられており、現状、この目標に近づいている状況です。

　これに比例して、1・2歳児の保育所等利用率は、平成25年時点で35％を割り込んでいましたが、令和元年には48.1％と大きく上昇しています。

❷　3歳児未満の子どもの半数以上が保育所等に通っていない

　上記の通り、1・2歳児の保育所等利用率は上昇しましたが、逆をいうと、1・2歳児の半数は家庭で過ごしているということになります。0歳児についても8割以上が就園していません。もちろん、0歳児は育児・介護休業法上の育児休業期間にあたりますので、女性の就労率とは関係なく、育休取得によって家庭で養育しているということもあります。

図表1　保育園・幼稚園等の年齢別利用者数および割合（令和元年度）

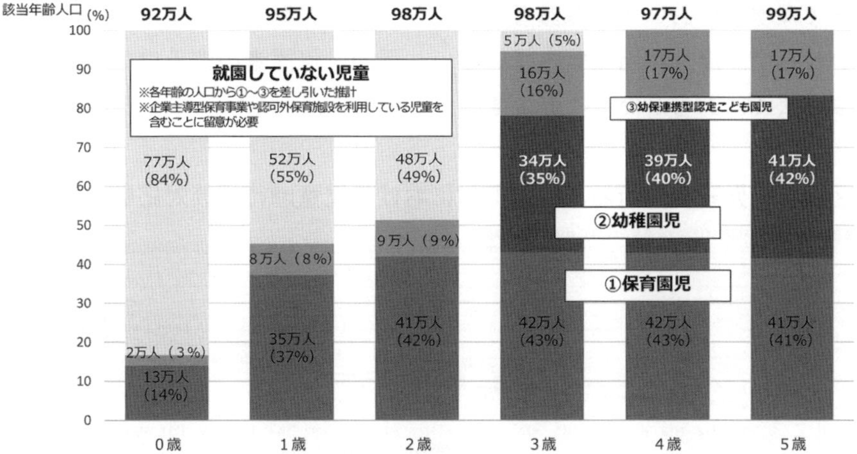

（出典）　厚生労働省　地域における保育所・保育士等の在り方に関する検討会参考資料

❸　増え続ける児童虐待相談件数

　児童虐待もしくは虐待が疑われる事案に対する児童相談所や市町村へ

の相談件数は年々増え続けています(厚生労働省　地域における保育所・保育士等に関する検討会参考資料)。平成16年に児童虐待防止法が改正され、通告対象が「虐待を受けた児童」から「児童虐待を受けたと思われる児童」に拡大され、事実関係が明らかでなくても通告義務が生じるようになったという背景もありますが、それでも法改正が行われた平成16年と令和元年の児童相談所等への相談件数を比較すると5倍以上に増えています（図表2参照）。

　虐待相談として対応した子どもを年齢別に見てみると、未就学児が4～5割程度と最も多く、3歳児未満は2割程度、3歳～学齢前児童が約2.5割程度です。一方で、虐待による死亡事案を見てみると、0歳児が最も多く（同49.1%）、2歳児以下の割合は約6割（同59.7%）を占めています（図表3参照）。

　相談件数では3歳児以上の未就学児童の割合のほうが3歳未満児童よりも多いのですが、死亡件数では圧倒的に0歳児が多いという事実から推測されるのは、社会的な関わりが少ない3歳未満児、特に0歳児の子育て環境下において、保護者は深刻な子育ての悩みを抱えているにもかかわらず、周りに相談できていない、周囲も保護者の悩みに気づけていない状況にあるということです。

図表2　児童相談所および市町村における児童虐待相談対応数の推移

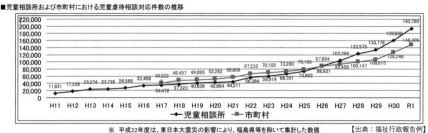

（出典）　厚生労働省　地域における保育所・保育士等の在り方に関する検討会参考資料

図表3　虐待死に占める年齢別割合（心中以外の虐待）

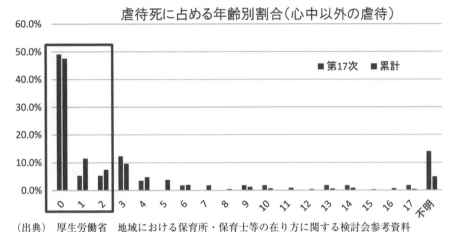

（出典）　厚生労働省　地域における保育所・保育士等の在り方に関する検討会参考資料

2　就労していない親の保育ニーズに応える

　親の就労状況等によらずとも利用できる一時預かり保育へのニーズが高まっています。

ポイント

❶　多様な働き方、ライフスタイルに伴って子育て支援に対するニーズも多様化している。

❷　誰でも利用できる一時預かりは、多様化する保育ニーズに応えるものである。

❸　専業主婦層の子どもにも保育は必要であるという考えが広がってきている。

❶ 育児ストレスと保育の必要性

　保育所に預けるには、管轄の自治体に保育の必要性を認めてもらう必要がありますが（保育認定）、その要件は「就労」「疾病」「介護」「災害復旧」「求職」「通学」「虐待やDV」などに限定されています。中でも就労で認定を受ける方が最も多くいます。

　しかしながら、核家族化や少子化、地域社会との関係性の希薄化を背景に、孤独な子育てや育児ノイローゼ、産後うつに苦しむ方が増え、子ども同士が関わる機会も失われつつある昨今、親の就労状況等によらずとも希望すれば誰でも保育所に入れるようにすべき、という意見が聞かれるようになりました（2022年日本総合研究所）。就労している親よりも専業主婦のほうが様々なストレスに晒されているとの調査結果もあり（育児ストレスに関する調査・図表1参照）、検討の必要性は高いといえます。

図表1　母親の就労形態と育児ストレス

フルタイム	育休・産休取得時に子ども関係のストレスが高い
	パートや自営の者よりストレスを感じる、育児のために仕事を我慢している
パートタイム	子どもと離れた一人の時間がない
	「疎外感」が高い
	育児への苦手意識（若年者）
専業主婦	社会的なサポートのある「良好な環境」がない
	子どもと離れた一人の時間がない
	「閉塞感」が高い
	一人きりの子育て、社会からの孤立
	アイデンティティー喪失に対する脅威
	夫の育児態度に対する不満
	育児環境の不備

	体調不良
	自分だけで子育てをしていると思う

引用：乳幼児を持つ母親の育児ストレスの要因に関する文献検討

❷　多様な働き方と多様な保育のあり方へのニーズ

　通常、保育の必要性が認められれば、求職者や自営業であっても保育所等に入所できますが、求職者の場合、多くの自治体では、求職活動の期間3カ月以内とする入所制限が設けられており、求職者は十分な時間をかけて仕事を探すことができないのが現状です。

　そのような状況から、誰でも利用できる一時預かりは、多様化する保育ニーズに応えるものといえます。実際に一時預かりを利用する保護者は、求職活動をしている人やフリーランスとして活動している人、学び直しの機会を得ている人など様々です。ライフスタイルやワークスタイルが多様化し、保育所等ではなく一時預かりを利用しながら、仕事も育児も自分主導で両立させたいと希望する親も増えてきました。出産を経て一度キャリアが途絶えると1日も早く仕事復帰したいという思いに駆られることもありますが、焦らずじっくりと次のキャリアを見据えて準備をしたい、自分にとって最適なバランスを自身で選択したいという方も増えているのです。

❸　子どもにとっての一時預かり

　子どもにとって保育が必要な状況かどうかという視点で考えてみると、親の就労といった物理的な養育者の欠如だけでなく、たとえ親が働いておらず家にいる場合でも、育児の悩みや疲労を溜めた親のもとで育つ子どもには支援が必要であることは明らかです。

　保育の必要性も時代とともに変化しています。専業主婦世帯であっても子育て支援・保育のサポートがきめ細やかに届くことが求められてきており、一時預かりは重要な役割を担っているのです。

3 一時預かり事業の運営形態

育児に疲れたとき、体調が悪いとき、どんなときでも利用できる一時預かり。利用者ニーズは高いのですが、運営上の課題もあります。

❶ 一時預かり事業は親の就労の有無にかかわらず利用できる。

❷ 親のレスパイトケアとしても重要な機能を果たす。

❸ 一時預かり事業には４つの類型がある。

❹ 保育所等に併設することで機能強化につなげることができる。

❶ 親の就労証明がなくても利用できる一時預かり

保育所等を利用せず１人で子育てをし、いざというときも家族や友人に頼れないとなると、ちょっとした用事を済ませることも難しくなります。また、なにより24時間ずっと子どもと一緒という状況は、親に多大なストレスをもたらします。

このような問題から、「子ども・子育て支援制度」（※）では、「地域子ども・子育て支援事業」として、親の就労等の状況によらず保育を利用できる一時預かり事業を設けています。

（※）　内閣府が、幼児期の学校教育や保育、地域の子育て支援の量の拡充や質の向上を進めていくためにつくられた制度。必要とするすべての家庭が利用でき、子どもたちがより豊かに育っていける支援を目指す。

図表1　未就学児の子育て支援のしくみと一時預かりの位置づけ

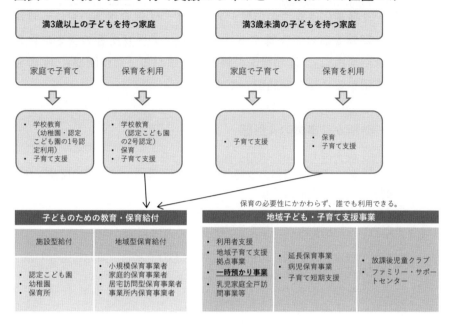

❷　レスパイトケアの必要性

　一時預かりは通常の月極保育のように保育の必要性を自治体に認めて
もらう必要がなく、誰でも・いかなる理由であっても預けることができ
るのが特徴です。

　中でも、最も利用ニーズが高く、利用が望まれるのが育児に疲れた親
に対するもので、レスパイトケアとしての役割が期待されています。レ
スパイトケアとは、乳幼児や障害児・者、高齢者などのお世話をする人
が一時的に解放されて、休息を取れるようにする支援のことを指します。
子育ての面で見てみると、「親がリフレッシュすることで日々の家庭で
の子育てを豊かにすることができる、まさに親はもちろん子どものため
の支援」でもあるのです。

❸ 一時預かり事業の形態

　一時預かり事業には４つの形態があります。①保育所等の中に一時預かり専用の部屋を設けて保育する「一般型」、②保育所等の空き定員を使った「余裕活用型」、③幼稚園の終了後に預かる「幼稚園型」、④居宅に訪問して預かる「居宅訪問型」です。

図表２　一時預かり事業の４形態

一般型	保育所等の中に専用の部屋を設ける。 保育所等の職員の支援を受けられる場合には、担当保育士を１人以上配置する。
余裕活用型	保育所等において、利用児童数が定員に達していない場合に、定員の範囲内で一時預かり事業を実施する。
幼稚園型	認定こども園・幼稚園の１号認定の子ども・園児を主な対象として実施する。 ※園児以外の子どもについては、一時預かり事業（一般型）による対応。 ※１号認定…３歳〜５歳の保育を必要とする事由に該当しない幼稚園、認定こども園の園児
居宅訪問型	児童の居宅において一時預かりを実施する。

❹ 保育所等に併設して機能強化につなげる

　一時預かり事業は、自治体ごとに策定した「子ども・子育て支援計画」に基づき、地域のニーズに合わせて実施されています。公募によって単独で設置するケースと、保育所等を開設する際に併設して、保育が必要な子どもだけでなく地域の子育て支援としての機能を強化しているケースがあります。

　いずれも通常の保育所等とは別事業になりますので、補助金（地方交付金が財源）が別途加算され、職員配置も別々に考える必要がありますが、保育所等と一体に実施している場合は、専任の職員を配置しなくてもよいなど、柔軟な運用も認められています。

図表3　一時預かりを実施するには

一時預かり事業はどうすれば開始できるの？	地域のニーズに合わせて自治体と協議して決定します。自治体に事業計画を提出して実施します。
保育士（幼稚園教諭・保育教諭）の配置基準は通常の保育所等と同じ？	基本的には同じです（子育て支援員可）。一時預かり専任の職員として最低2名の配置が必要ですが、法定配置人数が1名のときで、かつ保育所等と一体的に運営しており、すぐに保育者の応援を頼める場合は1名で可
運営にかかる費用は補助してもらえるの？	地域子ども・子育て支援事業として交付金が下りるため、自治体から運営の補助がなされます。基本分に利用分に応じた加算がつきますが、キャンセルに対しては保証されません。
通常の保育と一時預かり保育は兼務できるの？	別事業なので原則は兼務ができません。通常の保育に従事していれば処遇改善等加算の対象になりますが、一時預かりは対象外です。しかし、保育所等と一体的に運営しており、利用があったときに一時的に保育に入ることは問題ありません。
保育は別室で行うの？	余裕活用型：通常の保育室で一緒に保育する 一般型：必ず別室を設ける必要あり 幼稚園型：ホールや園児降園後の教室を使っても可

4　3歳児神話と子育ての社会化

　一時預かりは、子育ての社会化の一端を担うとともに、夫婦の役割分担や母親のキャリアの見つめ直しにも寄与する。

ポイント

❶　旧来の母親規範である3歳児神話に苦しむ母親は多い。

❷　家庭単位ではなく、地域の力に助けられながら子育てをしていくことを「子育ての社会化」という。

❸　積極的に一時預かりを利用することで、夫婦の役割分担意識や母親が自身のキャリアを見つめ直す機会にもつながる。

❶　3歳児神話と保育の必要性

　これまで多くの母親が3歳児神話（子どもが3歳になるまでは母親は子育てに専念すべきであり、そうしないと子どもの成長に悪影響を及ぼすという考え）によってキャリアを諦めたり、家事育児を一人で担ったりしてきました。しかしながら、近年その風潮は薄れつつあり、子育てを父母が一緒に行うことや、家族以外の他者にも積極的に頼ることが推奨されるようになりました。これを「子育ての社会化」と呼ぶこともあります。これは特段新しいことではなく、昔の日本の社会を振り返ってみると、地域全体でつながりを持ち、どの家庭も地域の子どもに目を配り、共に育て合う文化がありました。

　一時預かりのニーズの高まりは、子育ての社会化によって多くの親が旧来の母親規範に捉われずに声を上げられるようになってきたことを意味します。

❷　子育ての社会化。一時預かりは子どもにも良い影響を与える

　少子化や地域のつながりの希薄化から子ども同士の関わりが減りつつある現在、子育ての社会化は孤独な親を育児疲れから救うだけでなく、子どもにも良い影響を与えます。

　一時預かりによって、子どもは普段とは異なる集団生活や、親以外の多くの大人に大切にされるという貴重な経験の機会を得られるのです。その意味でも一時預かりは非常に大切な役割を担っているといえるでしょう。

❸　母親自身の生き方も大切にするために

　一時預かりの利用者には、「夫の仕事が忙しく、ワンオペ育児に疲れてしまったから」といった疲労感を抱えた母親の利用も多いですが、最近では3歳児神話の否定を前向きに捉え、「自分の時間創出のために預ける」「自分の生き方も大切にしたいから積極的に利用する」という人も増えてきています。

こうした積極的な利用によって子育ての社会化を促し、夫婦の役割分担意識や母親自身のキャリアを見つめ直す機会にもつながると考えられます。そして両親が自分らしく生き生きと人生と向き合うこともまた、子どもが幸せな家庭環境を享受することにつながります。

5　少子化による保育所等の新しい活用方法〜受入れ対象を広げて多機能化する

　多くの保育所等で空き定員が目立ち始めていますが、こども家庭庁の発足（令和5年4月）により、無就労家庭や要支援家庭からの預かりを実施するモデル事業が実施され、さらなる多機能化が検討されています。

ポイント

❶　保育所の空き定員を活用して未就園児を定期的に預かることで集団生活を通じた子どもの成長を促す。

❷　要支援家庭のサポートが行き届かない課題がある中、関係機関と連携して保護者や子どもの支援を行う。

❸　虐待死の半数が0歳児。未就園児の要支援家庭のサポートは急務である。

❶　保育所等の空き定員を活用した要支援家庭のサポート

　少子化の影響で生じた保育所等の空き定員を活用し、育児不安や孤立、貧困、虐待などの課題を抱える要支援家庭のサポート強化が図られます。

　特に児童虐待においては、事後の対処だけでなく、早期の対応や予防の重要性が認識されつつあります。保育所等においては、深刻な虐待を受けている子どもの保護という機能を持ち合わせることまでは難しいと

しても、子どもを定期的に預かることで保護者の負担を軽減し、虐待の予防に寄与することが期待されています。

❷ 「子育ての社会化」が本格化する時代へ

前項で孤独な子育てを解消していくためにも子育ての社会化が大切であると述べましたが、こども家庭庁の発足により、それらがモデル事業として、必要性の検証が行われるようになります。

無就労家庭や要支援家庭にとっても必要なことですが、事業者にとっても未だかつてない急速な少子化によって円滑な事業継続が難しくなってきていることから、利用対象を広げていくという目的もあります。

図表1 保育所の空き定員等を活用した未就園児の定期的な預かりモデル事業

少子化による保育所等の空き定員

モデル事業① 一般的な家庭への支援強化	モデル事業② 要支援家庭への支援強化

子どもたちの発達を促し、親の育児疲れの負担を軽減する

- 保育所等に通所していない未就園児の週1～2日程度の定期的な預かり
- 支援計画を作成し、保護者に対しても定期的な面談

要支援家庭に対して、関係機関との協働対処の体制をつくる

- 関係機関（市町村や要保護児童対策地域協議会など）との連携のもと、情報共有や定期的な打ち合わせに基づいた支援計画を作成し、要支援児童に対して適切な支援を行う

❸　未就園児の虐待予防と支援は急務

　虐待死した子どもの半数近くが0歳児で加害者の半数が母親です。虐待死の多くが身体的虐待やネグレクトによって起きています。また、予期せぬ妊娠による若年層の母親による虐待死も増えています。さらに、児童相談所や市区町村等の関与があったにもかかわらず死亡したケースも7割近くあることから、地域における支援ネットワークの構築や関係機関との協働によってさらに踏み込んだ支援が求められています（社会保障審議会児童部会児童虐待等要保護事例の検証に関する専門委員会令和3年8月）。

　保育所等もその機能の担い手として、保護者の不安や孤独を解消しながら子どもが健やかに生活できる場を提供し、さらに関係機関と連携することで、虐待予防と切れ目のない支援が可能になると考えられます。

フェアリーランド

　毎日の利用を前提としない保育や親のワークスタイルに合わせた保育のかたちがあってもよいのでは？　そんな思いから生まれた一時預かり保育。

施設概要	
施設名	フェアリーランド
法人名	株式会社フェアリーランド
所在地	神奈川県横浜市
定　員	18名
運営形態	横浜市乳幼児一時預かり事業

①　フェアリーランドについて

　フェアリーランドの一時預かり事業は、専業主婦から個人事業主として仕事を始めた筆者（菊地）が「親が働いていなくても保育は必要。これからの世の中、働き方はもっと多様になっていくはず。今の認可保育所のような一律の預かりスタイルではなく、親と子、それぞれのニーズに寄り添った保育所があってもいいはず」との思いから小さな認可外保育所を開園させたことに端を発しています。

　子ども・子育て支援新制度への移行によって、今では保育短時間利用も認められ、月に64時間程度の就労でも保育所を利用できますが、フェアリーランド開園当時（2012年）、横浜市は待機児童が非常に多く、認可保育所に入るには実質的に「両親がフルタイム勤務」が必須条件でした。

　しかしながら、子育て時代の親のライフスタイルはもっと多様であってよいはずで、親になったことや保育所という枠組・ルールがあること

で人生選択の幅が狭まるのはもったいない。必要なサポートを必要なときに受けながら、子育て期という新しいステージを楽しめることが理想なのでは…。そうであれば保育も一律に毎日、朝から夕方まで長時間預けるのではなく、時間を自由に設定してよいのではないかとの考えがありました。

　とはいえ、保育者からは、「毎日来る子が変わったり隔日で登園したりとなると、保育のリズムも園児の生活習慣も定まらず、保育者が苦労する」という声が多数上がりました。それでも少ない保育者でたくさんの園児を見なければならない保育所では、決まった子が決まった時間に登園し、決まったリズムで活動することになり、人手不足の保育園にとっては都合のよいことかもしれないけれど、子どもにとっての理想の状態ではない。そんな現状に違和感を覚え、保育者らのアドバイスに反した園づくりに挑みました。

　以後、フェアリーランドでは、育児疲れに悩む家庭の子育て支援はもちろん、主婦層の就労のサポートやフリーランスなどの多様な働き方をしながら理想の子育てと仕事のバランスを自分自身でデザインしたいと願う家庭の支援にも力を入れてきました。補助金のない認可外保育施設で資金繰りに苦労しつつも、地域のたくさんの子育て家庭と向き合ったことで多様な事情・多様なニーズをくみ取ることができ、その経験を糧に横浜市の乳幼児一時預かり事業（横浜市乳幼児一時預かり事業の受託事業所として、市から補助金を受けて保育を行う）へ移行することとなりました。

②　月極保育との違い

　現在は一時預かりの年間登録者数が1,000名を超え、０歳から小学校入学前までのあらゆる一時預かりニーズに応えています。

　一時預かりは登園する子が毎日変わります。赤ちゃんばかりの日もあれば、男の子の比率が高い日、女の子の比率が高い日などです。そのため、前日の予約を見て、園児に合わせて日々異なる環境設定をします。

単発の利用であってもこれまでの記録を頼りにします。また、初めての利用の場合は可能な限り保護者から情報を得るなどし、1人ひとりの子どもが豊かな時間を過ごせるよう、できる限りの準備をしています。

　例えば、アレルギー児の対応に関しては、口頭確認だけでは症状を把握しきれない現状があります。たとえアレルギー食材を除去した昼食やおやつを提供したとしても、牛乳パックのおもちゃに反応してしまうことや、他の園児が食べたものが手や口を介して反応してしまうこともあるので、細心の注意を払って迎え入れる準備をしなければなりません。

※午睡中には連絡帳やメモ共有だけでは伝えることが難しい子どもや保護者との関わり合いについてディスカッションすることも多い。

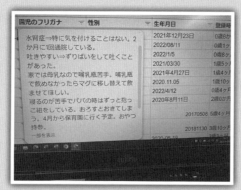

※一時預かりの子どもは毎日登園しないため、園児の情報はデータ管理している。

　何度も利用してくれている子に関しては、個別の記録を確認し迎え入れますが、それでも予想に反することも起きます。このように一時預かりは、見通しを立てるのが難しいところがあります。

図表1　月極保育と一時保育の違い

	月極保育	一時預かり
入園手続	年度初めに一括して行う。空き定員が出た場合に随時追加入園。	登録制なので1回限りの利用であっても、利用登録面談を行い、登録手続が必要。
慣らし保育	入園から継続して1〜2週間かけて行う。	3回までは慣らし保育として短時間預かりをする。一時預かりなので慣らし保育の間隔が空いてしまうことも多い。
予　約	－	原則は一斉予約、空きがある場合は随時予約ができるシステム。キャンセルとキャンセル待ちの対応が多く発生する。
利用時間	朝から夕方まで8〜13時間程度の預かり。	開所時間の間であればどの時間帯でも利用可。お散歩に行っている途中、給食中、午睡中2〜3時間の短時間預かりも多い。
シフト	年齢に応じて法定人数を配置。担任制なのである程度シフトパターンが固定されている。	日・時間ごとに配置人数が異なるため、収支への影響がないよう、可変的なシフトになる。

③　1回の利用であっても子どもの成長を感じ取れる。日々の保育から学ぶこと
　通常の保育所等であれば計画に沿って長期的な成長を見守っていきま

すが、一時預かりは1回完結です。それでも、レスパイトケアとして、単なる託児として、ただ「預かる」だけではとてももったいないと考えています。そこから学べることは多くあるのです。

　一時預かりによって、様々な家庭と関わってきた中で、最近は産後うつや不適切な育児に親自身が悩んでいることに気づかされることもあり、深刻な社会課題であると感じます。そのような中で、フェアリーランドに迎え入れた子どもには、どんなに短い時間であっても、1回きりの利用であっても、親以外の他者に安心を感じられる場所でありたい、子どもの興味関心を広げる場所にしていきたいという思いを強く持っています。それはイスに座ってちゃんと先生の話を聞くとか、みんなと同じ製作物を作るといった集団活動ができることを促す意識ではなく、子どもたち1人ひとりの時間、遊びを保障するという意識です。

　例えば、「こだわりが強くていつも怒って泣き叫んでいる」という保護者の悩みがあれば、泣かずに集団に溶け込めるようにするのではなく、こだわり＝やり抜こうとする強い意思を最大限尊重し、満足できたり、次のことに自然と気持ちが切り替えられるようになるにはその子にどう寄り添うのがよいか、ということに注力します。そして、家庭での子育てとの連携につなげていきます。

　以下で、一時預かり事業の運営にあたって、同園の保育者が日々意識している点ややりがいを感じる点などについて紹介してもらいます。

④　一時預かりの魅力・やりがい〜保育者の声

　育児を経験した人であれば、5分でいいから子どもの面倒を見てほしいと思ったことがあるのではないでしょうか。

　「親・親戚が近くにいない」「病院に連れていけない」「兄弟の学校行事や習い事に行きたいけれど、じっとしていられない」「育児が辛い」「いざというときのために」など、様々な理由から一時保育の利用がありますが、特に「リフレッシュしたい」といった理由が多いです。預ける前は後ろめたさを抱く保護者もいますが、少しの間でも子どもと離れて自

分の時間が持てた後のお迎え時には、わが子を抱きしめてたくさんの愛
情を注いでいます。お迎えが嬉しくて手足をバタバタして喜ぶ乳児、満
面の笑みで駆け寄る子どもたちの姿を見ると保育者も嬉しくなります。
たまに、「帰りたくない！　もっと遊びたい！」と泣く子もいますが、
それはそれで園を気に入ってくれて良かったと思います。また、登園時
に泣いていた子もしばらくすると玩具を見つけて遊び始めたり、お気に
入りの保育者を探して手を伸ばして抱っこを求めたりする姿を目にした
り、帰りに「楽しかった！」と言ってくれたりすると、信頼関係を築け
たのだなと感じ、それが保育のやりがいへと繋がっています。

　乳幼児放置のニュースには胸が締め付けられる思いです。私自身、一
時預かり保育をたくさんの人に知ってもらいたいという気持ちが大きく
なり、お散歩に行くときに、親子とすれ違うと笑顔で挨拶したり、砂場
で他愛のない話をしたりと、1人でも多くの方に一時保育を知ってもら
えるよう心掛けています。悲惨な事件が起きないことを願って…。

⑤　一時預かりの運営で意識していること〜保育者の声

　毎日違う子どもを預かるので、保育者同士の信頼関係を築くことを大
切にしています。今、誰がどこの配置を担当するべきなのか、何が必要
なのか、常に頭に入れて行動しています。

　月極保育と異なり、一時預かり利用の登録数がとても多いので、1人
ひとりの子どもを把握するのがとても大変です。そのため、登園する子
どもの様子を園内ミーティングやアプリ、ノートで共有し、保育者同士
での確認を常に行っています。また、初回利用の方への案内や面談はよ
り丁寧に行っており、その後、面談での様子やアンケートを保育者間で
共有するようにしています。いずれも保護者や子どもが安心して過ごせ
るように寄り添っています。

　朝の会や製作などに気分が乗らないときには、無理強いはしません。
ピアノの音が聞こえると椅子に座ったり、お友だちの様子を見ていると
参加したくなったりすることがあるのでその子のタイミングやペースに

合わせています。部屋を４つに分け、自分で遊びも選べるようにするなど、自主性を育むような運営をしています。

　子どもたちが「遊びにいきたい！」と思ってくれるワクワクするような場所、保護者の方が「フェアリーランドなら、安心して預けられる！」と任せてもらえる施設を目指しています。

⑥　運営面の苦労とそれを乗り越える工夫

⑴　予約管理の難しさ

　一時預かりのニーズに施設が追い付いておらず、利用しようにも予約が取りづらい状況です。一方、施設側も大量の予約を管理し、頻繁に起こる体調不良や保護者都合によるキャンセルにも対応しなければならず、大きな負担が生じます。

　フェアリーランドでは、横浜市のICTの予約管理システムを導入したほか、保護者には、預かるのが難しい時間帯（散歩に出る時間や午睡中の時間帯）を伝えたり、予約時の配慮をお願いしたりするなどして対応しています。

⑵　計画の立てづらさ

　フェアリーランドでは、０歳から小学校入学前までの児童を預かっています。ワンフロアでの保育となるため、毎日の預かり状況に応じて、仕切りを設けるなどして対応しています。また、障害やアレルギーの有無にかかわらず受け入れ、当日キャンセルやキャンセル待ちの対応も行っています。

　安全と保育の質のバランス確保については高度なスキルが求められますが、フェアリーランドでは、1,000人規模の登録園児の詳細情報をデータベースで整理・管理し、素早く情報を確認できる体制を整えています。

⑦　働き方の未来と子どもたちの未来。一時預かりが目指すもの

　女性の就労率を上げジェンダーギャップを埋めることは、これからの日本に絶対必要でしょう。しかしながら、それは決して女性に硬直的な働き方を強いることでも、屈強な女性リーダーを増産することでも、保育サービスがそれら女性たちの活躍を支えることでもありません。そんな構図では国が理想とする社会の実現は難しくなります。子どもにとっても保育者にとっても良いコンディションを保とうとするのであれば、多様性と柔軟性を認め合い、働き方と保育の両面が変わる必要があるのです。

　また、保育の必要性の対象が広がり、家庭で子どもを育てる親たちの間でも「自分だけで子育てをしようとせず、頼っていいのだ」という認識が浸透してきました。子どもたちが小さい頃から家族以外の他者と出会い、愛情を注いでもらえたり、家庭では経験できないような遊びの機会に触れられたりすることはとても貴重です。

　このように、働き方やライフスタイルが多様化しても、子ども・親・保育者それぞれにとって最良のあり方を考える時代に来ています。通常の保育とは異なる形態の一時預かりは、こうした多様化する社会に対して、子どもを守り、社会に貢献する大きな役割を担っているのです。

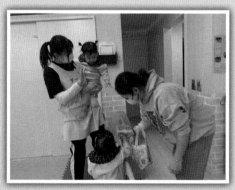

※多胎児の利用やリフレッシュのための利用は非常にニーズが高い。

⑧　令和5年度以降の横浜市乳幼児一時預かり事業

　令和5年度以降の横浜市乳幼児一時預かり事業において、4月以降に生まれた赤ちゃんのいる家庭に「はじめてのおあずかり券」が配付されることになりました。満2歳になるまでの間24時間分、無料で一時預かりを体験できる仕組みによって、誰もが気兼ねなく安心して預けられることを知り、預けることへの心理的ハードルを下げていくことで育児負担の軽減につなげるというものです。また、施設側には乳児加算が付き、手厚い配置と安心した保育が可能になります。

　昨今、認可保育所等では0歳児の空き定員が目立っていますが、それは少子化の影響によって「焦らなくても入所できるから…」と子が1歳になるまでしっかり育休を取る方が増えたからだと言われています。また、育児・介護休業法の改正で育児休業が分割で取れるようになり、パパとママで数カ月ずつ交代して取得すれば自身の仕事に与える影響も少なくて済むようになりました。

　しかし、夫婦で子育てを存分に楽しめるようになった一方で、乳児を育てる苦労が軽減こそすれなくなるわけではなく、「双子が交互に起きて全然眠れなかった」「自分の時間がまったく取れなくて、ここがなかったらノイローゼになってしまいそうでした」と、泣きながら助けを求めに来る人たちがまだたくさんいます。

　保育所等のこれからの役割は、就労家庭の子の保育だけではなく、親として子どもに寄り添いつつも、行き詰まったときやしっかり働きたいと思ったとき、そもそもどうやって子どもと向き合えばよいかわからなくなったとき、病的な状態のとき（子どもだけでなく家庭環境も）、どんなときでも寄り添ってくれる、保護者のニーズに応える存在であることでしょう。

　一時預かりは多機能化においても大きな役割を担っており、各自治体も多様なニーズに合わせて独自の事業展開を行いつつあります。

　これからの時代の子育て・保育における大きな役割を改めて再定義しながら地域に価値を生み出していける存在をめざします。

第2節　病児保育

1　病児保育の本来の役割

　病児保育は本来、親のためのサービスではなく、子どもの福祉の向上を目的とした子育て支援です。

> **ポイント**
> ❶　病児保育の管轄は母子保健から保育に変遷し、子育て支援としての役割が強まった。
> ❷　病児保育は子育てのトータルケアともいえる。
> ❸　病児保育には3つの類型がある。

❶　保健から保育へ。病児保育の役割

　病児保育は当初、母子保健という観点から乳幼児の健康管理を目的に、病院や乳児院に付帯された施設で病気の回復期の子どもを一時的に預かる取組みでした。そこから少子化という課題に対する両立支援の一環として、平成8年に「乳幼児健康支援一時預かり事業」となりました。その後、平成20年に厚生労働省の母子健康課から保育課に主管が移ったことで、大きな変化を遂げます。

　保育の観点から安心して子育てができるよう環境の整備が進められ、保育中の園児が体調不良になった際でも、連続的・効率的なケアが可能

になったのです。現在は地域子ども・子育て支援事業（13事業）の1つとして位置づけられ、病児保育の役割も大きくなっています。

❷　病児保育の概念

「病児保育の概念は、単に子どもが病気のときに、保護者に代わって子どもの世話をする施設のことを意味しているわけではありません。本来子どもは、健康なときはもとより、病気のときであっても、あるいは病気のときにはより一層、身体的にも精神的にも、そして社会経済的、教育・倫理・宗教的にも、子どもにとって最も重要な発達のニーズを満たされるべくケアされなければならないのです。つまり、健康であっても病気のときであっても、子どものトータル・ケアが保障されることが、子どもの権利条約においても指摘されているところです。このように、病児保育というのは、病気にかかっている子どもに対しこれらすべてのニーズを満たしてあげるために、専門家集団〔保育士、看護師、栄養士、医師等〕によって保育と看護を行い、子どもの健康と幸福を守るためにあらゆる世話をすることをいいます。」（引用：一般社団法人　病児保育協議会「病児保育の定義」より）

病児保育は社会背景に紐づく歴史的変遷があるため、個別の定義づけやイメージに違いが見られ、それが今日における「病児保育に子どもを預けるなんてかわいそうだ」という固定概念を生んでいるのかもしれません。

病児保育は親のためだけにあるのでも、乳幼児の健康管理のみを目的としているのでもありません。病児保育は様々な専門家集団による究極の子育て支援であることを社会全体で共有することが大切です。

❸　病児保育の類型

---

(1)　**病児対応型**

　当面症状の急変は認められないが、病気の回復期に至っていないことから、集団保育が困難である児童（病児）を、病院・保育所等に付設の専用スペースで、一時的に預かるもの。

(2)　**病後児対応型**

　病気の回復期であり、かつ、集団保育が困難である児童（病後児）を、病院・保育所等に付設の専用スペースで、一時的に預かるもの。

(3)　**体調不良児対応型**

　普段通っている保育所において、保育中に微熱を出すなど体調不良となった児童（体調不良児）を、当該保育所内の医務室等で、一時的に預かるもの。

　病児保育の職員配置は、看護師（児童数に対して10：1）と保育士（児童数に応じて３：１）について定められているものの、医師の常駐は義務づけられていません。そのため、病児・病後児については、児童をかかりつけ医に受診させた後、病児等の状態を確認したうえで、受入れを決定します。医療機関以外の実施施設の場合は、保護者から病児等の症状、処方内容等を記載した連絡票（診察した医師が入院不要である旨を署名したもの）を提出してもらったうえで受入れを決定します。

2　病児保育の課題

　ニーズは高いものの、経営が難しい病児保育。財務上の課題だけでなく、人事労務管理の難しさも挙げられます。

ポイント . . . .

❶　預かり児童数が変動し、キャンセルも多い。

❷　業務の性質上、平均給与は通常保育よりも高いが、補助金が少ないため経営が苦しくなる傾向にある。

❸　病児保育に関する知識が十分でないことから、不安を抱える職員も多い。

. . . .

❶　預かり児童数が変動し、キャンセルも多い

　病児保育の予約受付を前日の夕方からとする施設は多いですが、受入れ定員に限りがあることもあり、体調が悪化するかもしれないという予測のもとで予約する保護者が少なくありません。そのため、当日のキャンセルも多く、キャンセル率の平均は年間を通して3割強にも上ります（令和元年度　子ども・子育て支援推進調査研究事業報告書　病児保育事業の運営状況に関する調査　報告書）。当日早朝から入るキャンセルと、キャンセル待ちの当日予約の対応が生じるので、受入れ事業者は早い時間から予約管理とシフトの再調整を行わなければなりません。

　病児保育を含めた地域子ども・子育て支援事業は交付金による補助金で運営されていますが、この補助金収入は認可保育所等の運営の基礎となる公定価格と比べて大幅に少なく、無駄のないシフト配置など、調整者には大きな負荷がかかります。

　また、看護師の配置人数は児童10人に対して1人、保育士は児童3人に対して1人設定されますが、児童が1人であっても看護師と保育士が1名ずつ必要となるため、受入れ児童数によっては非効率な運営となることがあります。

　病児保育の定員の平均値は、病児対応型が7.3人、病後児対応型が15.9人と、小規模な施設が多いため（令和元年度　子ども・子育て支援推進調査研究事業報告書　病児保育事業の運営状況に関する調査　報告書）、人件費率の上昇を生みやすいといえます。

❷　病児保育のほうが通常保育の保育士よりも平均給与は高い

　病児保育に従事する保育士と通常の保育所に従事する保育士の平均給与を比較すると、病児保育に従事する保育士の給与のほうが高い水準にあります。与薬などの医療行為もあり、専門知識も必要になるためです。

　先に述べたように病児保育事業所は、通常の保育所よりも収入が大幅に少なく、さらに地域子ども・子育て支援事業のため、施設型給付のように処遇改善等加算も借上社宅制度もありません。そのような中で一定の給与水準を維持しなければならないという困難な状況によって、さらに経営を圧迫するという悪循環につながっています。

※2018年度の病児保育に従事する保育士（常勤）1人当たりの給与月額は33万8千円（令和元年度　子ども・子育て支援推進調査研究事業報告書　病児保育事業の運営状況に関する調査　報告書）、保育所の保育士（常勤）の給与月額は30万2千円（令和元年度幼稚園・保育所・認定こども園等の経営実態調査より）

❸　病児保育に対する情報の少なさ

　保育士は医療の知識が十分でないこともあり、感染リスクに不安を感じる保育士も多く、妊娠発覚後に離職するというケースも見受けられます。また、病児を一時的に預かるという目的が先行すると、通常保育のような継続的に子どもの発達に寄り添う保育との差に違和感を覚える保育士もいます。

　しかしながら、病児保育は子ども・子育て支援新制度においては保育の1つとして捉えられています（14頁参照）。保育士は、子どもの生活の延長線上に病児保育があるという考えのもと、常に子どもの福祉が尊重されることを意識して保育にあたっていくことが望まれます。

＜病児保育の収入例＞

　国・都道府県は子ども・子育て支援法に基づき、これらの事業（妊婦

健康診査を除く）費用に充てるための交付金を交付することができます
（費用負担割合は国・都道府県・市町村それぞれ1/3）。

	病　児	病後児	体調不良児
基本分	利用児童数に関わらず一律で年額が設定されている		
加　算	年間延べ利用児童数の一定人数の幅に応じて基準額が設定されている		
	送迎を行う看護師等雇上費 送迎費 研修参加		
	・改修費等（開設前にかかるもの） ・礼金・賃借料（開設前にかかるもの）		非施設型（訪問型）に対する年額の加算

例）１日平均で病児５名（年間延べ人数1,300人程度）、病後児・体調
　　不良児を１名ずつ（年間延べ人数250人程度）預かった場合
【収入】
・病 児 基 本 分：　2,423,000円／年
・病 児 加 算 分：12,576,000円／年
・病 後 児 基 本 分：　2,012,000円／年
・病 後 児 加 算 分：　2,000,000円／年
・体調不良児基本分：　4,323,000円／年

―――――――――――――――――――――――――――

※月額の予算：1,944,500円
季節によって利用人数にばらつきがあるため、赤字になる月も生じる。

うさぎのママ

病児保育は最高の子育て支援。少子化時代に向けてパラダイムシフトを起こしていかなければなりません。

施設概要	
施設名	うさぎのママ（病児保育）
法人名	大川こども内科クリニック
所在地	東京都大田区
定　員	30名

①　はじめに

病児保育室「うさぎのママ」は、東京都大田区にある大川こども内科クリニックに併設されています。院長の大川洋二先生は2022年まで一般社団法人全国病児保育協議会の会長を務め、病児保育の必要性や意義を広く伝えてこられた方です。また、病児保育運営者に対しても、子をもつ親らに対しても温かい応援をされてきました。

当クリニックには、子どもの成長に関する相談を受ける「すくすく相談室」なども設置され、様々な形で地域のニーズに応えています。まさに地域にとってなくてはならない存在です。

本書では、院長の大川先生に病児保育の今とこれからについてお話を伺いました。

②　「子どもが病気のときに預けるなんて」という親の罪悪感と社会の誤解

病児保育を利用することに対し、「子どもが病気の時くらい一緒にい

てあげなさい」「体調が悪くて不安なのに子どもがかわいそう」などと周りから言われたり、罪悪感に苛まれたりする経験をした親は少なくないでしょう。

そもそも勤め先には当然に有給休暇制度がありますし、子の看護休暇（小学校就学の始期に達するまでの子1人当たり年間5日、2人以上の場合は年間10日を上限）も改正が重ねられ、今では1時間単位で休暇を取得できるので（労使協定が必要です）、「子どもが病気のときには仕事を休む」という選択がしやすくなりました。それでも病児保育が機能しているということは、仕事を休めない方や、経済的な理由で働かなければならない人たちがおり、セーフティーネットとして捉えられていることを意味します。

この点について、大川先生は次のような考えを示しています。

「「子どもは病気を患ったときこそ親が育てなさい」というのは、実は明治以来の教育制度、いわゆる良妻賢母の教えが普及したことによるものですが、それ以前は、社会全体で育児をしないと子どもは育たないような時代でした。また、昭和の時代に入っても戦争によって親を亡くした子どもも多かったことから、社会全体で子どもを育てるという意識が強くあったのです。私は、この思想の再定義が不可欠だと思っています。

病児保育は元々日本のカルチャーと一致した考え方、子どもを社会全体で育てるということの1つの現れです。

病児保育は働く親のためのものと多くの人は考えているけれども、実際は子ども中心の制度で、病児保育による親の就労への貢献はあくまでも結果でしかないと考えています」

③　少子化とCOVID-19による影響

病児保育をはじめ、「社会全体で子どもを育てる」には、社会とのつながり・地域とのつながりが不可欠です。しかしながら、COVID-19の長期的な蔓延・感染対策は人とのつながりを強力に遮断してしまいました。今後、少子化のスピードはさらに加速するのではないかと大川先

※隔離室もあり、医師、看護師がすぐに対応できる環境は子どもにとっても親にとっても安心・安全な場所となる。

生は危惧しています。

　その理由として、人と出会う機会が減少していることや、経済的困窮によって結婚や妊娠、出産に対する意欲が大きく低下していることがあります。また、リモートワークの普及で家族との親密な時間が増える反面、家族内での軋轢、他者との交流が減ったことによる育児の孤立など、「在宅時間が長ければ育児が容易になる」との結論にはイコールとして結びつかないということも明らかになってきているからです。

　病児保育の利用者数減少の傾向は2020年から始まっていますが、人口減少にCOVID-19の影響が加わり、この流れは加速しています。少子化対策の切り札的事業である病児保育が少子化で存続できなくなる可能性が非常に高まっています。そのため、育児の変化に合わせて病児保育の機能を発展させる努力が求められています。

④　病児保育のパラダイムシフト

　病児保育もパラダイムシフトが必要です。利用者数減少が加速する中でも病児保育が生き残っていくため、また、本来の病児保育の目的や、子どもを中心とした病児保育のあり方について議論していくためでもあります。

⑴　ICTの活用

　その１つが、ICTを活用して病児保育をより便利にしていくことです。
　例えば、今、注目されているのが「お迎えサービス」です。保育所等で子どもが病気になったときに両親を介さず医師の診察から病児保育への移動までを行ってくれるもので、施設側にも補助金の加算が設定されています。
　利便性が上がる一方で、親にまったく子どもの情報を与えないまま病児保育に預けることが本当に子どものためになるかという声もあります。病児保育施設としても同様の問題意識が出てきます。
　ここで意識したいことは、「安易なサービス」「便利なサービス」「安易な利用」はそれぞれ違うということです。システムを使い、あらかじめ保護者には事前登録や病児保育の確認をし、保育者との連携を行えるようにしておけば、看護師または病児保育士は事前に園児の情報を把握でき、病児保育へのスムーズな受入れが可能になります。
　保育施設は、十分な設備がない中で長時間病児とともに保護者のお迎えを待つことに非常に不安を感じますし、何より子どもにもストレスがかかります。保育施設と病児保育のそれぞれの機能が連携し合えるようになれば、より子育て支援が豊かなものになるでしょう。

⑵　「病児」概念の変更

　もう１つは、病児保育における「病児」の概念をさらに変えていくことです。
　病気の児童を預かるのが今の病児保育ですが、これからは「病的状態の児童を預かる」病児保育がおそらく必要になってくるでしょう。身体的・精神的・社会的（Biophychosocial）すべてにおいて子どもの健やかな発育を促すための切れ目のない保健・医療体制の提供が必要になってきており、国としての議論も進んでいます。
　病児保育とは「疾病にかかっている児童を預かる制度」と定義されて

います。ここでいう「疾病」とは、多くの地域で感染症にかかっていることを意味していますが、最近になって外傷などの外科的疾患も加えられるようになってきました。

　疾病は当然に、感染症や外科的疾患、血液悪性腫瘍疾患や腎疾患、神経疾患など多様です。さらに、注意欠陥多動性障害や、自閉症スペクトラム症など、神経発達症によって発達の不均衡がみられる子どもも存在します。

　また、保護者が疾病や不安を抱えている場合、子どもの保育に大きな影響をもたらします。すなわち「保護者が病的状態であること」は子どもにとっても病的環境となり、疾病時と同じような影響を子どもたちに与えるということです。さらには、貧困、災害、戦争も子どもたちには劣悪な環境といえます。

　このように、「病的な状態」という概念は今の病児保育の概念よりも非常に広いですが、子どもを取り巻く不都合な現実を改善するため、身体的、精神的、社会的（Biopsychosocial）観点から病児を慈しみ、保護するという考えを持てば、必然的に病児保育そのもののあり方が変わっていくはずです。

※病後児保育はもちろん通常の病児保育であっても、感染リスクが少なく本人が元気なときは広めの部屋で保育士と遊びながら過ごすこともできる。

⑶ 通常の保育と病児保育の両立

　また、病気の子どもは、月に半分ぐらいは咳などの症状が見られるので、病児保育の利用を一時的なものとするのではなく、一定期間の利用を前提に考えると、保育所等と病児保育士の対等な関係、お互いに補う双方的な関係の構築が必要になるでしょう。それにより初めて保育体制が完成したといえます。つまり、通常の保育と病児保育の両立がなければ、完全な保育はできないということです。

⑤　親と子、それぞれが健康な状態であるための支援
　〜ゆとり保育という考え方〜

　大川先生は、病児保育に多様性を持たせていく新しい病児保育の概念を「ゆとり保育」という表現で提唱しています。ゆとり保育とは、子も親もゆとりのある状態を生み出す保育のことです。

　例えば、子育てに不安を抱える保護者、そもそも子育てを1人でできる状況にない保護者と一緒に育児を考えていく保育です。場合によっては、子どもだけでなく母子共に預かることも検討できます。

　また、保育者1人に多数の子どもがいる環境に適応することが困難な子どものために、病児保育の利用を促すことも検討します。神経発達障害のある子らは、まず中間的なステップとして保育者と1対1で保育を受けてもらうと、その後、多人数の保育所等の環境に慣れやすく、子どものためにも最適です。

　さらに、医療的ケアの支援も、医師、看護師、保育士が連携している施設である病児保育にとっては、非常に理にかなっています。これらの取組みは、虐待防止や愛着形成の促進にもつながります。

　多様な保育の実現には、縦割り行政をそのまま保育所等に入れるのではなく、総合的に病的状態の子どもを預かるというシステムを設計できるよう制度を変えることが重要と思われます。それができれば、どこでもゆとり保育に適応した体制が可能だと考えます。

⑥　医師の使命も変わりつつある

　結核など感染症が主体の段階から、肥満、高血圧、糖尿病など非感染症が主要な段階へと疾病構造が変化し、現在はいかに健康を維持するかが重要視される時代です。医師の使命も予防医学が中心になるといわれています。

　一方で、小児科医の使命は予防医療に限りません。子どもの健康を疾病や環境で損なうことがないようにすることも1つですから、「多産多死」から「少産少死」の時代を経て、次に考えるべきは「少産良育」、いかによく育てるかが焦点になっていくでしょう。この役割を病児保育も担っているのかもしれません。

　小児科クリニックは、子どもの健康のためのプラットホームとして機能し、治療から予防、さらに育児支援をすることが、今後求められる役割であってほしいと願っています。

⑦　パラダイムシフトした病児保育は何をもたらすのか

　病児に最適の環境を提供することは病児保育における不変の目標です。それには、変貌する社会に合わせ、病児とは罹患している子どもだけを指すのではなく、広く病的状態に置かれた子どもをも含むものと捉え、病児保育も変わる必要があります。これこそがパラダイムシフトの源です。

　パラダイムシフトした病児保育は病児だけでなく保護者にも限りない恩恵をもたらすでしょう。保護者の就労、芸術的活動をはじめとする文化的活動、社会的活動、ボランティア活動、それらすべてを可能にし、自分に与えられた才能を生かし、充実感のある生活を子どもたちとともに送ることができるようになります。その時こそ初めて日本は少子化社会から脱却することができるでしょう。

第3節　インクルーシブ教育

1　多様性の時代とインクルーシブ教育（保育）

　障害の有無に関係なく、個々の個性に合った教育（保育）をするために、個別のニーズを満たしていくことがインクルーシブ教育（保育）です。

ポイント

❶　インクルーシブ教育は、保育の現場においても求められつつある。

❷　特殊支援から特別支援教育、そしてインクルーシブ教育（保育）へと変遷している。

❸　インクルーシブ教育（保育）は、多様性社会において一人ひとりの個を大切にしたものである。

❹　インクルーシブ教育（保育）を取り入れるにあたって現場の課題も多いが、様々な専門家の支援を受けながら、徐々に支援体制ができつつある。

❶　なぜ、インクルーシブ教育（保育）が大切なのか？

　グローバル化、多様性を認め合う社会へと世の中は大きく変化しつつあります。企業では画一的な正社員という働き方が崩れ、多様で柔軟な働き方が次々と生まれていますが、その根底にあるのが「国籍、性別、

障害の有無、年齢に捉われないダイバーシティ」の考えです。こうした意識のシフトは教育環境にも波及しており、文部科学省も誰もが相互に人格と個性を尊重し支え合い、人々の多様なあり方を相互に認め合える全員参加型の共生社会を目指し、幼児期からのインクルーシブ教育の拡充を推進しています。

　保育の世界でも同様にインクルーシブ教育（保育）が求められるようになってきましたが、安全性や保育者の専門性といった部分で最も配慮が必要な領域でもあり、そもそも経験やスキルがない保育者をどう育成し、知識を補填していくかといった課題も残ります。

❷　インクルーシブ教育（保育）の変遷

　障害児保育（教育）を歴史的に見ると、1981年の国際障害者年で「すべての子どもを通常学級へ」というメッセージが謳われ、1994年に提出されたサマランカ宣言では、明確にインクルーシブ教育に関する記載がなされるなど、障害児における教育は世界的に変化してきました。そして2006年に採択された障害者権利条約では、教育についての障害者の権利を認め、一般的な教育制度から排除されないために、合理的配慮の提供が確保されていることなどが定められています。

　インクルーシブ教育（保育）というと、すべての子どもを同じ場所におくというイメージを持たれることがありますが、単なる統合を目指しているのではなく、誰もが区別されることなく、個別の配慮を通して同じ機会を受けられるようにすることがインクルーシブ保育の本来の目的です。

図表1　インクルーシブ教育への変遷

1981年	国際障害者年 「すべての子どもを通常学級へ」
1994年	サマランカ宣言 障害のある子どもを含めた万人の学校を提唱

2002年	障害者基本計画 10年間で講ずべき障害者施策の基本的方向を定める。 • 乳幼児期から学校卒業後まで一貫して計画的に教育や療育を行う。 • LD、ADHD、ASDについての教育的支援を行うなど教育・療育に特別のニーズのある子どもについて適切に対応することが基本方針として盛り込まれる。
2003年	特別支援教育の在り方に関する調査研究協力者会議 「特殊教育」（障害の種類や程度に応じ特別の場で指導を行う）から「特別支援教育」へ • 通常の学級に在籍するLD・ADHD・高機能自閉症等の児童生徒も含め、障害のある児童生徒に対してその一人ひとりの教育的ニーズを把握し適切な教育的支援を行う。 • 「盲／聾／養護学校」から「特別支援学校」へ（障害の種類に捉われない学校制度）
2006年	「障害者の権利に関する条約（障害者権利条約）」採択

❸ 「統合する」ではなく、すべての児童を受容することがインクルーシブ教育（保育）

　特殊教育では障害の有無によって障害児教育と通常教育とに"分ける"教育が展開されてきましたが、2000年代の初めに特別支援教育へと移行していきます。そこでは、これまで分かれていた教育の統合が図られ、通常の学級に在籍する障害のある児童生徒が適切な支援を受けながら教育を受けるという方法が取られるようになりました。しかし、ここだけ見ると特別支援教育とインクルーシブ教育（保育）とは何が違うのだろうか、という疑問が出てきます。

　特別支援教育は、「障害のある幼児・児童・生徒の自立や社会参加に向けた主体的な取組みを支援する」という視点に立ち、幼児児童生徒一人ひとりの教育的ニーズを把握し、その持てる力を高め、生活や学習上の困難を改善または克服するため、適切な指導および必要な支援を行うものです。障害児が通常の学級に在籍するという点ではインクルーシブ

教育と同じですが、最も大きな違いは、障害の有無が前提にあるかないか、という点です。つまり、特別支援教育は特別な支援や教育を必要とする児童を判別したうえで支援がなされますが、インクルーシブ教育は初めから「児童は一人ひとりユニークな存在であり、1人ひとり違うのが当たり前」という前提のもと、すべての児童を受容し、個々の教育的なニーズを満たしていくことを目指しています。

❹　インクルーシブ教育の難しさを乗り越えるために

　インクルーシブ教育では障害の「有無」ではなく「程度」で考えるという特性から見ても、現状の児童福祉法上の面積基準や人員配置基準ではカバーできない課題や専門性の壁、配慮の壁など、ハードルも数多くあり、むしろ障害児にとって過ごしづらい環境となってしまうこともありました。

　これからのインクルージョンを推進した社会では、単に環境を同じにすることだけを推奨するのではなく、様々な専門家や制度のつながりを築きながら誰もが生きやすい環境をめざしています。

　次節以降では障害のある子ども（特に発達障害児）、医療的ケア児、外国籍等の子どもに焦点を当て、保育者・保護者・児童の視点で整理します。

2　医療的ケア児の受入れ〜医療的ケア児支援法に期待されること

　保育士以外の専門職の支援が必要な医療的ケア児。自治体によっても対応が統一されていませんでしたが、2021年の医療的ケア児支援法の成立によって、児童・保護者両面への支援について、国や自治体の責務が明文化されました。

❶ 医療的ケア児は増加。ニーズを踏まえた対応が求められる。

❷ 医療的ケア児の親が就労を諦めざるを得ない現状がある。

❸ 医療的ケア児支援法によって、国や地方自治体が医療的ケア児の支援を行うことが明文化された。

❹ 医療的ケア児の受入れ支援体制は強化されている。

❶ 医療的ケア児とは？

　医療的ケア児とは、「人工呼吸器を装着している障害児その他の日常生活を営むために医療を要する状態にある障害児（18歳未満の者、18歳以上で高等学校等に在籍している者）」（児童福祉法第56条の6第2項　平成28年6月施行）と定義され、全国に2万人程度いると推計されています（令和元年　厚生労働省　障害児・発達障害者支援室の推計値）。病院等で医師が行う医療行為と家庭で行う場合の「医療的ケア」とを区別し、日常生活に必要とされる医療的な生活援助行為（痰の吸引や経管栄養の注入など）を指します。

　新生児医療が発達し、超未熟児や先天的な疾病を持つ子らの命を救えるようになったことなどから、医療的ケア児（在宅）は増加しています（令元年20,155人、平30年19,712人、平29年18,951人）。

図表1　医療的ケア児の位置づけ

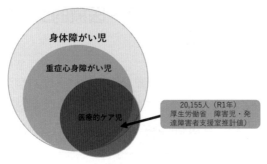

❷　保護者の就労にも影響する

　厚生労働省　令和元年度障害者総合福祉推進事業「医療的ケア児者とその家族の生活実態調査　報告書」（令和２年３月、三菱UFJリサーチ＆コンサルティング）によると、医療的ケア児者の家族の９割近くが「希望する形態で仕事につく」ことを希望しています。その中で、「問題なく行えている」と答えた人は７％、「かろうじて行えている」と答えた人は17.4％、「行えていない」と答えた人は75.6％でした。

　医療的ケア児者の家族の多くが働くことを希望しているものの、４分の３以上の人が実現できていません。医療的ケア児が安心して生活することができ、その家族もまたキャリアを諦めずに希望する仕事に就けるようにするには、保育所の体制整備や保育者の育成が必要です。

❸　医療的ケア児支援法（医療的ケア児及びその家族に対する支援に関する法律）

　2021年６月の医療的ケア児支援法成立（同年９月施行）により、各省庁および地方自治体の医療的ケア児への支援は「努力義務」から「責務」となり、保育や教育機関における体制強化などが求められるようになりました。それにともない、各自治体に地方交付税として予算が配分されています。

　各自治体が強制力のある中で医療的ケア児を支援する事業を進めていくことで、地域格差も解消されることが期待されます。

(1)　法律の目的

　「医療的ケア児及びその家族に対する支援に関し、基本理念を定め、国、地方公共団体等の責務を明らかにするとともに、保育及び教育の拡充に係る施策その他必要な施策並びに医療的ケア児支援センターの指定等について定めることにより、医療的ケア児の健やかな成長を図るとともに、その家族の離職の防止に資し、もって安心して子どもを生み、育てることができる社会の実現に寄与することを目的とする。」と定めています。

このように医療的ケア児の支援はもちろん、その家族の負担軽減や就労についても強調されている点が大きな特徴といえます。

(2)　法の基本理念

　4つの理念が明文化されています。

- ●医療的ケア児とその家族の生活を社会全体で支援しなければならない。
- ●医療的ケアの有無にかかわらず、子どもたちが共に教育を受けられるよう最大限に配慮しつつ、個々の状況に応じて、関係機関・民間団体が密に連携し、医療・保健・福祉・教育・労働について切れ目なく支援が行わなければならない。
- ●医療的ケア者（18歳以上）も適切な保健医療・福祉サービスを受けながら日常生活や社会生活を送ることができるように支援を行わなければならない。
- ●住んでいる地域に関係なく、医療的ケア児とその家族が適切な支援を受けられるようにする。

---

(3)　支援法の成立により期待されること

　各自治体は、保育所、認定こども園、家庭的保育事業等（家庭的保育事業、小規模保育事業、事業所内保育事業）や放課後児童健全育成事業、学校（幼稚園、小学校、中学校、義務教育学校、高等学校、中等教育学校および特別支援学校）での医療的ケア児の受入れに向けて支援体制を拡充する責務を負うことになります。

　すでに医療的ケア児支援事業を展開しており、<u>医療的ケア児が家族の付添いなしで希望する施設に通えるように</u>、保健師、助産師、看護師や准看護師、またはたんの吸引等を行うことができる保育士や保育教諭、介護福祉士等の配置を行うとともに、研修やガイドラインの作成も進め

られています。

❹　医療的ケア児の受入れ支援体制は強化されている

　国は、医療的ケア児支援法の成立によって、保育・障害福祉サービスの両分野で支援を拡充させています。

⑴　医療的ケア児保育支援事業（医療的ケア児支援センターを各自治体で設置）

> • 保育所等において医療的ケア児の受入れを可能とするための体制を整備し、医療的ケア児の地域生活支援の向上を図る。
> • 医療的ケアに関する技能および経験を有した者（医療的ケア児保育支援者）を配置し、管内の保育所への医療的ケアに関する支援・助言や、喀痰吸引等研修の受講等を勧奨するほか、市区町村等において医療的ケア児の受入れ等に関するガイドラインを策定することで、安定・継続した医療的ケア児への支援体制を構築する。

> 事業に対する補助率
> 　国＝1/2　都道府県＝1/4　市町村区＝1/4
> 　（指定都市、中核市は1/2）
> ※医療的ケア児の受入体制に関して、3年後の医療的ケア児の保育ニーズ（見込み）に対して、受入予定の医療的ケア児人数（見込み）が上回る整備計画書を策定する自治体に対しては補助率を嵩上げ。

> ⑴　基本分単価
> 　　看護師等を配置した場合（1施設あたり）
> ⑵　加算分単価

- 研修受講の支援（1施設あたり）
- 補助者の配置（1施設あたり）
- 医療的ケア保育士園者の配置（1市区町村あたり）
- ガイドラインの策定（1市区町村あたり）
- 検討会の設置（1市区町村あたり）

(2) 障害児支援分野も拡充

(1) 医療的ケアが必要な障害児に対する支援の充実
- 新判定スコアを用いた基本報酬の創設
- 看護職員加配加算の算定要件の見直し
(2) 放課後等デイサービスの報酬体系等の見直し
- 基本報酬区分の見直し
- より手厚い支援を評価する加算の創設（(3)も同様）
(3) 児童発達支援の報酬等の見直し
(4) 障害児入所施設における報酬
- 人員基準等の見直し
- 人員配置基準の見直し
- ソーシャルワーカーの配置に対する評価

(3) 企業主導型保育事業にも受け皿を拡大

　企業主導型保育事業においても医療的ケア児を受け入れる方向でニーズや実態調査が進んでいます。企業の働く実態に合わせた預け入れも可能であるため、働きやすさにもつながることが期待できます。

3　医療的ケア児の受入れ〜保護者の両立支援

　医療的ケア児のケアは未だに家庭、特に母親に集中しやすく、仕事に就くことを諦める母親が少なくありません。

ポイント

❶　医療的ケア児の母親の９割が就労を希望している。
❷　医療的ケア児の受入れは、保護者にも子どもにも良い効果をもたらす。
❸　医療的ケア児の母親の就労には、企業の医療的ケア児への理解と、柔軟な働き方ができる体制整備、キャリア支援が求められる。

❶　医療的ケア児の母親の９割が就労を希望

　医療的ケア児の主たる介護者は保護者であり、特に母親が担っているケースが多い状況です。そのため、母親の約６割は仕事に就いておらず、また、就労していても正規雇用で働いているのは１割程度との調査結果があります。さらに、同調査によると、現在は働いていないが、今後は働きたいと考えている母親が約５割に上ります（参考文献：「医療的ケア児の保護者における就労状況の調査」荒木俊介ほか、産業医科大学雑誌41巻2号）。

　医療的ケア児の介護において一人に負担が集中すれば、心身共に休まる時間がなく、疲弊してしまいます。介護を担うことが多い母親にとって、子どものケアから解放される時間は必要です。また、母親の有償労働時間が長いほど育児負担感も低く、精神的にも健康な状態が保てることがわかっています。一人の女性として社会の一員として貢献できる喜びを実感するためのキャリア構築は非常に大切な視点です。

　そのためには、保育所等、療育機関、障害福祉サービスなどの複合的

な支援、自治体や医師、相談機関によるバックアップ、そして多くの企業が医療的ケア児やその保護者の実態に目を向け、柔軟で多様な働き方の整備をし、前向きに受け入れていくこと等、社会全体で医療的ケア児とその保護者を支援していくことが大切です。

❷　医療的ケア児の受入れは、保護者にも子どもにも良い影響を与える

115頁で解説した「医療的ケア児保育支援事業」によって、保育所等において、医療行為ができる看護師を配置することや、保育士らに特別な研修を受講させること、地域の訪問看護師と連携することなどで、医療的ケア児を安全に受け入れる体制を整備していきます。

医療的ケア児の受入れは、保護者だけでなく、医療的ケア児にも他の園児らにも良い影響を与えます。子どもは社会生活を通して精神的・身体的に成長していきます。また、自分と違う子への関心や優しさ、仲間意識が芽生えることで、幼児期からインクルーシブな社会を当たり前に受け止めて生きていくことができるようになります。

図表1　医療的ケア児への支援体制

自治体	• 保護者への情報提供 • 保育所への看護師、保健師の配置等、受入れ面での 　バックアップ • 医療的ケア児保育支援者との連携 • ガイドラインの策定 • 保育者向けの研修実施
医療的ケア児保育 支援者	• 保育所の医療的ケアに関する支援 • 療育機関との連携
療育機関 障害福祉サービス	• 児童発達支援（未就学児） • 短期入所（一時的な入所を想定。介護をする家族の 　レスパイトケアとしても利用可）
主治医	• 保護者への支援 • 保育所への助言、支援
病児保育室	• 仕事を持つ保護者が子どもの発熱等の病気時に一時 　的に利用することができる。
職　　場	• 介護休暇、介護時短制度、介護休業制度の充実 • 柔軟な働き方（フレックス勤務、育児時短とは別の 　短時間正社員制度、限定正社員制度、在宅勤務制度） • 職場全体での協力体制（仕事の共有、情報共有、休 　みやすく帰りやすい）

❸　企業の変化

　医療的ケア児の保護者に限らず、育児、介護、疾病や自身の障害など様々な理由から、正社員としての働き方（フルタイム・定時で通勤・残業あり・転勤や配置転換あり）に困難を感じる人も少なくありません。労働力人口が減少していく中、企業側も様々なライフスタイルや社会課題に目を向け始め、社員の柔軟な働き方を認めつつあります。とはいえ、業種や職種によっては時間的・場所的に制約があるのも事実で、医療的ケア児の有職の母親の職種を見ても事務職やサービス職種よりも専門的・技術的職種が圧倒的に割合が高いことがわかります（参考文献:「医療的ケア児の保護者における就労状況の調査」荒木俊介ほか、産業医科

大学雑誌41巻2号)。このことからも、母親自身のスキルアップや企業側・社会の側からの母親へのキャリア支援が充実すると、医療的ケア児の親の経済的自立やキャリア伸長が後押しされるといえるでしょう。

4 障害のある子の受入れ〜増えつつある発達障害児が抱える壁を乗り越える

　個々の特性に配慮した支援を誰もが受けられるよう、保育所等・専門機関の連携も大切です。

ポイント
- ❶ 発達障害者支援法では、発達障害児者の「社会的障壁」をなくし、共生社会の実現を目指している。
- ❷ 保育現場では保育者を加配することで受けられる加算やキャリアアップの支援がある。
- ❸ 発達障害の疑いがある児童が増える中、現場で抱える課題も多い。

❶ 発達障害の定義と目指す社会

　発達障害は身体障害、精神障害、知的障害とは異なる障害であり、なかなか理解されず支援も受けづらい状況にありましたが、2004年に発達障害者支援法が制定されてから徐々に適切な支援が受けられるようになりつつあります。そして、2016年改正で、ライフステージを通じた切れ目のない支援(医療、福祉、教育、就労)、家族を含めたきめ細やかな支援、地域の身近な場所で受けられる支援などが整備され、さらに支援の範囲が広がりました。

　そして改正発達障害者支援法のもう1つの目的に、「障害の有無によっ

て分け隔てられることなく（社会的障壁の除去）、相互に人格と個性を
尊重（意思決定の支援に配慮）し合いながら共生する社会の実現に資す
る」が加わりました。ここでいう社会的障壁とは、障壁となるような事
物、制度、慣行、観念、その他一切のもの（改正法の解説より）として
いるように、差別や理解されないことによる生きづらさを引き起こして
いるものを意味しています。このように、障害児者は分離して支援する
のではなく、その特性を理解しながら社会的障壁をなくし、幅広い支援
を行いながら共生社会の実現を目指していくことが明記されています。

図表1　代表的な発達障害（厚生労働省）

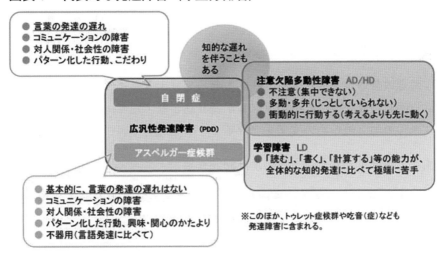

❷　保育現場に対する支援

(1)　療育支援加算（施設型給付の園）

　給付費における療育支援加算は、障害児※を受け入れている施設で地
域住民の子どもの療育支援に取り組む際、主任保育士・主幹保育教諭等
が主任業務に専念するために別に補助を行う者を配置した場合の経費を
補助するものです。主任保育士を補助するために加配される職員は、常

勤・非常勤いずれでもよく、保育士資格・幼稚園教諭免許の有無も問いません。

> ※障害者手帳や療育手帳を持っていなければならないわけではなく、日頃の子どもの状況により加配が必要な理由が説明できれば対象になります。

(2) 障害児保育加算（特定地域型保育事業所）

障害児保育加算は、軽度障害を含む障害児を受け入れる特定地域型保育事業所（居宅訪問型保育を除く）において、障害児２人に対して保育士１人を配置するために必要な経費を負担するものです（家庭的保育事業を行う施設においては、市町村が行う研修を修了した家庭的保育補助者を１人加配）。

(3) キャリアアップ研修

処遇改善等加算Ⅱの受給要件でもある保育士等キャリアアップ研修では、研修科目の１つに障害児保育が盛り込まれており、保育者の知識やスキルの向上のための支援を受けることができます。

(4) 児童発達支援センターによる訪問支援

障害児が保育所等での集団生活に適応するため、児童発達支援センターによる専門的な訪問支援が受けられます。

❸ 現場が抱える課題

発達障害の診断はついていないものの、行動面において保育者が？と思う「気になる子」の存在が増えています。この場合、職員の加配に対する自治体の加算がつかないため、多くの施設では通常の法定配置人数で対応せざるを得ません。安全確保の面での不安や、診断がついていないことにより適切な支援の方法がわからないなど、保育の基本である「子ども理解」に基づいた集団の中での個別支援の難しさを感じている保育者が多いといえます。

5 障害のある子の受入れ〜障害児支援と保育所等の連携①児童発達支援

　障害のある未就学の子どものための通所支援の１つ。地域社会への参加・インクルージョンを推進していくためにも保育所等の後方支援の役割を担います。

ポイント

❶　本人支援、移行支援、家族支援、地域支援といった役割を担い、可能な限り地域の保育・教育等の支援を受けられるよう、育ちの環境を整えていくことを目指している。

❷　子どもや保護者の状況、利用意向をふまえて使用日数の上限が決定される。利用方法は時間・母子分離かどうか・保育所等との併用か単独の利用か等、さまざま。

❸　保育所や幼稚園、小学校等への移行支援も行っており、保育所等としっかり連携を行う。

❶　児童発達支援の概要と役割

　障害のある子どもへの支援にあたっては、移行支援を含め、可能な限り、地域の保育、教育等の支援を受けられるようにし、同年代の子どもとの仲間作りを図っていくことが求められています。

(1)　発達支援（本人支援・移行支援）

　生活習慣を整えたり、運動能力や感覚を補助すること、色や数を認知し適切に行動できるようになること、コミュニケーションが取れるようになること、身近な人との愛着形成や信頼関係を築いていくことなど、無理なく集団生活に参加していけるよう、個別支援計画に基づいた支援

をしています。また、専門的な機能訓練を行うこともあります。

(2) 家族支援

　家族が安心して子育てを行うことができるよう、子どもの障害の特性等を理解できるよう支援します。また、育児を中心的に担うことが多い母親だけでなく、父親や兄弟姉妹、祖父母など家族全体の支援を行い、虐待やネグレクトがある場合は心理的な専門支援などにも配慮しています。また、児童発達支援事業所はレスパイトケアの役割も担うため、日々の子育てで疲れを感じている場合の休息として存在し、家族のリフレッシュにつなげます。

(3) 地域支援（児童発達支援センター）

　障害のある子どもの地域社会への参加・包容（インクルージョン）を推進するため、保育所等の子育て支援機関等の関係機関との連携を進め、障害児を預かる施設の訪問などを行います。

※施設の種類ごとの役割の違い

　児童発達支援を行う施設は「児童発達支援所」と「児童発達支援センター」があります。いずれも本人支援・家族支援を行いますが、「児童発達支援センター」は地域支援も担っています。地域支援では、障害児のいる施設への相談支援や次項の保育所等訪問支援を行います。

❷　利用方法・回数等

　市町村へ障害児通所給付費支給申請をし（専門家の意見書をつけます）、児童発達支援利用の必要が認められれば、受給者証が市町村から発行されます。療育手帳や身体障害者手帳、精神障害者保健福祉手帳を持っていなくても問題ありません。

　受給者証が取得できれば、通所の申込みができ、１割負担でサービスを受けることができます。保育所や幼稚園の代わりとして毎日通うこと

も、保育所や幼稚園と併用し、専門的な訓練や支援を受けるために降園後に習い事のように通うこともできるようになります。

❸　移行支援のための保育所等との連携

【厚生労働省・児童発達支援ガイドラインより】

~地域社会への参加・包容（インクルージョン）の推進と合理的配慮~

　障害者権利条約では、障害を理由とするあらゆる差別（「合理的配慮」の不提供を含む。）の禁止や障害者の地域社会への参加・包容（インクルージョン）の促進等が定められており、障害のある子どもの支援に当たっては、子ども一人一人の障害の状態及び発達の過程・特性等に応じ、合理的な配慮が求められる。また、地域社会で生活する平等の権利の享受と、地域社会への参加・包容（インクルージョン）の考え方に立ち、障害の有無にかかわらず、全ての子どもが共に成長できるようにしていくことが必要である。

　障害のある子どもへの支援に当たっては、移行支援を含め、可能な限り、地域の保育、教育等の支援を受けられるようにしていくとともに、同年代の子どもとの仲間作りを図っていくことが求められる。

　特に3歳以上については保育所等への移行を考え、個の成長だけでなく、子ども相互の関係や協同的な活動が促されるよう配慮した支援がなされます。

　具体的には以下のような支援です。

　a　具体的な移行を想定した子どもの発達の評価
　b　合理的配慮を含めた移行に当たっての環境の評価
　c　具体的な移行先との調整

d　家族への情報提供や移行先の見学調整
　　e　移行先との援助方針や支援内容等の共有、支援方法の伝達
　　f　子どもの情報・親の意向等についての移行先への伝達
　　g　併行通園の場合は、利用日数や時間等の調整
　　h　移行先の受入れ体制づくりへの協力
　　i　相談支援等による移行先への支援
　　j　地域の保育所等や子育て支援サークルとの交流

　このように、保育所等は児童発達支援事業所・児童発達支援センターと連携を取りながら丁寧な移行を目指していきます。

6　障害のある子の受入れ～障害児支援と保育所等の連携②保育所等訪問支援

　保育所等訪問支援は、保護者の申請に基づき、子育て支援施策や教育の現場に入り込んで行う『アウトリーチ型』の発達支援事業です。

ポイント ....

❶　一般的な巡回指導と異なり、保育所等に直接訪問し、直接子どもに支援することができる。

❷　発達支援の事業所へ通所せずとも、通常の保育所等で支援を受けることができる。

❸　専門知識のある保育者がいなくても個別のアドバイスを受けながら支援計画を立てることができる。

....

❶　保育所等訪問支援等を積極的に活用し、障害児の受入れ体制を整備する

　障害のある子どもの地域社会への参加・包容（インクルージョン）を進めるため、障害のない子どもを含めた集団の中での育ちをできるだけ保障する視点が求められています。

　このため、保育所等訪問支援等を積極的に活用し、障害のある子どもの支援に協力できるような体制づくりを進めていくことが必要です。

❷　訪問支援と巡回指導の違い

　専門職員に施設訪問してもらい、アドバイスを受けるのは巡回指導がメインでしたが、保育所等訪問支援も加わると、子ども・保護者・保育者にとってメリットが大きくなります。巡回指導と訪問支援については、支援の目的や方法は大きく異なります。

	巡回指導	保育所等訪問支援
支援の方法	訪問や巡回先の機関の職員に対しに専門的助言を行う。 相談会やあそびのプログラムを開いたりすることによって、間接的に子ども支援に関わることができる	集団生活に加わる。子ども本人へ直接支援。
支援を行う場所	保育所・幼稚園・認定こども園などの集団生活を行っている施設	
支援の申請・要請	保護者の要請がなくても保育所等からの要請があれば支援する。一方で、保護者が必要性を感じても巡回・派遣に結びつかない場合がある。	保護者の希望に基づき申請（申請があれば支援する義務あり）
認定の必要	不要	医師の診断書や心理所見不

		要。保護者が市町村に受給者証の申請を行う。
費用負担	無料	保護者が負担 （1割負担。1時間100〜200円程度）

❸ 訪問支援のメリット

　保育所等での生活のしづらさや集団不適応の子どもに対しては、実際の現場において本人の特性と環境面から観察・分析し、本人への働きかけや、環境整備、施設の保育者に対して関わり方や活動の組み立てなどをアドバイスしてくれます。また、周囲の子どもたちを巻き込んでの支援を行うこともあり、通年的な利用のほか、進級や学期の変わり目、長期休暇後、行事が控えている時期の要望も多いようです。

【訪問支援利用のメリット】

⑴　不適応が生じている集団生活場面に直接入り込み、不適応の要因となっている環境（保育者や周囲の子どもの関わりを含む）に直接介入できる。

⑵　早期支援または円滑な移行支援を行うことで集団生活の不適応を未然に防ぐことができる。

⑶　職員に対して、子どもへの専門的関わり方およびその効果を直接見せることでモデルとなることができる。

⑷　保育所等訪問支援計画（個別支援計画）を訪問先と共有することで、訪問先での個別の保育や教育に関する計画の参考にすることができる。

⑸　支援員に職員と保護者の橋渡しをしてもらえる。

---

❹　保育者も保護者もインクルーシブ保育への障壁が下がる

　保育所等訪問支援では、保育職員への具体的支援（間接支援）があることで、保育職員の子どもへの理解が進み、発達的視点を持って子どもに関わることができるようになります。インクルーシブ保育に対して職員が不安や抵抗感を抱くこともありますが、このように専門家と連携することで安心して保育に臨むことができるようになります。

　また、訪問支援を受けた際は、保護者に、訪問支援の内容に加え、子どもの姿および周りの子どもや保育職員との関わりの様子を丁寧に伝えるようにします。支援の利用申請者である保護者には実際の支援の様子をみることができないためです。保護者の不安を取り除きましょう。

7　外国籍等の子どもの受入れ

　外国籍の子どもの受入れにあたっては、自治体の制度やICTをうまく利用しましょう。

> **ポイント**
> ❶　翻訳機導入や職員配置に対する補助事業が自治体に導入されていることがある。ICTを活用して言葉の壁を乗り越える工夫をする。
> ❷　言葉の習得状況がわからないため、保育者による発達の確認ができない場合がある。
> ❸　小学校就学時の連携については、できる限り丁寧な情報提供を心掛ける。

❶　国の補助制度やICTを利用する

　外国籍等（外国籍・日本国籍だが外国人の子・国籍不明）の子どもが

在籍する園が全国で6割を超え、今後ますます増えていくと予想されます（厚生労働省　外国籍等の子どもへの保育に関する取組ポイント集）。

　外国籍等の子の受入れで大きな障壁となるのは言葉の問題でしょう。今は精度の高い翻訳機が開発されているので、ICTを上手に活用し、子ども、保護者とコミュニケーションを取ることを目指します。

　また、自治体の支援が受けられる場合がありますので、必ず確認しましょう。

【翻訳機能を使う際のポイント】

- 保育現場特有の言葉は、翻訳機器に登録されていないことも多い。わかりやすい日本語に言い換える工夫が必要。
- 日本語ではよく使う言葉であっても、相手側には該当する言葉がなく、単純に翻訳するだけではうまく伝わらないこともある（例えば、三角巾、水筒など）。そうした際は、言葉だけでなく、写真やイラスト、実物も見せながら伝える。

❷　発達の把握が難しい

　外国籍等の子どもが発達上の課題を抱えていると思われる場合、その要因が言語や文化の違いによるものなのか、発達の遅れによるものなのか、保育者には判断が難しいことがあります。その場合は、行政に相談しながら関係機関との連携を行い、臨床心理士等の専門家の助言を受けるなどの対応を取ります。

図表1　行政の窓口

保健衛生部局	・母子保健に関する業務を担当する部局。新生児の訪問指導や乳幼児健康診査等を実施。 ・乳幼児健康診査等の機会に、フォローが必要となりそうな外国籍等の保護者・子どもを保健衛生部局が把握し、

	その情報を保育部局と共有することで、保育所入園に向けた支援など、早期に対応することが可能となる。
国際部局	・地域の外国籍等の住民に対する支援を行っている部局。多言語による情報提供や、窓口での通訳支援、国際交流の推進等を実施。 ・国際部局に所属する通訳に、保育部局の窓口や保育所等での対応を依頼したり、国際部局が保有する自動翻訳機器を貸し出してもらったりするなど、言語面の支援に関して連携できる可能性がある。
教育部局	・学校教育に関する業務を担当する部局。 ・地域によっては、教育部局が外国籍等の子どもを対象に就学前教室を開催したり、保護者向けの多言語資料を作成したりしている場合もある。

（参考）厚生労働省　外国籍等の子どもへの保育に関する　取組ポイント集

❸　小学校への就学準備

　2020年3月に行われた文部科学省による学齢期にある外国籍の子どもの就学状況の調査によると、外国籍の子どものうち、6人に1人が就学していないことが明らかになりました。日本では外国籍の子どもは就学義務がなく、保護者が能動的に就学の手続きをしないと入学できないことも理由の1つです。国籍の違いによって教育の機会に不平等が生じている現状は、SDGsの観点からも解消すべき課題であるといえるでしょう。

　小学校への就学にあたって保育所等は、小学校に対して、園での子どもの様子だけでなく、宗教上の配慮や名前の表記方法、保護者の日本語理解度等についてもできるだけ詳しく伝えるようにします。より細やかな支援、スムーズな就学につなげるためです。

　それでも保育所等が独自に就学支援を行うには限界があるため、自治体やNPOなど（親子で日本語を学ぶことや、就学に向けた準備をサポートする団体）とも連携していくことが求められています。

北千住どろんこ保育園

年齢の違いや障害の有無に関係なく、どの子も共に暮らし、頼りあい、ぶつかりあい、手を差しのべあう。インクルーシブ保育の実施を通してこれからの保育の形が見えてきます。

施設概要	
施設名	北千住どろんこ保育園
運営法人名	社会福祉法人どろんこ会
施設所在地	東京都足立区
定　　員	90名（0歳児：6名　1歳児：12名　2歳児：12名　3歳児：20名　4歳児：20名　5歳児：20名）
開　　園	2017年
運営形態	①　認可保育所 ②　児童発達支援所（発達支援つむぎ） ③　地域子育て支援ちきんえっぐ／TSUMUGI CAFE

①　園の環境と生活

北千住駅から徒歩圏という立地にありながら、一歩園に入るとどろんこの園庭が広がり、ヤギと鶏が歩き回っています。園児も保育者も裸足で園庭を歩き、築山を登る子どもたちの姿はとても誇らしげです。

筆者が園を訪れたのは午前10時頃だったのでお散歩に行っている子が大半でしたが、園庭や園内で過ごしたいという子たちの気持ちにも応えるゆとりある環境がありました。また、異年齢保育を実施しているので学年ごとの壁がなく、どの子も自由に保育室を行き来することができるようになっていました。

同園は、子育て支援のカフェや園庭開放も行っており、地域に開かれ

子育ての相談や保護者とのコミュニケーションにも使用されるカフェスペース

た保育が展開されています。

②　インクルーシブ保育の実践

　同園では同じ施設内に発達支援つむぎ北千住ルームという児童発達支援事業所を併設しています。

　発達支援の受入れ定員は10名で月極利用は3〜4名です。園内の環境に慣れている子は、日中にみんなと一緒に過ごしています。

　医療的ケア児は看護師・保育士が対応できる範囲で受け入れています。具体的には、糖尿病のダウン症児でインスリン摂取や血糖値測定、ブドウ糖注射が必要な子や、脳性まひで流動食の子（鼻から管を入れて食事を摂る）などです。

　看護師が休みのときには連携している訪問看護師に来てもらったりと、専門家のバックアップ体制も整えています。最近では、注射ではなく機械をあてるだけで数値を測れるものができたりと医療も進化しているので保育士の安心感にもつながっています。

③　ある園児のエピソード〜できることからやってみよう

　脳性まひで入園後、成長するにつれミルクが飲めなくなってしまった子がいました。口からの摂取が困難になったため、園で預かるのは難し

いのでは？　という声も上がりました。しかし、保護者からは、家では鼻から摂取できているとのこと。そして両親とも仕事を続けたい、諦めたくないという強い希望を持っていました。その思いを何とか叶えるために、園でできることからやってみようと受入れを続けることにしました。

　最初はベッドに寝かせていましたが、これでは園児と触れ合うことができません。布団で寝かせたらどうか？　園児と関わる環境はできるだろう。園児に踏まれる危険や、そこに気を配る保育士の負担も増えるが、心配し過ぎてもこの子の豊かな育ちにはつながらない。きっとほかの保育者も子どもたちも見てくれるはず……。そんな思いで布団に寝かせてみたら、その子の表情がみるみる変わりました。周りの園児たちも気にかけてくれるようになりました。さらに、０歳児が座る椅子に頭を固定して座らせたら笑うようにもなりました。おんぶして散歩に連れ出し、外の空気に触れたりと、やれることをしていけば、ここで過ごすすべての子どもたちにとって豊かな育ちに繋がっていくということを経験を通じて学ぶことができました。

　障がいを持った子、医療的ケアが必要な子を受け入れる際に安全面の観点から分離や隔離をしてしまいがちですが、そこではこのような経験、学びは生まれないでしょう。

ヤギや鶏のいる園庭へ自由に出入りできます。

　一般の保護者は、子どもが小さいときほど、わが子の病気や障がいを受け入れられなかったり、どのように育てていくのが最良なのか、つねに悩み試行錯誤を繰り返しています。園では、この子の保護者と何度も話し合い、共に考え、育て合う過程を通じて、良い協力関係を築いていきました。そして保護者自身が「この子にとってその時、その時に応じた最良のケアが受けられる環境を見つけていくことが大切」ということを実感し、幼児になったタイミングで療育専門施設のあるエリアに引っ越していかれました。

　単に「働き続けたいから」という理由や、安全な管理体制の下での保育では決して見えてきません。子どもの育ちは環境によって大きく変わること、親と保育者が積極的に関わり合うことの大切さを実感できたことが次のステージへと背中を押してくれたのでしょう。

④　インクルーシブ保育の向き合い方

　インクルーシブ保育を実践する北千住どろんこ保育園の園長先生はどのような方なのでしょうか。インクルーシブ保育にどう向き合い、実践されているのでしょうか。

　園長はどろんこ会グループに入職して11年目を迎えます。短大卒業後、8年間幼稚園で勤務。結婚し2人目の子どもが幼稚園の年長になるまでは専業主婦でしたが、その後、小学校の特別支援員になりました。

　「そこで出会った子、先生たちが素敵でした。子どもがどんなことに興味をもっているのか、子どもの興味・関心を広げ、より豊かな人生へとつなげるにはどうすればよいか、子どもの未来を見据えて関わることの大切さを教えてくれた」と言います。

　その後、2011年の秋に初めての保育園へ転職。どろんこ会へとつながります。

　同園でのインクルーシブ保育の実践においては、上記エピソード同様、決めつけない・障がいの有無で区別しないという方針です。発達の特性上、音や人に敏感で目の前のことに集中できない子もいるので、初めは

壁を向かせたり、他の子と離して集中できる環境を用意します。でも園長には「集中を削ぐ視覚や音を遠ざけるために壁に向かせるのがセオリーだということはよくわかるけれども、それって本当に楽しいの？」との思いがありました。そこで、他の園児から離れたところからではあるけれども、みんなとごはんを一緒に食べるということから始め、少しずつ距離を近づけていきました。初めはチラチラと集中できない様子がみられたものの、次第に表情が明るくなり、友達の真似をして一緒に遊ぶようになりました。

　邪魔をされたことに怒るということも大事なことで、それを受け止め、そこからどう立ち直るか、見守っていくことも大切なこと。皆と同じことをさせる、合わせるのもおかしいし、できないから離すのもおかしい。できることをやってあげる。決めつけない。やってみたらどうかを検証したい。「子どもの気持ちにきちんと寄り添う。自分の気持ちをわかってくれると子どもは落ち着くのだと思う」。そんなスタンスでインクルーシブ保育と向き合っています。

長い廊下は子どもたちが雑巾がけをしています。

⑤　職員の教育〜どのように理念浸透・教育をされていますか？
　法人の理念が一貫しており、その理念に共感した職員が入職してくるので、理念に基づいた保育が実践できています。さらに、1カ月に1回、

園会議（勉強会、ディスカッション）を行い、理念浸透を図っています。連絡事項は日々ミーティングや全職員に配付しているスマホのチャットも活用しているので、園会議の場ではじっくりと対話を重ねる時間としています。それにより、園の数・職員の数が増えても一体感を保つことができています。

　若手職員を育てる立場の園長としては、次のような考えを持っています。

　「幼児期の終わりまでに育ってほしい10の姿」（文部科学省　幼稚園教育要領）にある『規範意識の芽生え』を若い先生たちは「ルールを守れるようになること」と答えますが、ただ決まりを守るだけでなく、様々な体験の中でしてよいことや悪いことを把握し、適切な判断ができるようになること、つまりルールをつくることまで含まれます。園でも「今までやってきたことが最善なのか？」とつねに疑問を持ち、自分たちで考え、自分たちでルールを変えていく、そんな経験を大切にしています。それが「走りながら考えよう」というどろんこ会グループのポリシーにもつながっているのです。

⑥　保護者との関係性〜どのような関係性を築いていますか？

　担任制ですが、ずっと同じ大人との関わりだけではなく、すべての園児との関わりを大切にする組織運営であるため、保護者にはどの職員にも気軽に話してもらえるようお伝えしています。

　また、職員もどの保護者にも対応できるようにしています。保護者からこんなことが聞きたいと言われたら、「じゃあ私が出るね」というやり取りもあり、若手職員も安心して保護者との関わりを持っています。

　保護者には、園が偉いわけでも保護者が偉いわけでもなく、子どもをまん中に、パートナーとして一緒に子どもを育てていきましょうと伝えてあり、フラットで良い関係ができています。そして少しでも気になる様子があれば、時間を取って保護者とじっくり話すことを心がけています。

第3章

開かれた保育・教育のために

こども家庭庁の創設により、あらゆる家庭への切れ目の
ない支援が強化されます。本章では、保育所等の役割の変
化、地域や関係機関との連携について整理します。

また、保育所等における子育て支援と企業における両立
支援策が子育ての両輪として機能するために、保護者の働
く環境や家庭環境の変化についても理解を深めます。

第1節 地域に開かれた子育て支援で 長期的に子どもを見守る

1 保育所保育指針における子育て支援の意味

　保育所保育指針や認定こども園の教育・保育要領では、保育所やこども園を利用する親だけでなく、地域に開かれた子育て支援についても定義しています。

ポイント

❶ 「保護者支援」から「地域に開かれた子育て支援」へと保育所に求められる役割は大きくなっている。

❷ 認定こども園は、より積極的に子育て支援に関わることが求められている。

❸ 保護者の考えを受容することに加え、相互理解を図ることをめざす。

❶ 保育所の役割は保護者支援から子育て支援へ

　2017年の保育所保育指針改定（厚生労働省告示第117号）により、これまでの「保護者支援」から「子育て支援」へと政策が変わりました。これは、子育て支援の役割がより一層重視される現況を踏まえたもので、施設に通う子どもの保護者支援から地域に開かれた子育て支援へと保育所が担う役割がより広がっていくことを意味します。

　地域に開かれた子育て支援には、虐待やDVを受けている子どもの早

期発見・予防のために親や地域との関係性を築いていくといったことも含みます。

　保育所の役割がさらに大きくなったといえ、今後は自らの専門性に頼るだけでなく、関係者や関係機関との連携や協同を意識して、様々な社会資源を活用していくことが重要になります。

○保育所保育指針（平成29年3月31日）（厚生労働省告示第117号）

第4章　子育て支援
　保育所における保護者に対する子育て支援は、全ての子どもの健やかな育ちを実現することができるよう、第1章及び第2章等の関連する事項を踏まえ、子どもの育ちを家庭と連携して支援していくとともに、保護者及び地域が有する子育てを自ら実践する力の向上に資するよう、次の事項に留意するものとする。

1　保育所における子育て支援に関する基本的事項
　(1)　保育所の特性を生かした子育て支援
　　ア　保護者に対する子育て支援を行う際には、各地域や家庭の実態等を踏まえるとともに、保護者の気持ちを受け止め、相互の信頼関係を基本に、保護者の自己決定を尊重すること。
　　イ　保育及び子育てに関する知識や技術など、保育士等の専門性や、子どもが常に存在する環境など、保育所の特性を生かし、保護者が子どもの成長に気付き子育ての喜びを感じられるように努めること。
　(2)　子育て支援に関して留意すべき事項
　　ア　保護者に対する子育て支援における地域の関係機関等との連携及び協働を図り、保育所全体の体制構築に努めること。
　　イ　子どもの利益に反しない限りにおいて、保護者や子どものプライバシーを保護し、知り得た事柄の秘密を保持すること。

2 保育所を利用している保護者に対する子育て支援
 (1) 保護者との相互理解
   ア 日常の保育に関連した様々な機会を活用し子どもの日々の様子
    の伝達や収集、保育所保育の意図の説明などを通じて、保護者と
    の相互理解を図るよう努めること。
   イ 保育の活動に対する保護者の積極的な参加は、保護者の子育て
    を自ら実践する力の向上に寄与することから、これを促すこと。
 (2) 保護者の状況に配慮した個別の支援
   ア 保護者の就労と子育ての両立等を支援するため、保護者の多様
    化した保育の需要に応じ、病児保育事業など多様な事業を実施す
    る場合には、保護者の状況に配慮するとともに、子どもの福祉が
    尊重されるよう努め、子どもの生活の連続性を考慮すること。
   イ 子どもに障害や発達上の課題が見られる場合には、市町村や関
    係機関と連携及び協力を図りつつ、保護者に対する個別の支援を
    行うよう努めること。
   ウ 外国籍家庭など、特別な配慮を必要とする家庭の場合には、状
    況等に応じて個別の支援を行うよう努めること。
 (3) 不適切な養育等が疑われる家庭への支援
   ア 保護者に育児不安等が見られる場合には、保護者の希望に応じ
    て個別の支援を行うよう努めること。
   イ 保護者に不適切な養育等が疑われる場合には、市町村や関係機
    関と連携し、要保護児童対策地域協議会で検討するなど適切な対
    応を図ること。また、虐待が疑われる場合には、速やかに市町村
    又は児童相談所に通告し、適切な対応を図ること。

3 地域の保護者等に対する子育て支援
 (1) 地域に開かれた子育て支援
   ア 保育所は、児童福祉法第48条の4の規定に基づき、その行う
    保育に支障がない限りにおいて、地域の実情や当該保育所の体制
    等を踏まえ、地域の保護者等に対して、保育所保育の専門性を生

かした子育て支援を積極的に行うよう努めること。

　イ　地域の子どもに対する一時預かり事業などの活動を行う際には、一人一人の子どもの心身の状態などを考慮するとともに、日常の保育との関連に配慮するなど、柔軟に活動を展開できるようにすること。

(2)　地域の関係機関等との連携

　ア　市町村の支援を得て、地域の関係機関等との積極的な連携及び協働を図るとともに、子育て支援に関する地域の人材と積極的に連携を図るよう努めること。

　イ　地域の要保護児童への対応など、地域の子どもを巡る諸課題に対し、要保護児童対策地域協議会など関係機関等と連携及び協力して取り組むよう努めること。

❷　認定こども園はより積極的に子育て支援に関わることが求められている

　働いていない親は特に閉ざされた家庭での子育てになりやすく、相談する人も限られる傾向にあります。また、地域によっても子育て支援の状況に差があります。そのような状況に鑑み、親の就労の有無等を問わない認定こども園は、幼保連携型認定こども園教育・保育要領において「家庭の事情や地域社会の実態に沿った支援であること」と定義され、保育所よりも子育て支援に対してより積極的に関わっていくものとされているのです。

○幼保連携型認定こども園教育・保育要領

　（平成29年3月31日）（内閣府／文部科学省／厚生労働省／告示第1号）

第4章　子育ての支援

　幼保連携型認定こども園における保護者に対する子育ての支援は、子

どもの利益を最優先して行うものとし、第1章及び第2章等の関連する事項を踏まえ、子どもの育ちを家庭と連携して支援していくとともに、保護者及び地域が有する子育てを自ら実践する力の向上に資するよう、次の事項に留意するものとする。

第1　子育ての支援全般に関わる事項
1　保護者に対する子育ての支援を行う際には、各地域や家庭の実態等を踏まえるとともに、保護者の気持ちを受け止め、相互の信頼関係を基本に、保護者の自己決定を尊重すること。
2　教育及び保育並びに子育ての支援に関する知識や技術など、保育教諭等の専門性や、園児が常に存在する環境など、幼保連携型認定こども園の特性を生かし、保護者が子どもの成長に気付き子育ての喜びを感じられるように努めること。
3　保護者に対する子育ての支援における地域の関係機関等との連携及び協働を図り、園全体の体制構築に努めること。
4　子どもの利益に反しない限りにおいて、保護者や子どものプライバシーを保護し、知り得た事柄の秘密を保持すること。

第2　幼保連携型認定こども園の園児の保護者に対する子育ての支援
1　日常の様々な機会を活用し、園児の日々の様子の伝達や収集、教育及び保育の意図の説明などを通じて、保護者との相互理解を図るよう努めること。
2　教育及び保育の活動に対する保護者の積極的な参加は、保護者の子育てを自ら実践する力の向上に寄与するだけでなく、地域社会における家庭や住民の子育てを自ら実践する力の向上及び子育ての経験の継承につながるきっかけとなる。これらのことから、保護者の参加を促すとともに、参加しやすいよう工夫すること。
3　保護者の生活形態が異なることを踏まえ、全ての保護者の相互理解が深まるように配慮すること。その際、保護者同士が子育てに対する新たな考えに出会い気付き合えるよう工夫すること。
4　保護者の就労と子育ての両立等を支援するため、保護者の多様化

した教育及び保育の需要に応じて病児保育事業など多様な事業を実施する場合には、保護者の状況に配慮するとともに、園児の福祉が尊重されるよう努め、園児の生活の連続性を考慮すること。

5　地域の実態や保護者の要請により、教育を行う標準的な時間の終了後等に希望する園児を対象に一時預かり事業などとして行う活動については、保育教諭間及び家庭との連携を密にし、園児の心身の負担に配慮すること。その際、地域の実態や保護者の事情とともに園児の生活のリズムを踏まえつつ、必要に応じて、弾力的な運用を行うこと。

6　園児に障害や発達上の課題が見られる場合には、市町村や関係機関と連携及び協力を図りつつ、保護者に対する個別の支援を行うよう努めること。

7　外国籍家庭など、特別な配慮を必要とする家庭の場合には、状況等に応じて個別の支援を行うよう努めること。

8　保護者に育児不安等が見られる場合には、保護者の希望に応じて個別の支援を行うよう努めること。

9　保護者に不適切な養育等が疑われる場合には、市町村や関係機関と連携し、要保護児童対策地域協議会で検討するなど適切な対応を図ること。また、虐待が疑われる場合には、速やかに市町村又は児童相談所に通告し、適切な対応を図ること。

第3　地域における子育て家庭の保護者等に対する支援

1　幼保連携型認定こども園において、認定こども園法第2条第12項に規定する子育て支援事業を実施する際には、当該幼保連携型認定こども園がもつ地域性や専門性などを十分に考慮して当該地域において必要と認められるものを適切に実施すること。また、地域の子どもに対する一時預かり事業などの活動を行う際には、一人一人の子どもの心身の状態などを考慮するとともに、教育及び保育との関連に配慮するなど、柔軟に活動を展開できるようにすること。

2　市町村の支援を得て、地域の関係機関等との積極的な連携及び協

働を図るとともに、子育ての支援に関する地域の人材の積極的な活
用を図るよう努めること。また、地域の要保護児童への対応など、
地域の子どもを巡る諸課題に対し、要保護児童対策地域協議会など
関係機関等と連携及び協力して取り組むよう努めること。
3　幼保連携型認定こども園は、地域の子どもが健やかに育成される
環境を提供し、保護者に対する総合的な子育ての支援を推進するた
め、地域における乳幼児期の教育及び保育の中心的な役割を果たす
よう努めること。

❸　保護者との相互理解を図り、相談や助言を行う

　これまでの保育は、保護者が子どもを産んでも働き続けることができ
るためのサービスとして捉えられたり、日中の養育が難しい保護者に代
わって保育所が子どもを育てるという機能として捉えられたりすること
が多く、それが保育所への過度な要求・保育者の負担につながっていま
した。

　保育所保育指針に「家庭と保育所の相互理解は、子どもの家庭での生
活と保育所生活の連続性を確保し、育ちを支えるために欠かせないもの」
とあるように、近年、子どもを中心に据えて保育所と保護者が協力して
いくことが強調されるようになりました。

　保育所は、保護者との相互理解を図るため、積極的に相談や助言を行
うことが求められます。さらに、保育の専門的機能を地域の子育て支援
において積極的に展開することが望まれるなど、保育所に対する期待が
高まっているといえます。

【コラム】
保育の活動に対する保護者の積極的な参加の意義
　保育所における保育活動への保護者の参加は、保護者自らの子育てを
実践する力を高める一面があります。例えば、保護者が子どもの遊びに

加わることで、子どもの遊びの世界や言動の意味を理解することにつながります。また、専門性を有する保育士等の子どもへの接し方から多くの気付きを得られるでしょうし、他の子どもの様子や関わりを通じて、子どもの発達についての見通しをもてることもあるでしょう。さらに、保護者が保育士等と共に活動する中で、自分でも気付かなかった子育てに対する有能感を感じることもあるかもしれません。

　それゆえ、保育所は、保護者に保育活動への参加を積極的に促すと良いでしょう。その際は、より多くの保護者に参加してもらえるよう、活動内容を工夫したり、活動時間や日程に幅をもたせたりするなど、保護者の状況に配慮した機会を提供すると効果が高まります。

2　コロナ禍における子育て環境の変化

　コロナ禍によって子育て環境が大きく変化しました。子育て支援のあり方はどのように変わっていくべきでしょうか。

ポイント

❶　コロナ禍で多くの親が子どもとの過ごし方に悩み、子どもの運動時間が短くなった。

❷　外出自粛の影響で配偶者によるDV相談は増加した。

❸　在宅勤務、リモートワークが増加したが、それによって保育の必要性がなくなったわけではない。子どもの育ちに合わせた機能強化が求められる。

❶ 外出自粛による親子の変化

　全国認定こども園協会のアンケートによると、2020年のコロナ禍での緊急事態宣言下では、就労の有無に関係なく、保護者４人のうち３人が「困りごとがあった」と回答しています。困りごとの中でもっとも多かったのが「子どもとの過ごし方に悩む」で７割にのぼります。また、半数以上の保護者が「親の心身の疲弊」を訴えています。

図表1　緊急事態宣言の発令や外出自粛の影響

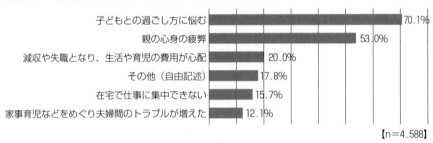

【n＝4.588】

（出典）　新型コロナ報告書　全国認定こども園協会

図表2　コロナ禍における子どもの運動量の変化

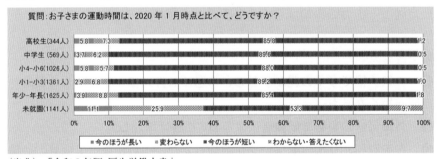

（出典）　「令和３年版 厚生労働白書」

　子どもの運動量の変化についても当然ながら外出自粛による影響を受けています。令和３年版厚生労働省白書によると、コロナ禍における子どもの運動量の変化に関する調査では、「2020年１月時点と比べて、

子どもの運動量は短くなった」と回答している家庭が多数を占めています。未就園児については、もともと保育所等を利用していない児童もいるため年齢層別のデータでは低めですが、それでも5割を超えている状況です。

図表3　幼児教育・保育施設等の運営状況と保護者の変化との関係性

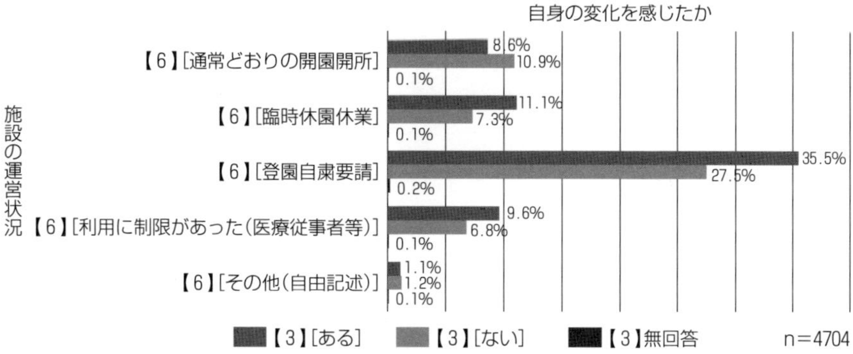

自身の変化を感じたか

施設の運営状況

【6】[通常どおりの開園開所]　8.6%　10.9%　0.1%
【6】[臨時休園休業]　11.1%　7.3%　0.1%
【6】[登園自粛要請]　35.5%　27.5%　0.2%
【6】[利用に制限があった(医療従事者等)]　9.6%　6.8%　0.1%
【6】[その他(自由記述)]　1.1%　1.2%　0.1%

【3】[ある]　【3】[ない]　【3】無回答　　n＝4704

（出典）　新型コロナ報告書　全国認定こども園協会

また、緊急事態宣言によって保育所等や認定こども園等が臨時休園や登園自粛となったことによって、保護者に変化が生じたかという問いに関する全国認定こども園協会のアンケートでは、通常通り開園開所していた施設を利用する保護者に変化がさほど見られなかったのに対し、臨時休園や登園自粛、利用制限を余儀なくされた施設を利用する保護者に関しては「変化あり」の回答が「なし」を上回りました。子育ては親だけでは難しく、子どもの発達を社会全体で見守る必要があるということが、このアンケート結果から読み取れます。

❷　外出自粛による夫婦の変化

外出自粛は親子関係だけでなく、夫婦関係に影響をもたらします。

令和3年版 厚生労働白書によると、自宅で過ごす時間が増えたことで配偶者からのDV相談件数が大幅に増加し、2020（令和2）年4月か

ら2021（令和３）年３月の相談件数は19万0,030件と、2019年度全体の相談件数11万7,420件の約1.6倍となっています。一方で、児童虐待の相談件数はもともと増加傾向にあり、コロナ禍においても増加率に大きな変化はないようです。しかしながら、先に述べた認定こども園協会のアンケートにおける保護者の状況は、リスクとして捉えておく必要があると考えます。

図表４　DV相談件数の推移

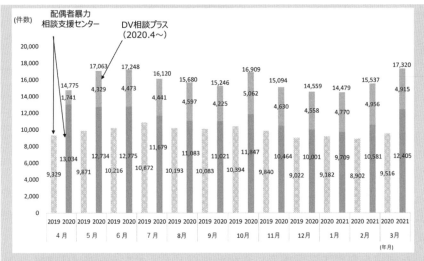

資料：内閣府男女共同参画局調べ
（注）　1.　全国の配偶者暴力相談支援センターからの相談件数は、2021年3月31日時点の暫定値
　　　　2.　2019年度は、月毎の相談件数を集計していないセンターがあったため、月毎の合計と2019年度全体の相談件数（11万9,276件）は一致しない。

（出典）「令和３年版　厚生労働白書」

❸　保護者の働き方の変化と子育て支援のあり方

　業種は限定されますが、コロナ禍によってテレワークが浸透し、保護者の働き方も大きく変化しました。就労場所や時間の制約がなくなり、仕事の手を止めて家事や育児が可能になると、保育所等に預けなくても働けるのではないか？　という声が聞かれるとともに、登園自粛や休園を後押ししたところもあるでしょう。しかしながら、テレワークをすれ

ば保育所等は不要という考えは安易であることは前述のデータを見ても明らかです。子どもの育ちや保護者の心身の健康を考えてもすべての乳幼児を一律に同じ保育制度の枠組みに入れる必要はないにせよ、家庭の状況に合わせて幼児教育・保育施設が開かれていくべきであり、地域の子育て支援の役割は非常に大きいといえます。

3　こども家庭庁の創設で親子支援の中核となる「こども家庭センター」と保育所等の役割

　2023年4月からのこども家庭庁の創設により、これからはこども家庭センター（市区町村）が子育て支援の中核を担うことになります。保育所等はどのように連携をとっていけばよいのでしょうか。

ポイント

❶　妊産婦と乳幼児の保護者を支援する「子育て世代包括支援センター」と虐待や貧困問題を抱えた親子を支援する「子ども家庭総合支援拠点」の機能が統合された。

❷　こども家庭センターが整備され、ヤングケアラー家庭、虐待、貧困、若年妊娠などの問題を抱えた家庭が安心して過ごせる居場所づくり、児童相談所との連携が強化される。

❸　保育所等も役割の一端を担っている。関係機関との連携をはじめ、保育所等としてできることを考えていかなければならない。

❶ こども家庭センターの機能と役割

図表 1　こども家庭センターの構図

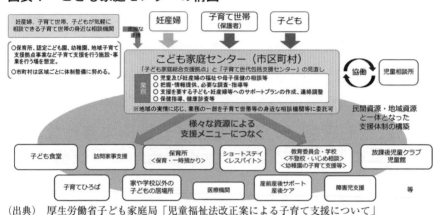

（出典）　厚生労働省子ども家庭局「児童福祉法改正案による子育て支援について」

　現在、特定妊婦は約0.8万人、要支援・要保護児童は23万人程度いるといわれています（※）。こども家庭センターは、要支援・要保護児童と保護者の切れ目のない支援を目的に整備されました。その背景には、母子保健法に基づき妊産婦や乳幼児の保護者の相談を受ける「子育て世代包括支援センター」と、児童福祉法に基づき虐待や貧困などの問題を抱えた家庭に対応する「子ども家庭総合支援拠点」とに分かれていた2つの機能がうまく連携できておらず、早期の問題把握が難しいという課題があったためです。こども家庭庁創設によってこの2つが統合され、児童相談所と協働して運営することで情報をスムーズに共有し、支援が必要な家庭の見落としを防ぎながら適切な支援を行っていくことをめざすことになります。

　そして、こども家庭センターは自治体・民間の様々な子育て施設・機能とも連携しており、保育所等もその1つに位置付けられています。

　虐待等の問題がある家庭・児童が園児にいた場合にどこに相談するのか、どのように支援をつないでいくのか、という重要な流れを保育所等の職員がしっかり把握し、自分たちの役割を認識しなければなりません。

（※）【特定妊婦】…出産後の子どもの養育について出産前から支援を行うことが特に必要と認められる妊婦のことをいう。妊娠中から家庭環境におけるハイリスク要因を特定できる妊婦。具体的には経済的に不安定である、家族構成が複雑、親の知的、精神的障害などで育児困難が予測される場合など。

【要支援児童】…要支援児童とは、保護者の養育を支援することが特に必要と認められる児童であって要保護児童にあたらない児童のこと。具体的には、育児不安を有する親の元で監護されている子どもや養育に関する知識が不十分なため不適切な養育環境に置かれている子どもなど。

【要保護児童】…保護者のない児童または保護者に監護させることが不適当であると認められる児童。具体的には、保護者の家出、死亡、離婚、入院、服役などにある子どもや虐待を受けている子どもをさす。家庭環境になどに起因して非行や情緒障害を有する子どもも含む。

図表2　こども家庭センターに求められる子育て支援の役割（例）

●子育て世帯訪問支援事業（訪問による生活の支援）

• 要支援児童、要保護児童およびその保護者、特定妊婦等を対象（支援を要するヤングケアラー含む）

• 各家庭に訪問し、子育てに関する情報の提供、家事・養育に関する援助等を行う。

例）調理、掃除等の家事、子どもの送迎、子育ての助言　等

●児童育成支援拠点事業（学校や家以外の子どもの居場所支援）

• 養育環境等の課題（虐待リスクが高い、不登校等）を抱える主に学齢期の児童を対象

• 児童の居場所となる拠点を開設し、児童に生活の場を与えるとともに児童や保護者への相談等を行う。

例）居場所の提供、食事の提供、生活リズム・メンタルの調整、学習支援、関係機関との調整　等

●親子関係形成支援事業（親子関係の構築に向けた支援）

• 要支援児童、要保護児童およびその保護者、特定妊婦等を対象

• 親子間の適切な関係性の構築を目的とし、子どもの発達の状況等に応

じた支援を行う。

　例）講義・グループワーク・ロールプレイ等の手法で子どもとの関わ
　　り方等を学ぶ（ペアレントトレーニング）等
●子育て短期支援事業
・保護者が子どもと共に入所・利用可能とする。子どもが自ら入所・利
　用を希望した場合の入所・利用を可とする。
・専用居室・専用人員配置の推進、入所・利用日数の柔軟化（個別状況
　に応じた利用日数の設定を可とする）を進める。
●一時預かり事業
・子育て負担を軽減する目的（レスパイト利用など）での利用が可能で
　ある旨を明確化する。

❷　手が届きにくかった問題に社会全体で目を向けていく

　これまでの行政支援のあり方は、当事者からの相談・求めに応じたも
のが主でした。しかしながら、苦しい状況に置かれた子どもや親は、自
ら適切な情報を得て、支援を求めるということが難しい状況にあります。
そして、それがさらなる教育格差や虐待・貧困の連鎖を生むという面が
ありました。

　こども家庭庁は、行政の側から手を伸ばし、より踏み込んだ支援をし
ていくことで、この負の連鎖を断ち切ることを目指しています。そこで
は、特定妊婦や要保護・要支援児童の存在を認知し、早期に知らせるこ
とのできる機関（病院・役所・保育所等）の役割がとても大きくなりま
す。

　保育所等は、問題を看過してしまうことのリスク、行政と情報共有す
る重要性を意識し、早期把握に努めることが大切です。たとえ保育所等
では抱えきれないような深刻な事案であっても、児童相談所と協働して
いるこども家庭センターは、社会福祉士、精神保健福祉士、保健師、臨
床心理士、臨床発達心理士といった幅広い専門家が関わっています。日
頃から情報共有や相談方法等についてコミュニケーションを取っておく

とよいでしょう。

❸　保育所等としてできること

　保育所等は、利用園児の家庭だけでなく、自治体が策定する子ども・子育て支援計画に基づき、事業として子育て支援センターや子育て支援ひろば、相談のためのカフェ等を設置することで、より幅広い地域の子育て支援の役割を担うことができます。その中で支援が必要と考えられる利用者や虐待等の疑いがある利用者がいた場合には、速やかに関係者につないでいくことや各種支援利用を促していきます。

4　妊娠中から利用できる「マイ保育園」とは？

　自治体ごとに交付金を活用して子育てのためのしくみづくりの事業が展開されています。その中の「マイ保育園」は妊娠期から登録でき、「かかりつけの保育園」として育児支援を受けられる制度で、導入する自治体が増えはじめています。

ポイント

❶　石川県で始まったマイ保育園。妊娠した段階で保育園からの支援を受けられる制度で、各自治体でも導入が増えている。

❷　育児体験や育児教室、育児相談、おおむね３歳までの一時保育（半日３回分無料券）を受けることができる。

❸　プレママ支援など、保育者の役割がさらに広がっていっている。

❶　妊娠したら登録できるマイ保育園

　子育て支援拠点は増えてきていますが、この機能をさらに高め、妊娠

中から保育所等との関わりを築き、育児相談や育児体験ができるように
したものがマイ保育園です。もともと石川県でスタートした事業ですが、
しくみづくりの好事例として取り上げられると、各自治体で導入が広が
りはじめました。

　母子手帳の交付時にマイ保育園の登録申請書が添付されているため、
情報が行き届きやすく、スムーズな利用が期待できます。

　これまでの妊娠中のサポートは自治体が実施する両親教室などがメイ
ンでしたが、これは家庭での子育てをサポートするものです。妊娠中の
公的な支援を保育所等に広げることで出産後の育児や保育所等を利用し
て働くことのイメージを持てるようになります。また、子育ての不安が
解消され、安心して出産に臨むことが期待できます。

図表1　マイ保育園登録制度（保育所等を子育て支援の拠点に）

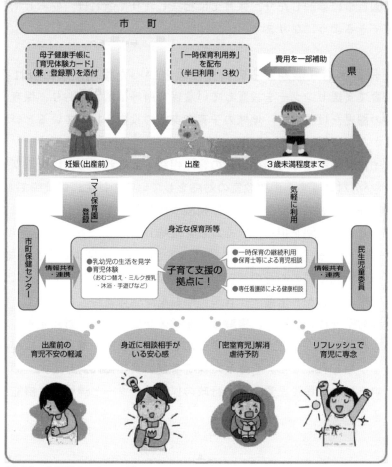

（出典）　内閣府ホームページ

❷　一時保育も利用できる

　マイ保育園制度に登録すると育児負担軽減や不安解消のための支援が受けられます。自治体によって異なりますが、半日3回分の一時保育無料券が交付されるので、出産後に一時保育の利用もできます。

　家庭での子育ては密室育児になりやすく、虐待や育児ノイローゼと

いった問題にもつながります。親自身がちょっとリフレッシュしたり、保育園行事に参加したり、保育士に相談したりできれば、安心して子育てができるようになります。

❸　保育士も妊娠期からの育児相談といった役割が求められる

　子育て支援センターを設置している保育所等は増えており、保育士が自園の園児だけでなく、地域の子育て支援の役割を担っているという認識はかなり浸透してきました。

　マイ保育園制度は妊娠期からの育児相談で、これから親になるプレママ・パパが対象です。両親教室の対応をしているのは主に保健師ですが、同様に保育士も妊娠期からの育児相談や出産後の不安解消のために支援をするという役割を担っていくことを意味します。

　目の前にいる子どもを介して関わってきた親との関係性においては、子どもの特性や親の心身の状況などを見ながら具体的なアドバイスができますが、これから出産・子育てに臨む家庭への支援となるので、様々な心理的不安に寄り添い、家庭生活をイメージしながら対応することが求められるという点で、若手保育士にとってはより一層ハードルが高く感じるかもしれません。こうした保育者側の負担感に対しては、園内のフォローに加え民生児童委員や行政の保健センターと連携して機能を強化します。

5　保護者との関わり①〜多くの保育者が保護者対応の難しさを感じている

　子どもを思う気持ちが強い保育者ほど、保護者に寄り添うことの難しさを感じています。園児の家庭環境や保育者の経験値、保護者自身の問題によって課題も様々です。

ポイント

❶　家庭環境の多様化により、保護者の認識や受け止め方に温度差が生じている。

❷　より深刻な課題を抱える保護者に対応しきれないケースが増えている。

❸　園組織として共有・検討する時間がなかなか取れず、保育者の心的負荷が大きくなっている。

　家庭環境の多様化に加え、コロナ禍によってコミュニケーションを取ることが難しくなるなど、保育の現場では保護者との関わりに難しさを感じる保育者が増えています。保育がサービス化してしまうことで保護者に寄り添うこと＝保護者の言いなりになるという状況に陥ってしまうこともあります。保育の現場で生じている課題について、「保育所等における子育て支援の在り方に関する研究会　報告書」（厚生労働省）をもとに整理します。

❶　保護者の認識や受け止め方の違い

- 園内での子どもの様子を保護者に伝えても、うまく伝わらない。家庭では特に困っていることはないという返答になることがある。
- 保護者には子どもの姿を受け入れ難い面がある。保護者も支援が必要な場合に理解を得ることが困難なことがある。
- 保育士と保護者の捉え方（価値観、子どもへの理解、子育てに関して等）の違いを感じる。違いはあって当然のことであり、多様性は認めなければならないが、ときに子どもの思いとは逆の方向を向くことがあり、バランスをとる難しさがある。
- 保育士側が問題視していることに対して、他児との関りを把握してい

ない保護者側にはうまく伝わらず、共有が難しい。

- 考え方や価値観が多様化している現状にあり、保護者がどのような受け止め方をするのか予想することに困難を感じる。保護者が求めているサービスとこちらが必要と考える支援とに乖離を感じることがある。
- 保護者1人ひとり考え方が違うので要望も様々。子どもに無理をさせたくないが、保護者が求めている気持ちも汲まなければならず、着地点を探すのが難しい。
- 保護者の価値観との相違が年々大きくなっている。保育者が常識と思うことも改めて見直す必要性や、対応を変えていく必要性を感じている。

　保育所保育指針解説（平成30年2月厚生労働省）の「保育所を利用している保護者に対する子育て支援」には、「保育士等には、一人一人の保護者を尊重しつつ、ありのままを受け止める受容的態度が求められる。受容とは、不適切と思われる行動等を無条件に肯定することではなく、そのような行動も保護者を理解する手がかりとする姿勢を保ち、援助を目的として敬意をもってより深く保護者を理解することである。また、援助の過程においては、保育士等は保護者自らが選択、決定していくことを支援することが大切である。」と記されています。保護者に寄り添い、考えや思いを受容するという姿勢の大切さは多くの保育者が実践していることでしょう。

　一方で、「これ以上プライベートに踏み込んではいけないのではないか？」「保育者として思うところがあってもそれをどう伝えてよいかわからない」というのが一番の悩みのようです。指針解説にあるように、プライバシーに配慮しつつ、まずは保護者の考えや状況を理解しようとすることがスタートラインです。徐々に信頼関係を築きながら子どもの成長を共に喜び合い、子育ての意欲を膨らませていくことが重要です。

❷　深刻な課題を抱える家庭

- 児童相談所が関与している家庭
- 家庭不和
- 無断欠席を繰り返す、極端に登園時間が遅い家庭
- 保護者の養育能力の低さから登園日数が少ない。また、連絡もなしに欠席している家庭（電話確認している。連続して連絡が取れない場合は、家庭訪問を行う）
- 父母が未成年で養育が困難な家庭
- 園でも家庭でもご飯を食べないことが多い。家庭では、父親が子ども可愛さに、食事前にスナック菓子や炭酸飲料を与えているとのこと。
- ヤングケアラーの家庭（中学生が幼児の妹の世話をしている）
- 子どもに発達の遅れがみられ、さらにDVと虐待が疑われるなど複数の課題を抱えている家庭
- 知的障害まではいかないが、支援を必要とする子どもが複数いて、保護者が精神の病から常態的に服薬している家庭

　保育所等の範疇を超える相談については地域の関係機関等との連携が必要になります。

図表1　保育所等が特に連携や協働を必要とする地域の関係機関や関係者

市町村（保健センター等の母子保健部門・子育て支援部門等）
- 要保護児童対策地域協議会
- 児童相談所
- 福祉事務所（家庭児童相談室）
- 児童発達支援センター
- 児童発達支援事業所

- ●民生委員、児童委員（主任児童委員）
- ●教育委員会
- ●小学校
- ●中学校
- ●高等学校
- ●地域子育て支援拠点
- ●地域型保育（家庭的保育、小規模保育、居宅訪問型保育、事業所内保育）
- ●こども家庭センター
- ●ファミリー・サポート・センター事業（子育て援助活動支援事業）
- ●関連NPO法人等

❸ 園の体制の限界

- 家庭ごとに子どもへの接し方や考え方も異なるので、合わせるのが難しい。保護者との信頼関係が築けていなかったり、保育士経験が浅かったりすると、マニュアル通りにはいかないこともあり、判断に困る場面や負担になることが多い。
- 人とのコミュニケーションを苦手とする職員がおり、保護者や職員同士のやり取りが上手くいっていないと感じることがある。
- コロナ禍で保護者を園内に入れないようにしたことで、コミュニケーションの時間が減少。日々の保育の様子を見てもらうことができなくなったほか、行事への参加もままならなくなった。
- 子どものみならず、多様な保護者の悩みについて個別に対応するケースが増加し、職員の心身の負担が増加傾向にある。
- それぞれの保育士の価値観の違いにより、問題に感じる人と感じない人との温度差がある。
- ぎりぎりの職員数で運営しているので、会議の時間を確保するのが大変な状況にある。月に一度、定例会議を持つので精一杯。

- 職員に時間的余裕がないため全職員の会議参加は難しく、クラスの代表だけとなることもある。そのため、情報の共有やちょっとしたニュアンスの違いに配慮を要する。

6　保護者との関わり②〜園の対応

　保護者との関わりにおいてどのような工夫ができるのか、各園の事例をもとに考えます。

ポイント

❶　組織的な対応について体系化する。
❷　定期的な会議・ケース会議を実施する。
❸　研修を実施し、経験に頼らない正しい支援のあり方を学ぶ。

❶　組織的な対応

　限られた人数で保護者一人ひとりに丁寧に関わり、子育て支援の役割を担っていくことは、ときに負担と感じる保育者もいます。保護者対応は、担任や管理者といった個別対応とするのではなく、園として対応するという姿勢で体制を整備しましょう。そうすることで保護者も安心して相談できるようになりますし、保育者も一人で背負うということがなくなります。

　決まったルールはありませんが、誰に相談・報告すればよいかや、情報共有のあり方などを明確にするなど、園の規模や職員の経験値等を加味して体制整備をするとよいでしょう。

- 相談内容によっては担任のほか、主任保育士や所長も加わり、適切な対応、支援ができるよう体制を整えている。
- 保護者からの相談は担任が受ける場合が多いが、主任保育士等も加わり一緒に考えていく（雰囲気作り、話を聞く）。
- 保護者の状況によって対応する職員を変えるなど、臨機応変に対応する。
- 登降園時には玄関に管理職や担任が必ず立ち、保護者対応をする。相談があれば複数の職員で対応する。その際は記録をとり、後日、ケース会議等で報告・回覧し情報共有をする。必要な場合は市の担当課、関係機関との連携を図る。
- 支援が必要と思われる保護者がいれば、主任や所長に報告し、職員会議等で情報を共有するなどして適切に対応する。
- 保護者への声掛け、傾聴、伝達、相談の役割分担をしている。
- 守秘義務が発生するケースでは、園長と園長補佐、担任と限られた人員で対応する。
- 発達障害児への支援に関しては、全職員が研修を積み重ね、情報共有をする。また、保健師や学校と連携し、子育て支援に取り組む。
- 担当職員の配置・子育て支援担当の職員を中心に他の職員へ情報を伝えていく。職員が皆、同じような対応ができるようにする。
- 保護者対応に苦戦するケースでは、保護者支援リーダー（※）や主任、園長が対応する。また研修などを通して、園全体で保護者支援のあり方について考える機会を設けている。
- 家庭支援推進保育士（※）が中心となり、各クラス担任・関係機関との情報共有を行う。
- 子どもの情報は保育の記録に記入し、前年度担任と新担任とで情報共有する。また職員会議等で情報を伝えあい、職員全体で共有できるようにしている。

（※）【保護者支援リーダー】…処遇改善等加算の取得要件であるキャリアアップ研修の保護者支援科目を受講してリーダーに選任された保育者

【家庭支援推進保育士】…家庭支援推進保育事業を実施する場合に配置される保育士。家庭支援推進保育事業では、日常生活における基本的な習慣や態度のかん養等配慮が必要な家庭や、外国人子育て家庭について、家庭環境に対する配慮など保育を行ううえで特に配慮が必要な家庭における児童を多数受け入れている保育所（概ね入所児童の40%以上）に対し、保育士の加配を行うことにより補助金が交付される。児童に対する指導計画や定期的な家庭訪問が必要。

図表1　保護者支援を体系立てて把握しておく

	内容	具体事例	園の対応
保護者↓保育者	日々の子育てに関する相談	・食事や睡眠等、排せつ等の生活習慣 ・性格、友達との関わり ・発達に関すること	① 対応：連絡帳や送迎時に担任が対応。クラスだよりや懇談会でも共有 ② 共有：担任間に報告して共有。相談を受けた担任による対応が難しかった場合はクラスリーダーや主任、園長がフォロー ③ 最終共有：全園で事例共有、対応について共通理解を図る
	特別な配慮が必要な園児に対する相談	・検診等で指摘された ・発達障害等の診断を受けた	① 共有：担任から主任・園長へ共有し、園児への対応、保護者との連携、加配の有無、外部連携について協議。 ② 対応：担任と主任もしくは園長で対応 ③ 最終共有：全園で事実共有、対応について共通理解を図る
	園生活に関する相談	・他の保護者との関わりに悩む ・園児間のトラブル	① 共有：担任間で一旦共有、協議。難しい場合は主任、園長に相談 ② 対応：担任が対応。場合によってはクラスだよりや懇談会でも共有 ③ 最終共有：全園で事例共有、対応について共通理解を図る
	家庭生活に関する相談	・パートナーやきょうだい等の問題 ・経済的な困窮	① 共有：担任間で一旦共有、協議⇒主任、園長に相談 ② 対応：園長や主任が別途時間を取って対応。外部相談機関との連携 ③ 最終共有：全園で事例共有、対応について共通理解を図る
保育者↓保護者	子どもの登園可否の判断にかかるもの	・嘔吐下痢症状が続く 体調不良時のお迎え対応が難しい ・感染症の疑いがある際の病院受診の依頼	① 対応：担任が状況を確認し、直接、園の方針について改めて説明。 保護者の理解が得られない場合は主任や園長が対応。園の方針を改めて通知
	園児の様子の変化に気づいたとき	・療育の必要性 ・アレルギー等	① 対応：まず担任間で協議。主任や園長にも相談。場合によっては巡回指導等の外部機関とも連携 ② 提案：担任、主任もしくは園長で園の様子を伝え、家庭と連携できる点について確認
		・生活リズムの乱れ ・虐待の疑い	① 対応：まず担任間で協議。主任や園長にも相談。場合によっては外部機関とも連携 ② 共有：全園で事例共有、園児・保護者それぞれへの対応、相談や通報が必要なケースについて共通理解を図っておく
	家庭環境に対する配慮が必要な園児の保護者がいる場合	・日常生活において常時特別な配慮が必要 ・他児や保育者に危害が及ぶ可能性がある	① 対応：家庭支援推進担当者を配置。送迎対応を協議。（保護者対応をする保育者、他児を見守る保育者、園長・主任がモニターで確認等）。外部相談機関とも連携

❷ 定期的な会議

　保護者からの相談があった都度、園に報告を上げるのはもちろんですが、その案件について職員同士で話し合う必要が出てくることがあります。また、単に報告を共有するだけでなく、ケース会議としてカンファレンスを行うとより効果的なこともあります。相談事項について議論し、その事例を蓄積していくことで園の対応もスムーズになります。

- 朝の会や職員会議等で情報共有し、遅番早番も交えて対応していく。
- 月1回、職員会議の他にクラス代表で支援が必要な子どもや気になる子どもについての会議を行い、状況把握と対応の統一を図っている。
- 保護者への伝え方について、職員会等で事例を挙げ、自分ならどうするかを考えながら学び合う機会を持つ。
- 家庭ごとに子育ての支援内容が異なるので、全職員で共有したり、職員会議で協議したりする。
- 年度終わりや初めに、重点課題や要点を職員全体で共有する。
- 学期の始まりと最後には必ず、情報交換・提供する機会を設け、全保育士で理解し、子ども、保護者への対応を話し合っている。
- ケース会議や必要であれば随時スタッフミーティングを開き、可能な範囲内で情報の共有を図る。すべてのスタッフが同じように対応できるように周知する。アクションを起こしたほうがよいと判断した場合は、担当チームを作り対応しつつ、職員全体で共有し見守り変化に気をつける。
- 会議で個別の状況を共有し、具体策を話し合う。日々の状況については朝のミーティングで共有する。
- スーパーバイザーを含めたケース検討会議を実施し、情報共有と課題認識、対応を協議している。

❸　研修による育成

　保育士養成の段階では保護者支援について具体的に学べる機会はそうありませんので、現場で課題にぶつかった都度、専門的なアドバイスを受けることができれば、保育者の成長につながります。保護者対応に苦手意識を持つ保育者も多いため、学びの機会を設けることはとても効果的です。

- 保護者との連携をテーマに園内研修を行っている。
- 職員全員参加の研修を1カ月に1回のペースで開催し、保護者および子育て支援のレベルアップを図っている。最近では「保護者への言葉かけ」研修をオンデマンドで行った。
- 各種研修会への積極的な参加を促し、子ども理解や保育・教育方法の習得、保護者への対応の仕方等を身に付けられるようにしている。
- 子育て支援の研修会に参加したり園内学習会を開いて共有したりしている。全体会議で支援が必要な家庭を情報共有し、統一した対応や保護者の様子等の連絡が伝わるようにしている。
- キャリアアップ研修「子育て支援」の受講後、保育士間で講習内容の報告会を行っている。また職員間でミーティングを行い、定期的に情報を共有している。
- 子育て支援の研修を受講し、専門リーダーを配置したり、こまめに情報共有をしたりして、対応している。

---

7 保護者との関わり③〜事例

【事例1 『完璧な自分』を認めてもらいたい保護者】

保護者（母親）の背景

　この保護者は、初めてとなる子を出産後、母親・妻として「こうあるべき」という考えに縛られ、食事は冷凍ものを使わない、作り置きをしない、子どもが寝た後に部屋の片付け、玩具の消毒を行う、仕事もスキルを磨くために努力を惜しまないなど、常に完璧を目指し、保育者にもそんな自分を認めてほしいという気持ちを強く持っている方でした。

子育てがうまくいかない、疲れたといった母親からのメッセージ

　子どもが1歳を過ぎ自我が芽生え始めてきた頃から、毎日の連絡帳に「何をしても号泣」「イヤイヤが連続すると疲れる　意味がわからない」と育児に苦悩する言葉が続いたり、登園時に子どもに「もう嫌だ！　しらない！」と捨て台詞を吐き、あからさまに不機嫌な態度で車に乗り込んだりする姿が見られるようになりました。

子どものリアルな声

　普段は困っているお友達に手を差し伸べたり気遣ったりできる、保育者も感心するほど心やさしい子なのですが、他児と物の取り合いなどがあると「うるせーな」「だまれ」「ちょうしわりーな」など、攻撃的な言葉遣いになることがしばしばありました。

　どうしてか聞いてみると「おうちでママがいうんだよ」「でも○○（本児の名前）がママのいうことをきかないから、ママがおこるんだよ」「いい子にしているとオモチャをかってくれるんだ」と、子どものリアルな声が返ってきました。

母親の本当の気持ち

　連絡帳や送迎時の会話から、母親と話し合う必要があると考え、個人面談をすることにしました。母親は、理想とする母親になれない葛藤があること、夫が激務なのは理解しているがもっと育児に協力してほしいこと、自身の仕事のスキルアップも目指していること、自分の時間が欲しいが、子どもを預ける罪悪感や子どもと離れることの不安・心配があり実現できていないこと、毎日の連絡帳で食事内容を記載するが、簡単なメニューだと保育者から手抜きをしていると思われるから気が抜けないこと、子どもの為に一生懸命なのに、保育者に子どもの気持ちを代弁されて居た堪れないなど、涙ながらに語ってくれました。

保育者としてできること

　子育て、家庭、仕事とすべてに理想を追い求めてギリギリの精神力で頑張っている保護者をさらに苦しめてしまうような対応は避けなければなりません。まずは母親の話を受け止めることに注力しました。面談は一度ではなく継続的に実施し、連絡帳の内容や母親の表情を見極めながら声掛けし、支援していきました。

　送迎時の少しの時間でも笑顔になれる言葉がけを職員全体で意識し、気持ちの共有は保護者と年の近い保育者が受けもつようにしています。状況に応じて対応する職員を替えていくなど、園全体がチームとなって情報共有をしています。また、万一に備えて日々の園児のボティーチェックや相談窓口への連絡を念頭にいれつつ、保育所があることで日々の生活が少しでも豊かになるよう保護者との連携を大切にしています。

職員間の共有方法

　登園時に母親の表情や言動に違和感を覚えたときには、保育リーダーへ相談することを徹底し、場合によっては保育リーダー、最終的に園長が保護者対応するようにしています。また、月の職員会議等でそれぞれの役割を再確認し、園全体で情報共有を行っています。

○経験年数の少ない若い保育者

→背伸びをしない。わかったふりをしない。

　子育ての大変さを共感する。対応が難しいときは先輩保育者に対応を

　促す。

○中堅～主任保育者

→保護者の気持ちに共感しながら多様な考え方のアドバイスを行う。

　信頼関係のもとに成立する部分が多いので丁寧な対応を心がける。

　継続的に支援し、職員会議等で全体周知を行う。

【事例2　子どもへの虐待がある母】

保護者（母親）の背景

• 内縁の夫あり　　• 生活保護受給者　　• 児童相談所と連携済み

• 登降園時に母親の機嫌が悪いと子どもに暴言や手が出てしまう

子どもの姿

　他の園児が玩具や運動用具で遊んでいると自分の番を待てずに遊んでいる子を蹴ったり押してしまったりすることがありました。また、保育者の声掛けとサポートがなければ、目先の興味に気を取られ、次の活動に進めないことが多々ありました。集団の中では個別の対応が不可欠だったため、巡回指導や療育センターから指導を受けていました。

母親の姿と職員の対応

　登園時、トイレに行った子どもがふざけて遊び始めたことに腹をたてた母親が、「てめーいいかげんにしろ」「二度と保育園につれてこねーぞ」と罵声を放ち、子を叩いたことがありました。母親は怒ったまま子どもをクラスへと連れていき、更に他児がいる前で大声をあげて殴りかかろうとしました。

　主任、クラス担任、補助者ですぐさま母親と子どもを引き離し、クラ

ス担任が母親を空いている部屋へ誘導し、主任と補助は子どもと他園児を落ち着つかせるようにしました。

母親の声

　このクラス担任は持ち上がり8年目の保育者で、保護者対応に長けており、母親もクラス担任を信頼していたことから、母親は、子どもが言うことを聞かない、内縁の夫との関係がうまくいっていないなどの不安を涙ながらに話してくれました。

職員間の連携・共有方法

　母親は普段からすぐにカッとなる性格だったため、職員間での共通理解として、子どもが落ち着いた状態で引き渡すこと、クラスから玄関まで距離があるために職員室からの防犯モニタや玄関先で待機するなどスムーズに降園できるような職員配置にしました。

- 経験年数の少ない保育者→カッとなった際はすぐに主任・周りの職員に連絡
- 保育短時間だったため基本的に担任が窓口となり、日々の様子は職員会議等で周知を行う。
- 園長は男性であったことから、母親との面談は主に女性の担任と主任で行う。

8　幼保小の接続

　幼児期の教育は生涯にわたる人格形成の基礎を培う重要なもの。幼児教育と小学校教育の接続の難しさにも配慮した「架け橋期」の教育の充

実について議論がなされています。

❶ 幼児期の教育は生涯にわたる人格形成の基礎を培う重要なもの。一方で、子どもを取り巻く関係者（幼児教育・小学校教育・保護者・地域）で認識の共有ができていない課題もあった。

❷ 幼児教育と小学校教育を円滑に接続することは重要であるものの、他の学校段階間の接続に比べて違いも多いため、5歳児から小学校1年生の2年間を「架け橋期」として焦点を当てて教育の充実を図ることを目指している。

❸ 核家族化や特別な配慮を必要とする子の増加、家庭や地域の教育への関わりの希薄化に対してすべての子どものウェルビーイングを高める観点（格差のない学び）でのカリキュラムの実現が求められている。

小学校の生活や学習の流れになじめず、落ち着かない状態が入学後数カ月続く小1プロブレムという言葉が教育者や親の間で問題視された時期がありました。具体的には席に座って先生の話を聞くことができずに教室を歩き回ったり外に出てしまったりすることや、授業中に私語がやまずに常にザワザワしている状態のことをいいます。こうした状態に陥っている学校が増えたことで、2010年頃から本格的に幼・保・小の接続について議論がなされるようになりました。その中では、小学校に入学したときにすべての児童が落ち着いて授業に臨めるようになることが良いことなのか？　という観点も踏まえ、幼・保・小それぞれの立場で最適な連携のための議論がなされたのです。

❶　小1プロブレムとこれからの教育の方向性

保育所等は、幼児期の遊びを通して実践的に学ぶことを主眼としており、子ども主体の自由な保育を展開している環境で過ごした子どもたち

は、とことん好きなことに集中し、追求していく時間が保障されています。対して、小学校では決められた時間に決められた教科を受け、集団で一斉に行動することが求められるようになります。このような大きな環境変化が急激にやってくると、子どもたちは生活リズムや学習の目的を理解することができずに混乱してしまうことがあり、小1プロブレムの原因とも言われています。

　こうした変化や混乱を目の当たりにする親たちは、「幼稚園や保育園のうちからもっと小学校入学を意識した関わりをしてほしい」「遊んでばかりで小学校に上がったときにわが子が苦労しないか？」といった不安や悩みを抱えるようになりました。このような親たちの悩みは、「幼児期は遊びを通した学びに教育的な意義がある」という知見の共有が図られていないことが原因でもあるとして、文部科学省は幼児教育の特性や教育方針について、保護者や地域住民の理解を促進していくこともめざしています。子どもは特定の教育者のみが育てるのではなく、子どもをまん中にして、すべての当事者が共通理解を図っていくことが大切であるということが、0歳から18歳までの学びの連続性にもつながると考えられます。

❷　幼保小の架け橋プログラム

　小1プロブレムが話題になった時、「遊びが中心」という言葉に不安を感じる保護者が非常に増え、早期教育を充実した幼稚園や保育所を選択する傾向も見られました。幼児教育と小学校教育は本来、つながりがあるもので、様々な幼児期の遊びは小学校の各教科と連動しています。しかし、これらの共通理解が図りづらいことも事実です。

　こうしたことから、文部科学省は5歳から小1までの2年間を「架け橋期」として焦点を当て、幼児教育施設においては、遊びを通した学びの教育的意義に対する共通理解を図りながら小学校教育を見通して「主体的・対話的で深い学び」等に向けた資質・能力を育み、小学校においては、幼児教育施設で育まれた資質・能力を踏まえて教育活動を実施す

るという協働が図られていくことをめざしています。

❸ こども家庭庁と架け橋プログラム

　架け橋プログラムは教育行政を所掌する文部科学省が中心となって進めていますが、すべての子どものウェルビーイングを高めていくためにも、こども家庭庁をはじめとする関係省庁と連携を図りながら、家庭や地域の状況にかかわらず、すべての子どもが格差なく質の高い学びへと接続できるよう幼児期および架け橋期の教育の質を保障していくことがこれからさらに求められていくこととなるでしょう。そして、教育関係者だけが架け橋プログラムを議論し、子どもを育てていくのではなく、保護者や地域が理解を深めながら推進していくことがより重要になっていくと考えられます。

おうちえん・旅する小学校

認可外の幼稚園と小学校を自ら創設。制度を取り払って、子どもにとって本当に必要なものは何か？　と考えたときに見えたもの

施設概要	
施設名	おうちえん・旅する小学校
法人名	一般社団法人Telacoya921
所在地	神奈川県三浦郡葉山町
定　員	30名
運営形態	認可外保育施設（3〜5歳児）／ホールスクール

① おうちえんについて

　おうちえんTelacoya921は2011年に神奈川県の葉山で誕生しました。

　園長であり、一般社団法人Telacoya921代表の中尾薫さんは、大規模幼稚園の勤務経験を経て、自分が理想とする形の園を作るため、あえて自治体の補助を受けずに認可外保育施設としておうちえんを運営しています。さらに、2021年には子どもも大人も一緒に学ぶ、ホールスクールという考え方の小学校を開校しました。

② おうちえんと通常の保育園は何が違う？

　園によって保育方針や理念は異なりますが、おうちえんの空間に入ってまず気づくことは、大人の声がしないこと。その日は夏期保育で海辺に来ていましたが、子どもたちは自分たちのペースで水着に着替えていました。バディという年齢違いの仲間がお世話をしてくれています。早

く着替え終わった子はそれぞれ遊びに集中していて、飽きてしまうことも着替えが終わっていない子を急かすこともしません。大人たちはその間、腰を低くしながらじっと子どもたちの様子を見守っています。

同園の朝の会の開始は9時半ですが、時間を過ぎても誰も注意することなく、すべての子の着替えが終わると同時に自然に朝のサークルができあがり、今日は何をして遊ぼうか？　の話合いがスタートします。皆の意見が違うことは当然で、「なんでもいい」と言うと、子どもたちから「自分の考えをちゃんと言って！」と諭されるのだとか。

こんな風に、決められた時間・計画通りに活動するのではなく、自分たちのペースが限りなく許容され、自分たちでその日の活動を決めていく、それがおうちえんの特徴です。

③　あえて認可外という選択をした

認可保育園を選択しなかった理由は、自治体の介入によって実現したい保育ができなくなると考えたからです。おうちえんでは、指導監査で厳しく確認を受ける保育関係の書類（計画・記録）は最小限ですし、3歳児からライフジャケットを着て海にも入ります。でも、違法なことをするために自治体の管理から外れたわけではありません。職員配置は児童福祉法で定める基準よりもかなり手厚いです。また、講習や研修の実施など徹底した安全管理体制を敷いています。事故があったとき、認可であれば自治体にも責任が及ぶことがありますが、認可外の場合はすべて施設が責任を負うことになります。葉山のおうちえんの周りにはほかにも認可外保育施設があるため、絶対に不注意の事故は起こさないという緊張感と責任を持っているのです。

④　膨大な書類作成よりも対話を大切にする

また、書類（記録・計画）を最小限にすることに対し、子どもの育ちを丁寧に見ることができていないとか、見通しのある保育ができていないと捉えられてしまうことがありますが、この書類作成作業は保育者に

とって大きな負担でもあります。1人でPCと向き合う作業であるため、そこから保育者間の話合いは生まれません。おうちえんでは、こうした書類作成の時間を減らし、その分を職員間の対話の時間に充てることができているため、保育者が日々のエピソードを嬉しそうに報告し合い、自然と生まれる対話の中から保育者間の保育観の共有がなされていきます。

　しかしこのような豊かな人間関係を育くむ環境も、コロナ禍では一変、通りすがりの会話や休憩中の雑談もなくし、職員間の共有会議についてもすべてオンラインに切り替えた期間がありました。必要事項の共有はもちろんできますが、今までであれば会議が終わってからも皆、子どもたちの話題で会話が尽きず、いつまででも話していられるような状態だったのが風通しが悪くなり、人間関係にも影響が出てきてしまいました。どんなに強固な信頼関係ができていると思っていても、日々の会話、対話が寸断されると、関係性に影響が出てしまうことを実感した時期でもありました。今は再びもとの状態に戻すことができています。

⑤　職員と保護者の関係
　日常の対話を通じてベテランの保育者から新人への教育もなされていますが、おうちえんが特徴的なのは保護者も保育者を育ててくれるという点です。

　特に専門職種というのは、資格や免許を得た時点でプロとして現場に送り込まれることが多く、周りもそれを期待しますが、おうちえんでは保護者も新任の保育者を温かい目で育ててくれるという土壌があります。なぜなら、子どもが真ん中にいるからで、目の前の子どもにとっての最適な環境のために、保護者も保育者の育て手となっていくからです。

　年長児を受け持った新任保育士に対し、卒園式に保護者達が「〇〇（保育者名。保護者も保育者を"先生"と呼ばない）、成長したね！」と声をかけてくれることもあります。保育者も経験を積みながら少しずつ成長していきます。

保護者の前では誰もがプロフェッショナルでいなければならないというプレッシャーが、近年の保育者の保護者対応ストレスにもつながっているのかもしれません。

⑥　公立小学校との接続

　葉山町では、お願いすればいつでも小学校の授業を見させてもらえますので、気になる子がいれば学校と情報共有することは可能です。

　また、おうちえんを卒業した子どもたちが任意で始めたビーチクリーン活動「Blue Marble」がありますが、それぞれが通う公立小学校で授業をさせてもらったり、アンケートを集めたり、またそれを互いに共有したりと、ビーチクリーン活動を通して、学校間・卒業児間のつながりを深めることができています。

⑦　自ら小学校（ホールスクール）を作ろうと思った理由は？

　旅する小学校の校長でもある中尾さんが考えるホールスクールとは、「大人も子どもも周りのみんなが学べる学校」という意味です。旅する小学校のある葉山は海が近いこともあり、通常の公立小学校に通う子も放課後に海で遊んだり習い事を開催したりする動きはあります。しかし、それだけではなく、「毎日の生活の積み重ね」を大切にすることこそが小学校を作る意義だと考えました。コロナ禍の休校期間中に毎日海で小学生たちと活動を共にする中で、彼らが自分たちで学び、成長していく姿を目の当たりにし、単なる放課後の遊びにとどまらず、その生活をまるごと受け止められる場所が必要という思いから小学校が誕生したのです。

⑧　旅する小学校のコンセプトは【海から学ぶ　日本という島のこと　暮らしのこと　経済のこと　世界のこと】

　遊びを中心とした幼児教育と異なり、小学校には教科があります。旅する小学校では、「海から学ぶ　日本という島のこと　暮らしのこと　経済

のこと　世界のこと」を同校のコンセプトとしているように、海からの学びが教科につながっています。

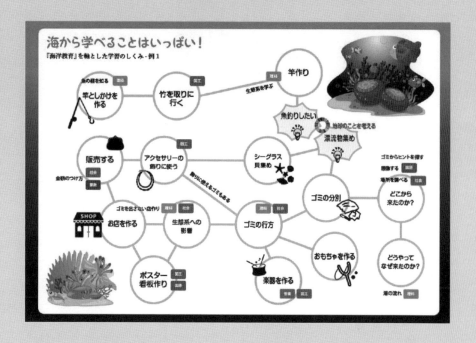

　海に囲まれた日本という自分たちの国のことを知り、疑問から様々な学びが広がり深まっていくということを意味付け、世界へ、未来へ繋げていくことをめざしています。

※幼稚園児も小学生もライフジャケットを着て沖へでます。

　シーカヤックの活動１つとっても、乗り方を学ぶだけでなく、潮の満ち引き、時速を測る、天気図を見る、海図を読む、距離を測る、海の上で出会う生き物を調べる、読み方を知る、海上に持っていく行動食を自分で作るなど、学びは多様に広がります。

　自分で漕ぐ＝自分で決める

　仲間と漕ぐ＝チームワーク、相手を思いやる

　すべてが学びにつながるのです。

⑨　公立小学校との連携

　独自のコンセプトと理念を掲げている旅する小学校ですが、葉山町の理解もあり、公立小学校の校長先生が旅する小学校に出前授業をしてくれたこともあります。公立小学校のあり方を否定するのではなく、協力し合える関係性があることも、旅する小学校の特徴です。

　旅する小学校では、大人は余計なことをせずに、子どもをしっかりと見守り、必要なサポートをしていきたいと考えています。

⑩　これからの教育に必要なこと

　旅する小学校やおうちえんに入職してきた保育者らからは「ここでは子どもが何でも決めるしそれができるんだ、ということを間近で感じる

ことができた。むしろ一緒に学ぼうという楽しさを感じている」といった声が上がりました。

　何もしない、子どもの言いなりになるということではなく、子どもが自ら学び、気付きを広げていく過程にじっくりと意識を傾けることで、支援のあり方や本質的な関わり方が見えてくるという意味です。

　国主導の学校教育をここまでドラスティックに変えることは容易でないと思いますが、子どもの考えや特性に合わせた環境を選択できるようになることがこれからの教育には必要なのかもしれません。

※子どもたちは自ら学び、気づきを広げていく存在。

第2節 企業と保育所等の相互理解で考える ワークライフバランス

1 育児休業制度を保護者がどう活用しているか、保育所側も理解しよう

　男性が育休を取ることや夫婦で一緒に子育てをすることが当たり前の社会を目指し、令和4年4月と10月に育児・介護休業法が改正されました。育休制度の概要とあわせ、保護者はどう活用しているのか、保育所等入所にどう影響するのか、保育者も理解しておくとよりよい支援ができるようになります。

> **ポイント**
>
> ❶　産後パパ育休と育休の分割取得は、夫婦で協力し子育てができる非常に柔軟な制度。
>
> ❷　育児休業の分割取得によって休業中・復帰後の生活がスムーズになる。
>
> ❸　育休交代や分割取得は保育所等の入退所に影響しない（入退所を繰り返さなければならないわけではない）。

❶　保育者も知っておきたい育休制度の概要

(1)　育休を取得しやすい環境へ、妊娠出産の申出をした社員へ個別の周知と意向確認

　育児・介護休業法によって、企業には、育休制度のしくみやマネジメントのあり方について研修を実施するなどして社員に周知を図り、社員が安心して育休を取れる環境を整えることが義務付けられています。また、女性・男性を問わず、社員から（妻の）妊娠・出産の報告を受けた場合、企業は育休取得の意向確認や制度の説明を行わなければなりません。

(2)　有期雇用労働者の育休取得要件

　有期雇用労働者についても「子が1歳6カ月までの間に労働契約が満了することが明らかでない場合」という要件（引き続き雇用された期間が1年未満の労働者は労使協定の締結により育休の除外可）を満たせば、育休を取得できます。

(3)　産後パパ育休

　産後パパ育休は、育児休業とは別に、子の出生後8週間以内に4週間まで育休を取得できるというものです。初めにまとめて申し出れば、分割して2回取得することができます。さらに、育休期間中の所定労働日・所定労働時間の半分までであれば働くこともできる、非常に柔軟な制度です。

　産後8週間の期間は母子の入退院や里帰りがあったり、ママの体調変化が激しかったりする時期でもあります。そのような時期に、より柔軟に、仕事を調整しながらママのサポートをすることができるようにと産後パパ育休は創設されました。

　生後8週までの期間は保育所入所が認められない時期ですが、園児の弟・妹の出産で保護者が産後パパ育休や産後休業を取得することもありますので、制度を理解して保護者と在園児のフォローに努めましょう。

⑷ 育児休業の分割取得

　ママにとっては出産翌日から8週間は「産後休業」、その後、子が原則1歳になるまでが育児休業です。ママはこの育児休業の期間、2回まで育児休業を分割して取得することができます。

　パパについても産後パパ育休の分割取得とは別に、子が生まれて8週間経った後から子が原則1歳になるまでの間にさらに2回まで分割して育児休業を取ることができます（図表2）。

⑸ 育児休業の取得状況の公表義務付け

　従業員数1,000人超の企業は、社員の育児休業等の取得状況を年1回公表することが義務付けられています。

　企業にとっては育児休業を取らせる責務があり、社会全体で育児休業を取ることが当たり前の世になっていくでしょう。

図表1　産前休業から育休復帰までの流れ

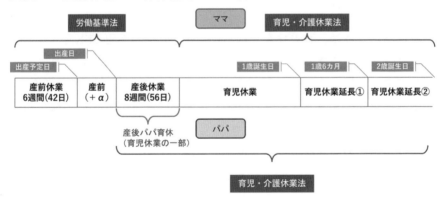

図表2　育休の分割取得

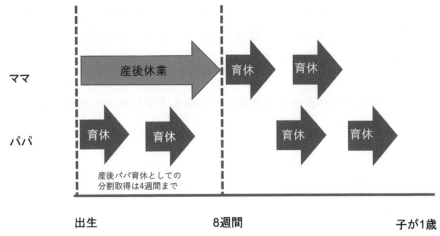

ママ

パパ

産後休業

育休

育休

育休

育休

育休

育休

産後パパ育休としての
分割取得は4週間まで

出生　　　　　　　　　　8週間　　　　　　　　　　子が1歳

⇒産後パパ育休ではなく、通常の育休であれば「子どもが生まれた日」から子が1歳になるまで継続して休むことも可能です。とはいえ、現実的に難しいことも踏まえ、柔軟に取得できる産後パパ育休制度が生まれました。

❷　育休分割取得で円滑な復帰へ

　育児休業が分割取得できるようになると、子の1歳の誕生日までに保育所等に入所できず、育休延長になってもパパとママで交代しながら保育所等入所までの完全復帰を待つことができるようになります（図表3）。

　また、子が1歳になる前にパパが育児休業を取得していれば、ママが育休復帰してもパパは子が1歳2カ月になるまで2回目の育児休業を取得できます（パパとママが逆でも大丈夫です）。これを「パパ・ママ育休プラス」といいます。ママが育休復帰して生活のペースをつかむまでの間、パパが育休をバトンタッチして、子どもの保育園の送迎をすることで、子どもが保育園に慣れるまで、じっくりゆとりを持って子育てに向き合うことができるようになります（図表4）。

育休復帰はママ（パパ）にとって大きな環境変化となりストレスを抱える時期ですが、子どもにとっても同じことがいえます。上記の制度を使って親子ともにスムーズに環境をスイッチさせていけるよう、企業側・保育所等側でサポートします。

図表３　育休取得パターン①産後パパ育休も上手に取って交代しながら育休取得

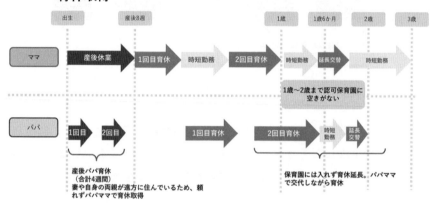

図表４　育休取得パターン②ママがまとまった育休を取って復帰時にパパが交代

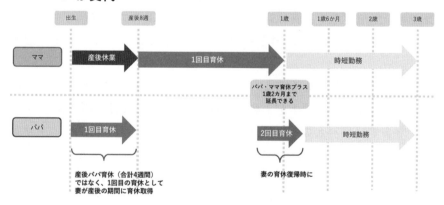

❸　分割取得で保育所等入所はどうなる？

育児休業の取得が柔軟になり、子育てがしやすくなった一方で、保育所等の入所はどうなるのか疑問が生じます。本来、保育所に入所するためには、両親ともに就労しているなど、日中に子どもを見ることができない状態である必要がありますが、それだと、図表5のように、ママの復帰のタイミングで保育所に入所しても、ママが2回目の育休を取ったら保育の必要性がなくなることになります。子どもを数カ月保育園に預けて、一旦復帰するからと退所させられ、1歳になるときに再入所しようとしたら空きがない…といったことになれば、分割取得は進みません。保育所の入所に関しては自治体の判断によりますが、ほとんどの自治体がそのまま入所を認めるという方針を示しています。

図表5　育児休業の分割取得と保育所の入退所の可能性

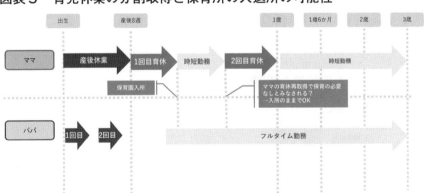

2　晩婚化と高齢出産
　～管理職が育休取得・復帰するハードル

初婚年齢が上がり、出産年齢も引き上がる、いわゆる「晩婚化・晩産

化」により、育児休業や復帰後の働き方に難しさを感じる人たちがいます。

❶ 女性の平均勤続年数が延びたことで結婚年齢も引き上がった。
❷ 昇進とライフイベント（結婚・出産）が重なることで管理職を降りる、または望まない女性も一定数いる。
❸ 女性特有の体調の変化と育児によって仕事がより困難になるケースもある。

❶ 晩婚化と晩産化

女性の平均勤続年数が延びたことで結婚・出産年齢も引き上がり、第１子出産年齢の平均は50年前と比べて５歳以上延び、30.7歳です（2017年時点）。

図表1　女性を取り巻く状況の変化

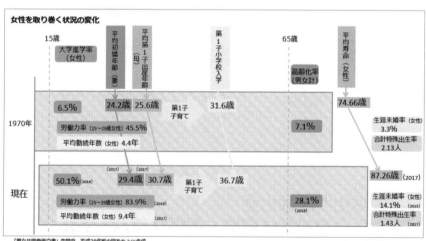

「男女共同参画白書」内閣府 平成28年版の図をもとに作成
※大学進学率…「学校基本調査」文部科学省　※労働力率…「労働力調査」総務省　※平均勤続年数…「賃金構造基本統計調査」厚生労働省
※平均初婚年齢・平均第1子出産年齢・合計特殊出生率…「人口動態統計」厚生労働省　※生涯未婚率（50歳時の未婚率）…「国勢調査」総務省
※高齢化率（65歳以上人口が総人口に占める割合）…「人口推計」総務省　※平均寿命…「簡易生命表」厚生労働省

（出典）　経済産業省「働く女性の健康推進に関する実態調査」

❷　昇進とライフイベント

　20代後半から30代前半にかけては、主任や係長級の役職者に引き上がる頃でもあります。第2子、第3子を出産する頃には課長級の、いわゆる管理監督者に昇進しているケースも増えています。

　労働基準法上の管理監督者は経営層である使用者と考えられるため、「労働時間」「休憩」「休日」が適用除外となります。つまり、時間外労働や休日労働という概念がなく、経営者と一体となって重要な業務を行うことを意味します。もちろん、無制限に働かなければならないという職場は少ないですが、緊急事態には真っ先に対応すべきポジションです。そのような重要な立場を担いながら、家庭においても妊娠出産という大きな生活の変化、自身の体調の変化があり、子どもの急な体調変化や保育所等の送迎に応じなければならないとなると、通常の社員以上に仕事と子育ての両立が難しくなります。

　このような状況で、せっかく与えられた昇進の機会を断らざるを得なくなったり、妊娠による体調不良や育休復帰のタイミングで役職を降りてしまったりというケースも増えています。一方で、ポジションを守り、出産前と同じパフォーマンスを出せるようにと、残業や休日出勤を厭わない女性もいます。女性活躍推進法によって企業側は一定数の女性管理職を維持したいという希望もあり、社員が夜間保育や休日保育を活用することを推奨したり、福利厚生として社員をサポートしたりすることもあります。

❸　女性特有の体調の変化

　女性は年齢が上がるにつれ、自身の体調変化という問題にも直面します。更年期症状は誰にでも起こりうる症状ですが、それによって昇進や正社員として働くことそのものを諦めているという実態があります。育児が落ち着いたと思ったら次は自身の体調の変化に苦しみ、場合によっては育児と同時に来ることもあるため、長期的な視点から女性の働き方や育児支援についても考えていく必要があります。

企業における働き方や、男性の育休・両立支援制度が充実しなければ、このような根深い問題も解決せず、家庭生活も企業成長も見込めなくなります。そしてもちろん、それをサポートする保育者にも負荷がかかることを意味します。

図表2　女性の健康問題と仕事の影響

女性従業員の約4割が女性特有の健康問題などにより「職場で何かをあきらめなくてはならないと感じた経験」がある

あきらめなくてはならないと感じたことの内容

- 「正社員として働くこと」57.9%
- 「昇進や責任の重い仕事につくこと」48.0%
- 「希望の職種を続けること」38.1%
- 「管理職となること」32.5%
- 「研修や留学、赴任などのキャリアアップにつなげること」27.1%

「働く女性の健康推進に関する実態調査2018」

（出典）　経済産業省「働く女性の健康推進に関する実態調査」

図表3　女性の更年期症状の問題

・40代女性の約4割、50代女性の5割以上が更年期症状を抱えている

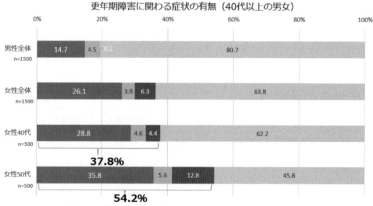

更年期障害に関わる症状の有無（40代以上の男女）

「男女の健康意識に関する調査報告書」平成29年度 内閣府委託事業 をもとに作成

（出典）　経済産業省「働く女性の健康推進に関する実態調査」

3　０歳児の預かりが減少 ～少子化と育休の変化への対応

　少子化やコロナ禍の預け控えで０歳児保育のニーズが減ってきています。一方で、０歳児から預けたいと思う家庭があるのも事実。どのように考えればよいでしょうか。

ポイント

❶　出生数は過去最低を記録し、逆に育休制度が充実したことで保育所に入所しやすくなった。

❷　育児休業は夫婦ごとにベストな方法を選択する時代に。

❸　子どもを中心に、保育所等と家庭、企業とが連携を取り合って子どもの育ちを考えよう。

❶　待機児童の変化と０歳児保育のニーズ減少

　2019年に出生数が90万人を割り込み（86万5,234人）、「86万人ショック」と呼ぶべき状況に至りました。さらに2022年には初の80万人を割り込み（79万728人）過去最低を記録、地方だけでなく都心部でも保育所等の空き定員が増え、特に乳児の定員不足は顕著です。

　コロナ禍による預け控えの状況があったことや、明らかな出生数の減少によって保育所等入所のめどが立ち始めたこと、育休制度が充実したことで、親たちも本来の育児休業期間をフルに取得したいと１歳の誕生日まで希望する人が増えたことが要因と考えられます。

❷　育児休業のプランは夫婦で考える

　このような状況から、これまでは待機児童になっては困るからと、無理をしてでも０歳児から子どもを預けて復帰する保護者が多かったの

が、今度はあまり早く復帰すると「子どもがかわいそうだ」と言われてしまい、苦しい思いをするという声も聞きます。

　子どもを早期に保育所等に預けることについては当然に様々な意見・考え方がありますが、今まさに育児・介護休業法が改正され、夫婦で一緒に子育てをしていこうという意識を持った保護者やそれを受け止める企業が増えてきている中で、改めて仕事と子育ての両立を考える時期に来ているといえます。

　第1項（183頁～）で示した通り、育児休業も選択肢が増え、取得しやすくなりました。育児休業は子どもが1歳まで取ることができることを原則としつつも、各々の職業や働き方など置かれている状況に応じてベストな方法を考えていけるように柔軟性が保たれているのです。

❸　保育所等と家庭、企業とが連携を取り合い、子どもの育ちを考える

　早期に仕事復帰する場合でも、家庭にとって急激な環境変化とならないよう、随所で育休を再取得したり、時短勤務を組み合わせるなどし、保育所等と連携して子どもが安心できる環境を整えていくことができれば、子どもも、保護者も、そして保育者も良い環境をつくっていくことができます。また、78頁のように、育休中でも適時、一時預かりを利用して子育て支援を受けることもできます。

　すべての当事者にとって最適な方法をじっくり考えていけるよう、保育所側も企業側も保護者も、子育てを取り巻く法制度を知り環境の変化を捉えていけるようにしていくことが大切です。

4 妻が産後うつに。夫婦間の支え合いの必要性について理解しよう

　男性の育児参加が進みつつありますが、育児だけでなくパートナー（妻）のケアを行う必要も出てきています。保育所等も育児・介護の両立支援制度を理解し、サポートしていくことが求められます。

ポイント

❶　女性の産後うつの問題とあわせて、夫による妻のサポート（介護）という課題も生じている。

❷　介護休業は高齢者介護だけではく、家族の介護が対象となる。病気やケガだけでなく、精神疾患も含まれる。

❸　保育所等も育児・介護の両立支援制度を理解し、サポートしていくことが求められる。

❶　産後うつの妻を夫が介護する

　妻の産後うつは、出産の2～3週間後から症状が現れ、短い人で1カ月程度、長い人では1～2年続くことがあります。産後うつの情緒不安定な状態での育児は、赤ちゃんの精神の発達にも悪影響を及ぼす可能性がありますので、専門医だけでなく、一番身近な夫によるケアが必要となります。

　子が1歳になるまで父親は育児休業を取ることができますが（保育所に入れなかった場合は1歳半、2歳まで延長）、上記のように、産後うつの症状が重い場合、子の育児だけでなく、妻のケアのために夫が休業を取得するというケースもあるのです。この場合の休業は、介護休業が考えられます。労働者が要介護状態にある対象家族を介護するための、育児・介護休業法に定められた休業です。

❷　介護休業のしくみ

　介護休業の取得要件である「要介護状態」とは、負傷、疾病または身体上もしくは精神上の障害により、２週間以上の期間にわたり常時介護を必要とする状態にあることをいい、要介護認定を受けていなくても介護休業の対象となり得ます。

　介護というと高齢者介護を想像しがちですが、育児・介護休業法で定める介護休業の対象者は、<u>配偶者（事実婚を含む）、父母および子（これらの者に準ずる者として、祖父母、兄弟姉妹および孫を含みます）、配偶者の父母</u>であり、<u>病気やケガ、精神疾患</u>といったものも含まれるのが特徴です。

　休業期間は対象家族１人につき93日。これを３回まで分割して取得することが可能です。

❸　育児休業制度と介護休業制度の違い

　上記で介護休業の対象者は育児休業よりも広くなるとお伝えしましたが、休業制度のしくみにも違いがあります。特に介護休業については休業日数が93日と短いですが、分割取得をする場合は、介護が終了するまでの間で取得することができます。育児は子が原則１歳になるまで（長くても２歳まで）ですが、介護の期限は「介護が終了するまで」です。つまり、たとえ法律上認められている介護休業の日数は短くても、取得できる期間が長いことが特徴です。また、「対象家族１人につき93日」ですので、ダブルケアやトリプルケアが起こる場合もあります。

　育児休業と介護休業が重なった場合は、育児休業を優先するのが一般的です（両方取得することはできません）。育児休業は介護休業と異なり、社会保険料が免除になることや休業期間が長いことなどメリットが大きいためです。

図表1　育児休業と介護休業の違い

	介護休業	育児休業
対象家族	父母および子（これらの者に準ずる者として、祖父母、兄弟姉妹及び孫）、配偶者の父母	子（養子縁組含む）
休業期間	対象家族1人につき、93日（3回まで分割可）	子が1歳になるまで。保育所に入所できない場合は1歳半、2歳まで。（2回まで分割可） ※出生時育児休業（産後パパ育休）：子の出生後8週間以内に4週間（28日間）までの間の労働者が希望する期間（2回まで分割可）
社会保険料の免除	なし	あり ・月末に休業していること ・月末に休業がかからない場合は1月14日以上の休業をしている場合
休業給付金	休業開始時賃金日額×支給日数×67%	育児休業開始から180日： 休業開始時賃金日額×支給日数×67% 育児休業開始から181日目以降： 休業開始時賃金日額×支給日数×50%

図表2　介護は複数家族のケア・断続的な休業という特徴がある

＜介護休業＞　　対象家族一人につき3回まで、通算93日まで取得可能

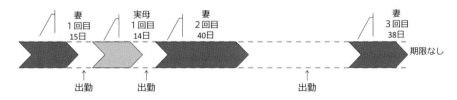

妻 1回目 15日　　実母 1回目 14日　　妻 2回目 40日　　妻 3回目 38日　　期限なし

↑出勤　　↑出勤　　↑出勤

5 企業の働き方を見直すことも 保育の質向上につながる

保育所等のしくみについて企業側に理解を求めていくと、社会全体の子育て支援が円滑になります。

ポイント

❶ 女性の就労率向上、さらには保育制度を持続可能なものにしていくには、企業側が保育所等のしくみを理解する必要がある。
❷ 硬直的な勤務体系から柔軟な勤務体系が可能になるなど、社会全体で多様な働き方が広がりつつある。保育所側もこうした変化に対応していくことでワークライフバランスはより豊かなものになる。
❸ 父親が子育てをすることへの評価が社会、企業において求められる。

❶ 企業側の理解促進

保育所等での保育を希望する場合、保護者は保育認定を受けなければなりませんが、認定にあたっては、保育を必要とする事由（就労等）と保育の必要量の２点が考慮されます。このうち、保育の必要量については、子ども・子育て支援新制度では主にフルタイム勤務の保護者を想定した「保育標準時間（11時間）」と、パートタイムの就労を想定した「保育短時間（8時間）」の２区分が設定されています。この２つの区分の下、保護者は必要な認定を受けたうえで、実際の就労に通勤時間を加えた時間帯を施設側に届け出ることで保育の利用が可能になります。

図表1　保育必要量のイメージ

（出典）　内閣府　子ども子育て支援新制度資料

　しかし、現制度では、保育標準時間を利用するために保護者は月に120時間、保育短時間の場合は月に48〜64時間（自治体によって異なります）という要件のみが定められており、就労証明と突合して保育利用時間が限定されるといったことは行われていません。

　つまり、たとえ月に120時間ギリギリの勤務だったとしても11時間の保育利用ができるということです。月に120時間ということは、週5日勤務の場合、1日6時間就労です。ここに休憩時間や往復の通勤時間を含めたとしても11時間に達するとは考え難いといえます。

　また、保育短時間の最低基準は月に48時間。これは週12時間程度ですので、「1日6時間×週2日」や「1日4時間×週3日」といったごくごく短時間の就労も含まれることになります。

　勤務がない日や有給休暇を取得した日は保育所等の利用を控えるようにと保護者に伝えても強制力はないため、実態の就労と保育のバランスが取れていないケースも多いと思われます。

　もちろん、子どもにとっては毎日切れ目なく継続的に生活できたほうがよいという考えもありますが、一方で保育者の負担を考えると、特に3歳児未満の2号認定児については保護者の就労実態に合った利用を促していく必要があるといえるでしょう。家庭の状況等もありますし、保護者と園との良好な関係性を考えると、保護者に利用時間について細かく要求することは難しいという声もありますが、保育者が働きやすい環

境を整えていくことは経営者側の責務であり、それは保育の質向上につながります。

　そのために、保護者や勤務先の企業とも協力しながら、社会全体で子どもの最善の利益を考えていこうという意思表示を保育事業者側から発信していくことも、今後の世の中にとって大切な視点です。

　保育施設側は勤務先に就労証明を記載してもらう際に、以下の点に留意してもらうよう保護者に伝えるのも有効です。

図表２　曜日が固定されている場合の留意点

就労時間 （固定就労の場合）	☑月 □火 □水 □木 ☑金 □土 □日 □祝日	合計時間	月間	66	時間	0	分	（うち休憩時間	30	分）
	一月当たりの就労日数	月間	12	日	一週当たりの就労日数	週間	3	日		
	平日	9 時 30 分	～	15 時 0 分	（うち休憩時間	0 分）				
	土曜	時 分	～	時 分	（うち休憩時間	分）				
	日祝	時 分	～	時 分	（うち休憩時間	分）				

⇒勤務する曜日と時間に合った利用を依頼します。

図表２　シフト勤務の場合の留意点

就労時間 （変則就労の場合）	合計時間	□月間 ☑週間	16	時間	30	分	（うち休憩時間	30	分）
	就労日数	□月間 ☑週間	12	日					
	主な就労時間帯・シフト時間帯	8 時 30 分 ～ 17 時 0 分	（うち休憩時間	30	分）				

⇒週ごとにシフトが変わる場合は都度利用日数等を確認してもよいでしょう。

図表３　明らかに労働基準法違反が疑われる場合の留意点

就労時間 （変則就労の場合）	合計時間	□月間 ☑週間	60	時間	30	分	（うち休憩時間	60	分）
	就労日数	☑月間 □週間	25	日					
	主な就労時間帯・シフト時間帯	8 時 30 分 ～ 18 時 30 分	（うち休憩時間	60	分）				

⇒個人事業主や経営者、管理監督者である場合、変形労働時間制の事業所などの場合は週40時間を超える労働も考えられますが、念のため実態を確認して適切な利用をお願いしてみるとよいでしょう。

❷　親の多様な働き方に合わせた保育のかたち

　コロナ禍以降、多くの業種で働き方のパラダイムシフトが起こりました。特に時間や場所に捉われないリモートワークは、ライフスタイルに大きな変化をもたらしました。

　保護者の中には、在宅勤務によって通勤時間がなくなった分、保育利用時間に余裕が出たり、場合によっては日中に時間が取れたりすることもあります。

　このようなケースを想定し、コロナ禍が落ち着いた段階で、保護者の保育参観や保育参加などをこれまで以上に積極的に行うことを検討しましょう。保育者と保護者との関係性強化、子どもの共通理解の促進が図られます。

❸　父親が子育てを積極的に楽しめる社会へ

　男性が育児休業を希望しても、職場の雰囲気や過剰な業務量によってあきらめざるを得ないケースがあり、男性の育休取得が思うように進んでいない状況にあります。こうした背景から、令和4年度に育児介護休業法が改正され、出生時育児休業（産後パパ育休）や育児休業の分割取得等、企業と男性社員双方の実態に合った制度ができました。

　就職活動をする男子学生の8割近くが将来、育休取得を希望しているとする調査結果もあり、働く男性の積極的な育児参加が望まれ、企業側も意識変革を進めています。

6　女性の活躍推進でニーズが高まる長時間保育。子どもと保育者に与える影響は？

　女性活躍推進や女性の就労率向上を目指し保育所等の整備が進みました。長時間保育を実施する施設も増えている中、問題も生じています。

❶ 女性活躍推進法と子ども・子育て支援新制度による保育の充実が女性の活躍を後押ししてきた。

❷ 保育者への負担が大きくなれば保育の質にも影響が出ることを、保護者や企業とも共有していくべき。

❸ 長時間労働が当たり前という慣習を社会全体で見直していく必要がある。

❶ 女性活躍推進法と子ども子育て支援新制度

女性の就労率向上やジェンダーギャップ解消を目指し、2015年に女性活躍推進法が成立、同時に女性の就労をサポートするための子ども・子育て支援新制度がスタートしました。同制度が乳幼児の保育・教育支援の「質」とともに「量」の向上も目指すとしているのが特徴です。

図表1　女性活躍推進法　301人以上の企業に求められる公表義務

「女性労働者に対する職業生活に関する機会の提供」	「職業生活と家庭生活との両立」
下記よりそれぞれ1項目選択	
①　採用した労働者に占める女性労働者の割合 ②　男女別の採用における競争倍率 ③　労働者に占める女性労働者の割合 ④　係長級にある者に占める女性労働者の割合 ⑤　管理職に占める女性労働者の割合 ⑥　役員に占める女性の割合 ⑦　男女別の職種または雇用形態の転換実績	①　男女の平均継続勤務年数の差異 ②　10事業年度前およびその前後の事業年度に採用された労働者の男女別の継続雇用割合 ③　男女別の育児休業取得率 ④　労働者の1月当たりの平均残業時間 ⑤　雇用管理区分ごとの労働者の1月当たりの平均残業時間 ⑥　有給休暇取得率 ⑦　雇用管理区分ごとの有給休暇取得率

⑧　男女別の再雇用または中途採用の実績	
◎必須「男女の賃金の差異」	

❷　長時間保育による保育者の負担

　深刻な保育者不足問題を抱えている保育現場では、保育の職場環境改善が急務です。ICT化による業務改善や、職員のライフスタイルに配慮した働き方改革など、園の努力により、年間休日の増加や残業の削減といった成果も見られるようになりました。

　しかし、保育所等の特性上、時間帯ごとの法定配置人数というルールがあり、さらに延長保育のニーズの高まりで長時間保育が進むにつれ、たとえ残業なしのシフトを組んだとしても始業・終業の時刻が保育者の大きな負荷となっています。

　そうなると、育休復帰者がどんなにフルタイムの8時間勤務を目指そうとしても、時間帯が壁になり正職員としての復帰を断念せざるを得なくなります。また、独身の若手正職員が早番・遅番ばかりのシフトになり、本来、若手の育成に必要な主活動を始めとしたメインの時間帯が十分でなく、連続した保育を捉えることができなかったりという問題が生じます。こうしたシフトの不均衡や若手の育成の問題は、確実に保育の質に影響します。

❸　社会全体の働き方改革の必要性

　このような状況は、女性の活躍推進のために保育施設が量産され、質の担保が難しくなったからではないかと思われるかもしれません。しかし、女性活躍推進法では、女性のキャリアアップだけでなく、職業生活と家庭生活の両立についての実態把握（従業員301人以上の企業はこれらを公表する義務あり）が求められています。つまり、企業には従業員の家庭生活が豊かになるための配慮義務があるのです。

　ではその配慮が何につながっているのかといえば、それはまさに、子

どもの育ちを豊かにしていく次世代育成へのつながりです。

　両親の長時間勤務が続けば子どもの睡眠時間が短くなるというデータもある通り、未就学児の睡眠時間（図表2）が十分確保できなくなるリスクがあるということです。

　女性活躍推進法と子ども・子育て支援新制度はそれぞれ密接な関わりがあるにもかかわらず、これまで一緒に議論されることがありませんでした。今まさに、保護者と保育者という関係を越えて、社会全体で子どもを育てていくという意識が求められています。

図表2　未就学児の睡眠指針

年　齢	睡眠時間	睡眠パターンの特徴
新生児期（0カ月）	16〜20時間	短時間の睡眠・覚醒
新生児期（3カ月）	12〜15時間	昼夜の区別の出現
乳幼児期（1〜3歳）	12時間	7〜8割の夜間睡眠 1〜3時間の昼寝
幼児期（3〜6歳）	11〜12時間	昼寝の減少
学童期（6〜12歳）	10〜11時間	

（出典）　厚生労働省　未就学児の睡眠指針

7　父親の働き方が変われば保育も変わる

　男性の育休取得促進や働き方改革は、保育所等にとっても企業にとってもメリットです。

ポイント ....

❶　**男性が休日に家事育児を行うほど少子化は解消されていく。**

❷　男性新入社員の約8割が育休取得を希望する時代。優秀な人材を採用したい企業は環境整備を進めている。

❸　パパが送迎や園運営に積極的にかかわっている園は保育の質も高い。

❶　男性の家事育児と少子化の関係

　母親の育児疲れが社会的に大きく取り上げられていますが、そもそもなぜ母親ばかりがそのような状況に陥ってしまうのでしょうか。本来子どもは夫婦一緒に育てるものです。夫のみでなく、妻も同じように仕事をしています。収入の差・職場での立場の差によって家庭における家事育児の時間が決まっているのだとしたら、いつまでも夫婦の収入差は埋まりません。これは社会全体の構図でもいえることです。

　この男女格差は世界的に見ても大きく、日本の夫は世界一家事育児をしない人たちであるというデータもあるほどです。この格差は少子化にも大きく影響しており、夫が休日に家事育児をするほど、第2子以降の出生につながります。夫が休日に6時間以上の家事育児に関われば9割近くまで出生率が伸びるのです（次頁の図表2参照）。

　母親が子育てに疲れたという声ばかりが若者に届き、子育てに希望を持てない社会になってしまうことほど不幸なことはありません。男性のライフスタイル・ワークスタイルを変えることが日本の少子化にも子育てを楽しめる社会づくりにも良い影響をもたらすことは確実です。

図表1　妻と夫の家事育児分担の格差

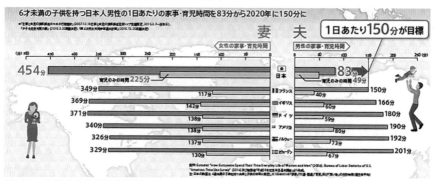

（出典）　内閣府男女共同参画局

図表2　休日の男性の家事育児時間と子どもの出生の関係
男性の家事育児で少子化は解消される

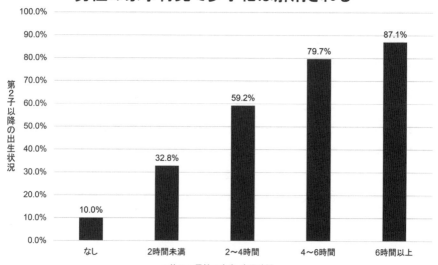

（出典）　厚生労働省「第5回21世紀成年者横断調査」

❷　優秀な人材を採用するためにも男性育休を促進しよう

男性の育休取得率が2020年にはじめて10％台になり、2021年には

13.97%まで上昇しました。しかし、女性は10年以上8割を超えている状況で、男女の開きは依然として大きいままです。

　一方で、新入社員の8割以上が将来育児休業を取得したいと希望していることもわかっています（日本生産性本部「2017年度　新入社員　秋の意識調査」）。

　人材不足が深刻化する中、優秀な人材を確保しようとするならば、男女を問わず希望通りに育児休業が取れるよう社内整備をしていく必要があるのは明らかです。「子どもは夫婦一緒に育てるもの」という意識が当たり前の世代に向けて、企業も働き方・働く環境を大きく見直していく時期に来ています。

　業績を伸ばしている企業や若者から人気がある企業を見ると、育児と仕事が両立でき、かつ仕事がスムーズに進められる工夫がなされています。

◆互いにサポートし合う意識が醸成されており、良好なコミュニケーションが取れている。リモートワークにおいても信頼関係のもと、スムーズに仕事ができる。

◆つねに業務効率を意識し、改革意識がある。残業をせずに業績が上がるしくみができている。

◆多様な働き方を認め合い、ワークライフバランスに留意している。

◆時短勤務だけでなく、リモートワークやフレックス勤務など、時間と場所に捉われない柔軟な働き方によって環境変化にも対応できる。

---

❸　保育所等とパパの関わり

　保育所等の送迎をパパがするようになると、職員とのコミュニケーションもさらに良好になり、パパが積極的に保育にも関わる関係性ができてきます。保育者の行事の負担が問題視されていますが、こうした行事にパパが参加してくれれば、保育の質も向上し、子どもにとっても保育者にとっても、そしてパパママにとっても幸せな園生活になります。

第4章

保育士確保・
資質向上のための組織づくり

質の高い保育をめざすには、保育者の働き方や保育者を
目指す学生の意識に目を向け、職場環境を整備していくこ
とが重要です。労務管理と働き方改革の真の目的について
も改めて考えます。

第1節 不適切保育とマネジメントの責務

1 職業倫理と労務リスク

　保育者としての職業倫理が問われる問題が数多く起きています。その1つに不適切保育がありますが、本人の問題として終わらせず、労務リスクとして捉えます。

ポイント

❶　不適切保育は労務リスクとなる。

❷　職員とはその場で指導できる関係性を築いておくことが一番。それすらできないケースが増えている。

❸　どんなに人間関係が良好な園であっても懲戒のフローは確立しておく。

❶　不適切保育がなぜ労務リスクとなるのか？

　不適切保育（子どもへのわいせつ行為等も含む）で真っ先に考えるのは、当該職員の処分をどうするか、行政や保護者にどう説明し謝罪を行うか、園の対応をどうするか、といった部分になるでしょう。いずれにせよ問題を起こした職員には適切に処分する必要がありますし、問題が起きないよう日頃からの指導やマネジメントがより重要になります。

　労務リスクとは、労働者と使用者（経営者側）との衝突が起こる危険

性を意味します。経営者は常に労務リスクを想定した対応が求められますが、不適切保育については、その定義があいまいで事実認定が難しいことや、処分が不当であるとの訴えや、通報者へのハラスメントといった二次被害にも目を配る必要があります。

　「子どもに大声で怒鳴る」「特定の子を無視することがある」「〇〇しろよ！　などと荒い言葉で話す」といった行為を上司が目撃したときにその場ですぐに指導できればよいのですが、園の構造上の問題や上下関係などから、迅速な対応ができないこともあります。

　冷静な経営者ほど、「1回の不適切行為で指導していいのか？」「この程度の内容は不適切保育といえるのか？」「そもそも事実なのか？」といった迷いが生じるもので、複数からヒアリングをして、本人に弁明の機会を与えて公正に判断しようと考えていた矢先、事実確認をされたことのみをもって「ハラスメントを受けた」と衝突が起きたり、処分や指導のあり方を慎重に検討している間に他の職員が行政に通報して特別監査を受けてしまったり、といったトラブルに発展してしまうこともあります。

　これらはまさに、当事者への適切な対応ができなかったことに端を発した労務トラブルにほかなりません。ジャッジが難しいからこそ、不適切保育は労務リスクと捉え、職員対応も含め備えておく必要があります。

図表1　相談・通報があったときの対応

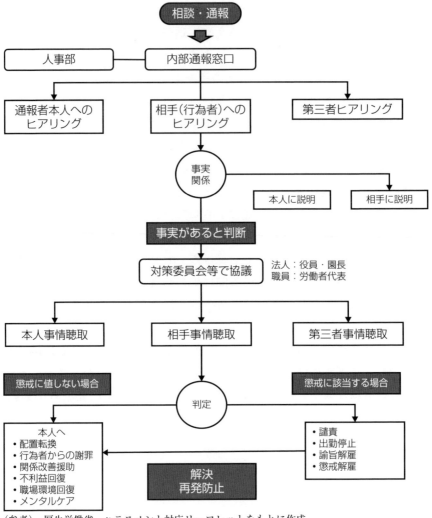

（参考）　厚生労働省　ハラスメント対応リーフレットをもとに作成

❷　その場ですぐに指導できる関係性すら築けていないケースが多い

職員の言動に気になる点があれば、都度、「その言い方は少しキツイよ」

など、職員間で当たり前のことがいえるコミュニケーションが日頃から
きちんと取られていることがとても重要です。それができていれば、不
適切保育を行った職員に指摘・指導できない、といった問題は起きない
はずです。しかし、それが難しい職場がとても増えています。

- 複数担任で保育をしているが、先輩保育士が不適切保育をしているの
  で、指摘できない。
- 園長よりも経験が上の職員に対して適切な指導ができない。
- 注意したことで退職されてしまっては、人手が足りずに保育が成り立
  たなくなる。
- 注意したことに対して、人権を侵害され、メンタル疾患に陥ったと申
  し立てられ、休職してしまった。さらに、家族から責任追及を受けた。
- 指導に対して「私は子どものためを思ってしていること。あなたの考
  えている保育は自由という名の放置にほかならず、子どもを不幸にし
  ている」と反論された。

　指導・監督する立場の園長が、ベテランの職員に毅然とした対応がで
きずにいるということがあります。これは、昨今の園数増加で園長のな
り手が不足している中、育児中の中堅層を飛び越えて長時間勤務に対応
できるという理由だけで若手が抜擢されてしまうという問題とも重なり
ます。どんなに規模の小さい園でも現場のマネジメントを行うのは園長
の責務です。

　どんなに社内研修等をしても、本人の自覚がなければ不適切保育はな
くなりませんし、「保育観の違い」と看過されてしまうこともあります。

　不適切保育を放置したり、解決できないとなれば職員の不信感が募り
ます。場合によっては、職員や保護者が秘密裏に録音・録画をして行政
やマスコミに通報したり、SNSで拡散したりという非常に深刻な事態
を生み出すこともあり得ます。

❸ 不適切保育も就業規則に則り懲戒処分を行う

不適切保育に関して“ちょっとふざけてみただけ”“場を盛り上げるための冗談”などの発言や、保育観の違いを主張するなど様々ありますが、子どもの人権に関わる問題は冗談や大人の価値観の違いで左右されるものでも、侵害してよいものでもありません。

各人の行動に責任を持たせるとともに、行為者に対しては就業規則に則り、毅然とした対応を取ります。

【懲戒のフロー】

(1) 不適切行動をした当事者や関係者に聞き込みをして事実確認をする
　⇒通報者以外の職員からも聞き取りをします。

(2) 問題となった言動が懲戒処分の対象になるかを検討する
　⇒人権チェックリスト（※）等を用いると判断基準が明確になります。どういった言動が問題となるのか、職員間で共通理解を図っておきます。

(3) どのような処分が適切か検討する
　⇒就業規則の懲戒規定を確認します。保育所等は信頼関係を大切にしている職場が多いため、懲戒規定が簡素になっているケースが見受けられますが、きちんと整備しておきましょう。

(4) 懲戒処分の内容を決定する
　⇒外部の専門家に相談してもよいでしょう。

(5) 本人への説明および弁解の機会を与える
　⇒一方的に処分を下すのではなく、必ず本人に弁明の機会を与えます。

(6) 懲戒処分を実施する
　⇒書面で通知をします。

※「保育所・認定こども園等における人権擁護のためのセルフチェックリスト」（全国保育士会）

2 保育者による不適切保育

　虐待よりも広義の不適切保育。判断が難しく、事実確認がしにくいという課題があります。

ポイント

❶　不適切保育の定義を施設の職員が理解できていないことがある。

❷　保育の質が高い園にもリスクはある。労務管理や働き方を改めて見直す必要がある。

❸　子どもの人権と同じように保育者の人権も大切にする。

❹　働き方改革の本質を捉え、不適切保育という労務問題を断ち切ることが大切。

❶　不適切保育と虐待の違い

　不適切保育とは、「保育者が子どもの人権を尊重しない不適切な関わり」のことをいいます。明らかに虐待とまでは言いきれないけれども、問題視される保育が増えてきていることから、虐待よりも広い定義で捉えられます。

＜不適切な保育の行為類型＞

(1)　子ども一人一人の人格を尊重しない関わり

(2)　物事を強要するような関わり・脅迫的な言葉がけ

(3)　罰を与える・乱暴な関わり

(4)　子ども一人一人の育ちや家庭環境への配慮に欠ける関わり

(5)　差別的な関わり

（参考）　厚生労働省「不適切な保育の未然防止及び発生時の対応についての手引き」より

<虐待>

(1) 身体的虐待：暴力等により身体に傷を負わせる行為、生命に危険を及ぼすような行為

(2) 性的虐待：性的暴行や児童に対するわいせつな行為

(3) ネグレクト：心身の発達を損なうほどの不適切な養育や子どもへの安全配慮がなされていない行為

(4) 心理的虐待：子どもに著しい心理的外傷を与える言動を行うこと、ひどい言葉、極端な無視、拒否的な態度などにより、子どもに心理的な傷を負わせる行為

不適切保育に関して経営者・保育者など様々な立場からの相談を受ける中で、不適切保育の定義が曖昧であるため初動対応に遅れが出る、密室で行われると確証をもって指導することが難しくなる、といった組織の構造上の問題が見えてきます。

「子どもへの言葉がけが何となく気になる」と思っても、その段階では注意し辛いことがあります。また、園長や主任が常に保育者の一挙手一投足を見ているわけではないので、保育室から聞こえてくる言動や職員からの相談のみで当該保育者を指導することは難しいということもあります。さらに、職員の上下関係をはじめとする人間関係にも配慮しなければならない、といった複雑な事情もあります。

しかし、普段からコミュニケーションがしっかり取れている風通しの良い職場では、ちょっと気になったという程度でも個別に対話をしたり、職員間での話合いの場を設けたりしながら、早めに向き合うことができるため、深刻な問題に発展する前に気付くことができます。その積み重ねによって職業倫理が丁寧に醸成されていくといえます。

風通しの良い職場がなぜ大切になるかといえば、心理的安全性が確保されていることによって前向きな議論だけでなく課題解決のための対話も良好な関係の中で行うことができるからです。

❷ 不適切保育と無縁に見える保育園は問題ないのか？

　不適切保育の問題とは無縁であり、保育者がやりがいにあふれ、素晴らしい保育を実践している園はまったく問題がないかというと、一概にそうとはいえないように思えます。

　配置基準や公定価格の低さという制度上の課題もありますが、質の高さを保育者のやりがいのみで成立させている構造に目を瞑っている限り、保育業界はいつまでも良くはならないからです。

　保育者の日々の試行錯誤や学びから保育が進化していくことは保育者の大きなモチベーションになり、専門職として長期的なキャリアを見据えて自己研鑽を重ねていく意欲は非常に有益です。

　一方で、園として保育者の労力を割かないと成し遂げられないことについて、保育者の善意にのみ頼るというのは、業界全体で見直さなければなりません。例えば、「保育者の自己研鑽の時間なのだから」と明らかに日々の保育の準備のための業務を休日や時間外に勤務外扱いとする（対価となる賃金が支払われない）といった状況のことです。

　「保育者自身が楽しくてやっている」「こうした機会が本人の経験値やスキルにつながる」という考えも理解できますが、園としては無償の労働に頼らなければ子どもの権利が保障できない、保育の質を高めていくことができないという状態であり、非常に不健全であると考えます。

❸ 子どもの人権と保育者の人権

　こども基本法（令和4年法律第77号、令和5年4月1日施行）の制定により、改めて社会全体で子どもの権利、人権というものがフォーカスされるようになりました。

　筆者としては、真剣に子どもたちと向き合っている保育者の人権が知らず知らずのうちに無視されてしまっている現実があるということにも、目を向けてほしいと願います。

　保育者（労働者）の労働条件の最低基準を定めた法律が労働基準法です。単なる経営者に課せられた賃金支払い・休日休憩付与等を規定した

法律ではなく、保育者の人権を守る法律です。どんなにやる気に溢れている職員でも、どんなに保育の仕事に時間を忘れて傾倒できる職員であっても、心身ともに健康な状態を維持し、家族との生活の時間を保障できなければいつかバーンアウトしてしまいます。職員が心身のバランスを崩せば、職場環境全体が乱れていきます。子どもの人権と保育者の人権は一体に考える必要があるといえるのではないでしょうか。

❹ 働き方改革の本質

　不適切保育は労務問題です。働く人たちに丁寧に目を向けること、働く人たちを心から大切にすることを意識しなければ労務問題を断ち切ることはできません。顕在化していない問題も労務リスクとして捉え直していくこと、これこそが働き方改革のスタートラインであり、経営者がまず意識すべきことです。業務改善は単なるアクションに過ぎません。

　すべての子どもたちのために、まず保育者の働き方を考えていくことを業界全体で意識していく。職場環境を根本から見直す時期に来ているといえるでしょう。

3 不適切保育の構造を マネジメントの視点で考える

　不適切保育を行った保育者だけに目を向けず、マネジメント側の責務として捉えることで課題の本質が見えてきます。

ポイント ....

❶ 保育者の深刻な人手不足から、辞められるのをおそれ、指導できないという事情がある。

❷ 管理者層が保育のアップデートができておらず、不適切保育の行為

者になっているケースがある。

❸　マネジメント層の働き方改革こそが組織を適正化するカギとなる。

　以下では、筆者によるアンケート調査結果（34頁以降参照）を元に、不適切保育とマネジメント層の責務との関連性を検証しました。

❶　不適切保育を行っている保育者を指導できない

　アンケートには「先輩が不適切保育をしているが、園長が指導してくれない」という切実な声が何件もありました。

　不適切保育の原因は、行為者のパーソナリティによるものというよりも人手不足で子どもに寄り添うことができないほど負荷が大きすぎる職場環境が要因と思われるものが圧倒的です。何とか日々の保育を成立させようと、つい声が大きくなったり、脅迫的な言葉で子どもたちを動かそうとしたり、恐怖心を煽ってしつけようとしたりする状況が見えます。

　人を増やすことも個々の負荷を軽減することもできないギリギリの状態の園では、下手に注意して保育者が辞めることにでもなったら大変と、指導することを躊躇するようになります。

❷　保育のアップデートができていない管理者層

　アンケートには、「昔ながらの保育に日々、違和感を持ちながら過ごしている」「今までのやり方を変えようとせず、意見を受け入れてもらえない」「新しい制度を理解しようとしない」といった声が若手保育士から多く挙がりました。若手保育士は経験は浅くても養成課程で新しい指針に基づいた保育を学んできているため、従来のあり方に違和感や抵抗感を抱きやすくなるようです。管理者層が不適切保育の行為者となるケースは、保育のアップデートができていないから、といった事情もあるようです。

　また、法定配置人数ギリギリの職員数では、どんなに努力しても限界

があるという声も多くありました。そもそも法定配置人数は最低基準であり、法定配置人数で保育をしなければならないということではありません。管理者層は限られた原資の中で収支を合わせながら園運営をしなければならないという厳しい状況に置かれていますが、働き方改革・業務改善によって単に個々の残業を減らして保育者の負荷軽減を図るだけでなく、1人でも多くの職員を配置できるよう収支の余裕を生み出していくことを考えていく必要があります。

❸ 働き方改革はマネジメント改革でもある

　園長自身が過重労働であると、職員の話を丁寧に聞く時間が取れず、保育現場の状況を客観的に把握することが難しくなります。

　そうなると、例えば、不適切保育が深刻な事故・事件にまで発展したり、また、現場の誰もが不適切保育だと認識できない状態に陥るといったことも起こり得ます。筆者によるヒアリングでは、実際に不適切保育を指摘するのは、若手保育者や転職間もない保育者が多く、その半数以上が不適切保育に耐えられず離職したり、保育の現場に二度と戻りたくないと別のフィールドに転職したりしていました。

　失望する若手保育者や意志ある保育者の離脱をこれ以上増やさないためにもギリギリの状態の現場を変えていく必要があるといえるでしょう。

　業務改善や働き方改革は現場の職員を中心に考えられることが多いですが、むしろ管理者層の余裕を生み出すことを優先したほうが、園のしくみや風土、職員満足度も向上しやすいです。管理者層が現場を俯瞰し、必要に応じてしくみ化し、職員をエンパワメントしていくことで現場の働き方改革も加速しますし、現場が育ち、判断力も高まります。

　管理者層の中にはどんなに小さなことも自らが確認・検討・承認をしなければ気が済まないという方がいますが、こうしたことも管理者層の業務負荷を増幅させる原因となります。現場の主体性を信じること、そのために現場に委ねることと自身が絶対に向き合わなければならない課

題との選別が瞬時にできる余裕は絶対に必要です。

4　保育士による児童へのわいせつ行為

わいせつ行為を行った保育士の資格管理が厳格化されます。

ポイント

❶　わいせつ行為を行った保育士の資格管理の厳格化が検討されている。

❷　勤務先の園児に対するわいせつ行為だけでなく、園外で行った行為も登録取消の対象となる。

❸　前歴者から園児・園をどう守るかが課題となる。

❹　男性保育士を偏見から守ることも大切。

❶　わいせつ行為を行った保育士の資格管理厳格化

　保育士になるには、保育士資格（国家資格）を取得し、都道府県に保育士登録の申請をして保育士証の交付を受けなければなりません。

　現行、子どもへのわいせつ行為などを理由に自治体から登録を取り消された保育士については、2年間保育士登録をすることができなくなりますが、保護者から厳格化を求める声が相次ぎ、制度の見直しが検討されています。教員と同様の基準に引き上げ、禁固刑以上の場合は無期限取消し（ただし、刑法における刑の消滅規定より、罰金以上の刑に処せられなければ10年で再登録可能）、罰金刑の場合は3年間の欠格期間とする方向です（施行期日令和6年4月1日予定）。

図表1　わいせつ行為を行った保育士に対する資格管理の厳格化見直し案

		児童をわいせつ行為から守る環境整備（7.関係）（性犯罪歴等の証明を求める仕組み（日本版DBS）の導入に先駆けた取組強化）		
	改正事項	保育士（児童福祉法）（現行）	教員（教育職員免許法等）	保育士（児童福祉法）（見直し案）
①欠格期間	禁錮以上の刑に処せられた場合	執行を終わった日等から起算して**2年**	**期限なし** ※ただし、刑法における刑の消滅規定による制限あり	**期限なし** ※ただし、刑法における刑の消滅規定による制限あり
	罰金の刑に処せられた場合	児童福祉関係法律の規定による場合に、執行を終わった日等から起算して**2年**	－	児童福祉関係法律の規定による場合に、執行を終わった日等から起算して**3年**
	登録取消・免許状失効等による場合	登録取消の日から起算して**2年**	免許状失効等の日から**3年**	登録取消の日から起算して**3年**
②登録取消等の事由	登録の取消・免許状失効等を行わなければならない場合	＜取消事由＞ ・欠格事由に該当するに至った場合 ・虚偽等に基づく登録を受けた場合	＜取消事由＞ ・欠格事由に該当するに至った場合 ・教職員が懲戒免職等の処分を受けた場合 （わいせつ行為を行った場合には、原則として懲戒免職とするよう求めている）	＜取消事由＞ ・欠格事由に該当するに至った場合 ・虚偽等に基づく登録を受けた場合 ・**わいせつ行為を行ったと認められる場合**
	登録の取消・免許状失効等を行うことができる場合	＜取消事由＞ ・信用失墜行為の場合 ・秘密保持義務違反の場合	＜取消事由＞ ・教員にふさわしくない非行の場合 ・故意による法令違反の場合	＜取消事由＞ ・信用失墜行為の場合 ・秘密保持義務違反の場合
③わいせつ行為を行った者の再登録等の制限		欠格期間経過後は再登録の申請が可能	わいせつ行為を行ったことにより免許状が失効した者については、その後の事情から再免許を授与するのが適当である場合に限り、再免許を授与することができる（※）	わいせつ行為を行ったことにより登録を取り消された者等については、その後の事情から再登録が適当である場合に限り、再登録することができる
④わいせつ行為により登録取消・免許状失効した者の情報把握（データベースの整備）		－	わいせつ行為により免許状が失効等した者の情報が登録されたデータベースを整備するなどわいせつ行為を行った教員の情報を、教員を雇用する者等が把握できるような仕組みを構築する（※）	わいせつ行為により保育士の登録を取り消された者等の情報が登録されたデータベースを整備するなどわいせつ行為を行った保育士の情報を、保育士を雇用する者等が把握できるような仕組みを構築する

⑤そのほか、わいせつ行為を行ったベビーシッターについては、児童福祉法に基づく事業停止命令等の情報について公表できること等を検討することにより、利用者への情報提供を図る。

注　わいせつ行為とは、教育職員等による児童生徒性暴力等の防止等に関する法律（令和3年法律第57号。以下「法」という。）第2条第3項に規定する「児童生徒性暴力等」を指す。

※　法の規定に基づく対応

（出典）　厚生労働省　放課後児童対策に関する専門委員会

※日本版DBS（Disclosure and Barring Service：犯罪証明管理および発行システム）

　性犯罪歴のある人は子どもに関わる職業に就かせないようにすることにより、性犯罪から子どもを守るシステム。子どもに関わる施設の管理者は採用時にDBSにアクセスし、採用候補者に性犯罪歴がないか、確認することができます。日本版の制度設計では無犯罪証明書の提出をどこまでの職種に限定すべきかといった設定が重要な検討課題となっています。

図表2　（現行）罪を犯した保育士に対する登録取消しの流れ

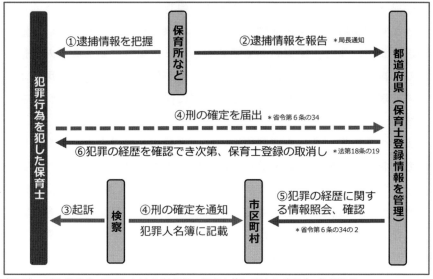

（出典）厚生労働省 地域における保育所・保育士等に関する検討会 参考資料

❷　勤務先の園児のみを対象とするものではない

　わいせつ行為等による保育士資格の取消しは、園内での行為のみを対象とするものではありません。

　平成15年から令和2年4月までの間にわいせつ行為等により保育士登録の取消し処分を受けた者127名（男67名、女60名）のうち、各都道府県から回答があった64名について見てみると、勤務先（保育士の勤務先が保育所とは限定していない）の就学前児童に対するわいせつ行為等がもっとも多いものの、勤務先以外の児童も20件超ありました。また、就学前児童だけでなく、小学生から高校生に対しても行為が及んでいます（厚生労働省「わいせつ行為等に係る保育士登録取消処分の実態調査」）。

　つまり、勤務先の園児に対するわいせつ行為等に限るものでなく、児童らにわいせつ行為等をして罰金刑以上の刑に科されると保育士資格が取り消されるということです。

❸ 前歴者から園児と園をどう守るか

　園児へのわいせつ行為をはじめとする保育者の犯罪については、保育所等から都道府県へ情報提供がなされない限り処分が行われない可能性があります。また、逮捕のみで不起訴となった場合、関係者以外は情報を知り得る術がありません。そのため、園が新たに保育者を採用しようとする場合、逮捕歴があることを知らずに採用してしまうおそれがあります。

　筆者の下に寄せられる相談の中には「複数の女性保育士が1歳男児のおむつ替えのときに性器を触って笑っているのを見た」「ほっぺにチューは？　とキスをさせる保育士がいる」といったものもありました。0歳、1歳の乳幼児は保護者に伝えることもできません。目撃した保育者は園長に伝えることができず、行政に通報したそうですが、結局、職員へのヒアリングが行われたのみで、事実確認がなされないまま終わったことから、退職したといいます。

　このように、情報が届きにくい状況から園児と園を守るには、日頃から職員への徹底した指導・教育、そして採用時の厳格な審査（保育観や子どもとの関わり方についての考えを丁寧にヒアリングするなど）が重要になります。

❹ 男性保育者を偏見から守る

　男性保育者が園児にわいせつ行為をしたとして逮捕されるニュースを見聞きしますし、「男性保育士に女児のおむつ替えや着替えの介助をさせないでほしい」という保護者の声が話題となったこともあります。実際に事件が起こっている以上、看過することはできませんが、そうした保育者はごく一部であることも事実です。

　過剰に意識してしまうと、男性保育者にはおむつ替えやトイレ介助が多い未満児の担任をさせない、そもそも男性の保育者を採用しないといった男女差別につながりかねません。「保育者＝女性」という職業上のアンコンシャスバイアスがかかりやすい業界にとって、男性保育者は

貴重な存在です。

　男女を問わず、性的虐待やわいせつ行為防止を徹底指導し、保護者との信頼関係を構築すること、そのうえで男女保育者が自然に役割分担できるような体制をつくっていくことが大切です。

5　就業規則の整備
〜過信せず、つねにリスクに備える姿勢を

　懲戒事案を防ぐためにも、規定の見直し・整備をしておきましょう。

ポイント

❶　懲戒規定は職員に対する見せしめではなく、マネジメント上の責務。予想外のリスクに対処できるようにしておく。
❷　懲戒の種類と事由を明確に規定する。
❸　就業規則に定めた場合でも、懲戒処分は慎重に判断しなければならない。

❶　懲戒規定の重要性

　就業規則作成の依頼を受けた際、懲戒については「そんなことはあるわけないから簡単でいいですよ」「職員を信じて性善説で運営したいから物々しい規定はいれなくて大丈夫です」といったことを言われることが多々あります。もちろん、日々の職員教育・信頼関係の中でしっかりと園の理念や職業倫理が浸透している園もありますし、罰で職員を縛るようなことは主体的な職員育成につながらない、という考えもあるでしょう。

　一方で、経営者は起きてしまった事故・事件に対して即座に説明責任

を問われます。つまり、就業規則への懲戒規定はマネジメント上のリスクへの備えでもあるのです。「こんな行為をしたら罰を与える」という見せしめ的なものではなく、経営者の責任として整備しておきましょう。

❷ 懲戒の種類と解雇の種類を整理する

　懲戒は行為の程度によって段階があります。一般的に譴責や減給、降格処分は就業規則の服務規定に違反したときに行う処分です。服務規律に関しては勤務態度や事故など、各園の判断で決めることができます。

　どこにでもあるひな形や簡易的な就業規則であると、保育・幼児教育施設になじまない規定や不足する規定が出てきます。図表2を参考に必ず見直しておきましょう。

　園の把握していないところで保育者と保護者が飲み会を重ねていた、不適切な関係に発展していた、SNSで園の評判を落とすような投稿を繰り返していた、保育者としてふさわしくなく園の評判を落とすような副業をしていた、といったものも挙げられます。

図表1　懲戒の種類

譴　責（けんせき）	始末書を取り、将来を戒める。
減　給	始末書を提出させて、減給する。 ただし、1回につき平均賃金の1日分の半額、総額においては一賃金支払期の賃金総額の10分の1を超えない範囲でこれを行う。 出勤停止…始末書を提出させて、将来を戒めるとともに、7日以内の期間を定めて出勤を停止し、その期間の賃金は支払わない。
降　格	資格等級等の引下げをする。 この場合、労働条件の変更を伴うことがある。
諭旨（ゆし）解雇	合意退職に応ずるよう勧告する。
懲戒解雇	予告期間を設けることなく即時解雇する。 この場合、所轄労働基準監督署長の解雇予告除外認定を受けたときは解雇予告手当を支給しない。

図表2　保育・幼児教育施設における服務規律の規定例

不適切保育	園児に対する虐待や不適切保育を行ったとき。なお、当園が定義する不適切保育とは、園児に対する直接的な関わりだけでなく、全体の保育環境を害する行為も含む。
職業倫理・品位	保育士（保育教諭）としての職業倫理・品位を保てない行為を行ったとき。
SNS	SNSにおいて園やその関係者を誹謗中傷する投稿を行ったとき。
保護者との関係	保護者と個人的な関係性を持ち、それが園運営や園児の生活に影響を及ぼす可能性があると判断したとき。

❸　懲戒は慎重に

　懲戒事由と懲戒の種類を就業規則で定めても、その行為が懲戒に該当するのか判断に迷うことが多いのも事実です。ここで最も注意しなければならないのが労務トラブル、つまり職員から反論があったときに争いに発展させずに適切な処分ができるか、という点です。

　例えば、二日酔いの状態で出勤することがたびたびあった職員に対し、保育者としての姿勢がなっていないという理由から降格処分を行い、4万円の減給を行ったケースを考えてみます。保育者は「私がそのような行為をしたのは1回だけです。それだけでなぜこんなにも重い処分を受けなければならないのですか？」と訴えるでしょう。

　当該保育者の行為が、懲戒事由に該当する「客観的に合理的な理由」の存在が問われますし、当該行為を理由として懲戒権が発生したとしても、その処分の程度が社会通念上相当でなければなりません。また、労働者の弁明の機会の保障などの適正手続を経る必要もあります。

　保育者が明らかに二日酔いが原因で保育中に重大な事故を起こしたような場合は説明がしやすいですが、そうでなく、他の保育者が気付いて事前に対処したような段階であれば始末書を書かせるにとどめ、その始末書が2枚、3枚と続いたことをもって降格処分とする、というように

段階を踏みましょう。

　また、処分を検討する間、出勤させるのは不安という場合は、自宅待機をさせることも選択肢に含めておきます。その際には平均賃金の6割以上の休業手当の支払いが必要です。

図表3　懲戒解雇の規定例

第○条　前項にかかわらず、職員が次の各号のいずれかに該当するときは、諭旨解雇または懲戒解雇とする。ただし、情状により、前条に定める譴責、減給または出勤停止とすることができる。

(1)　故意または重大な過失により、園の施設、設備に損害を与える等、園に重大な損害を与えたとき。

　　　重要な経歴を偽り採用されたとき、および重大な虚偽の届出または申告を行ったとき。

(2)　正当な理由なく配転等の重要な職務命令に従わず、職場秩序を乱したとき。

　　　暴力、暴言その他の素行の不良で、著しく園内の秩序または風紀を乱したとき（セクシュアルハラスメント、パワーハラスメントによるものを含む）。

(3)　園および関係取引先の重大な秘密およびその他の情報を漏らし、または漏らそうとしたとき。

　　　園および園の職員、または関係取引先を誹謗もしくは中傷し、または虚偽の風説を流布もしくは喧伝し、園業務に重大な支障を与えたとき。

(4)　刑罰法規の適用を受け、または刑罰法規の適用を受けることが明らかとなり、園の信用を害したとき。

　　　会計、決算、契約にかかわる不正行為または不正と認められる行為、職務権限の逸脱等により、金銭、会計、契約等の管理上ふさわしくない行為を行い、園に損害を与え、その信用を害すると認められるとき。

⑸　園の金銭または物品を横領、または窃取したとき。

　　暴力団員や暴力団関係者と関わりがあることが判明したとき。

⑹　たとえ軽微な非違行為であっても、再三の注意、指導にかかわら
　　ず改悛または向上の見込みがないとき。

⑺　業務時間内外を問わず、園所有車で飲酒運転または無免許運転を
　　したとき。

　　服務規律に違反し、その結果が重大であるとき。

⑻　**子どもへ虐待や不適切保育を行い、子どもの人権を侵害し、施設
　　の信頼を失墜させたとき。**

　　故意または重大な過失により、子どもに危害を及ぼしたとき。

⑼　その他この規則および諸規程に違反し、または非違行為を繰り返
　　し、あるいは前各号に準ずる重大な行為があったとき。

第2節 保育者が働きやすく働きがいのある環境が保育の質を高める

1 子どもの人権だけでなく、保育者の人権も考えよう

　経営者は、子どもの人権とあわせて保育者の人権も尊重した園運営を考えなければなりません。

> **ポイント**
> ❶　保育者の人権が守られなければ保育の質は向上しない。
> ❷　ディーセント・ワーク（働きがいのある人間らしい仕事）の実現という基本的な考え方について理解し、実践する。
> ❸　働き方改革の次の視点、ウェルビーイングを高めることを考えていく。

---

❶　保育者の人権

　従業員の労働時間管理や休憩、休日の確保といった事項をなぜ法律で規制しているかといえば、それは、労働者（保育者）の心身の健康や家庭生活とのバランスを考えることは、働く人たちの「人権」に関わることだからです。子どもの最善の利益を追求するために働き手の人権を無視するということは決してあってはならないのです。
　そもそも保育や教育の世界では、子どもと関わる時間を「労働」と捉

えることに違和感があるかもしれません。それは、子どもと関わる時間は苦しい時間であるべきでなく、対価が生まれるサービスでもなく、かけがえのない時間であるという考えがあるからではないでしょうか。しかしながら、休みも休憩も取れず、自宅に戻っても仕事をしなければならないという働き方に心から喜びと充実感を得られるでしょうか。

　最近では、保育者の心身の疲弊が原因で子どもに対して不適切保育をしてしまったり、職員が一斉に退職して保育が成り立たなくなってしまったりというような深刻な事態も起きています。保育者一人ひとりが保育の仕事に誇りを持ち、一生涯かけて保育の楽しさを味わっていけるように、園長を中心に、しっかりと保育者の人権という原理原則を考えていかなければならない時期に来ています。

❷　ディーセント・ワーク（働きがいのある人間らしい仕事）の実現

　保育者の人権を考える際にもう1つ大切なキーワードがあります。それが「ディーセント・ワーク」です。保育の仕事は「働きがい」「やりがい」にあふれ、職業としての魅力が高いといえますが、「人間らしい仕事」が実現できているかというとそうではない場合が多いと思われます。むしろ働きがいという言葉で片付けられ、課題が置き去りにされているようにも感じられます。

　ディーセント・ワークについては、ILO（国際労働機関）が「公正なグローバル化のための社会正義に関するILO宣言」の中でディーセント・ワーク実現のための4つの戦略目標を掲げています。

【ディーセント・ワーク実現のための4つの戦略目標】

1．仕事の創出

　必要な技能を身につけ、働いて生計が立てられるように、国や企業が仕事を作り出すことを支援

２．社会的保護の拡充

　安全で健康的に働ける職場を確保し、生産性も向上するような環境の整備。社会保障の充実

３．社会対話の推進

　職場での問題や紛争を平和的に解決できるように、政・労・使の話し合いの促進

４．仕事における権利の保障

　不利な立場に置かれて働く人々をなくすため、労働者の権利の保障、尊重

　労働者の権利に関して、日本の古くからの職業倫理や職場文化からすると「強く主張すべきではない」という考えがあり、特に福祉や教育の世界ではより一層色濃く存在し、自己犠牲を良しとする倫理さえありました。しかし、労働力人口の減少と深刻な少子化という岐路に立った今、すべての企業・組織が「働きやすさ」「働きがい」といったものを改めて考え直し始めています。福祉・教育の人と人が関わり合い、感情のありようが保育や教育の質に大きく作用することを考えても、ディーセント・ワークの４つの目標というものを改めて見つめ直していく必要があるといえるでしょう。

❸　働き方改革だけでなく、ウェルビーイングの視点を持とう

　保育・幼児教育施設の方々と関わる中で、働き方改革の話をすると「本人が仕事を心から楽しみ、没頭するほど子どもたちとの関わりにのめり込んでいる姿を見ていると、残業せずに帰りなさい、休憩を取りなさいと徹底することにどうしても違和感があるのです」という声を聞きます。確かに、時間に制約がない若手職員などが初めての職場で試行錯誤しながらも仕事を楽しみ、時間も忘れて頑張っている姿を目にすると、やりたい気持ちを制止してまで実行する意味があるのだろうか？　という思いも生じることでしょう。

　こうした考えが起こる原因の１つとして、「働き方改革によって職員にどんな効果があるのか？」という視点が欠けていることにあります。

　もともと、働き方改革は過重労働防止の観点で法制化されたものです。職員１人にかかる負荷が大きすぎることによる健康障害や生産性低下を危惧して検討が始まりました。業務の効率化などによる努力によって時短、残業抑制、最低賃金保障などは進みましたが、それだけでは職員満足度が高まらないこともわかってきています。

　それでは何が必要なのか？というと「ウェルビーイング・幸福度」、働き方改革とウェルビーイングの両立です。

　幸福度の高い職員は生産性や創造性が高く、ミスも少なく休んだり辞めたりしないという研究結果も出ています（「OECD諸国の幸福度と生産性」日本生命ホームページhttps://www.nissay.co.jp/enjoy/keizai/127.html）。その顕著な例としてOECD諸国の幸福度と労働生産性の関係を示したデータがあります。それによると幸福度と労働生産性は相関関係があり、幸福度の高い国は生産性が高いという傾向にあります。この幸福度には国単位の社会保障制度の違いといったものも含まれるため、幸福度の測り方によって結果も変わる可能性はありますが、この考えを保育・幼児教育の組織に落とし込んでみると、職員が幸せであれば生産性が高く、質の高い保育や教育が実現するということがいえると思われます。

2　快適な職場の基準とは？

　働きやすく、働きがいのある職場とはどのような職場のことをいうのか、快適職場調査（厚生労働省／中央労働災害防止協会）を参考に、考えていきます。

❶ 快適職場調査をもとに職場の状況を７領域で把握してみよう。
❷ 項目は数値で測れないため、職員の声を聴いて把握する。
❸ 職員との対話を重ねながら職場をより良くしていこう。

❶ 快適職場調査とは

　働きやすい職場とは、施設の環境だけでなく、働きやすさや働きがいといったソフト面の指標によっても捉える必要があります。

　主観に基づく満足度ではなく、指標をもとに検証していくために、快適職場調査（厚生労働省／中央労働災害防止協会）を参考にしながら職場環境を考えていきます。

　ここでは、①人材育成・キャリア、②人間関係、③仕事の裁量性、④社会とのつながり、⑤処遇、⑥休暇・福利厚生、⑦労働負荷の７領域か

図表１　快適職場調査の７領域

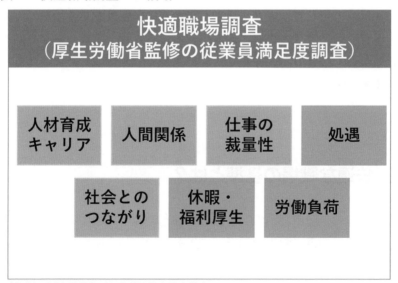

（出典）　厚生労働省／中央労働災害防止協会

ら把握していきます。この調査はどの業種でも使うことができますが、本書では保育・幼児教育施設に導入しやすいように解説しています。

❷　項目は数値で測れないため、職員の声を聴いて把握する

　職員が本当にその職場に満足しているかどうかは数値で測れません。

　例えば、人材育成について、保育所等であればキャリアアップ研修や自治体が実施する研修、園内研修等がありますが、それらが職員にとって必要か、適量か、内容は適切かといったことを、研修を実施したことだけをもって把握するのは難しいといえます。また、給料の額や休日日数というものは業界の平均値を見れば自園が平均よりも高いか低いかは一目瞭然ですが、平均値との比較によって職員の満足度も比例するかというとそうともいえません。

　職員の声を聴きながら実態を把握するという丁寧なプロセスを経ながら環境改善を考える必要があります。

❸　大切なのは職員との対話。経営者だけで一方的に進めない

　職員満足度は経営者視点のみで測れるものでも、職員の主観だけで測れるものでもありません。つまり、どんな環境であってもいかに経営者が描く目的・目標に対して職員の納得感を得られるかが重要になります。それには経営者と職員が丁寧に対話を重ねながら信頼関係を築いていくことが必要です。いくら地域で一番高い給与水準・休日日数にしたとしても、その人に求める期待値や仕事の内容と照らしてみたら納得が得られないこともあるのです。経営者と職員が一緒に、労働条件も含めた広い視点での職場環境というものを考えることで職場は大きく変わります。

3 人材育成・キャリアの視点

　職員に必要な学びの機会を、必要なタイミングで必要な量・内容を提供することが大切です。

ポイント ....

❶　多様なキャリアのあり様を施設側が示し、共に考えていくことも重要。

❷　大切なのは自発的な学びを促すこと。研修プログラムの整備だけでは育たない。

❸　人材育成の形は様々。具体的な手法を検討しよう。

....

○快適職場調査（キャリア形成・人材育成）（厚生労働省／中央労働災害防止協会）

☑　意欲を引き出したり、キャリア形成に役立つ教育が行われている。
☑　若いうちから、将来の進路を考えて人事管理が行われている。
☑　グループや個人ごとに、教育・訓練の目標が明確にされている。
☑　誰でも必要なときに、必要な教育・訓練が受けられる。
☑　職員を育てることが大切だと考えられている。

❶　経営者が考える「キャリア」と職員が考える「キャリア」

　人材育成や教育のしくみを考える前に、職員がキャリアというものに対してどのようなイメージや意識をもっているかを確認してみましょう。

　経営者にとって、キャリア（実績や経験値）は組織の中で積み上げられ、評価され、相応の立場を築いていくという考えが強く、「キャリアアップ」させることに重きを置いている方が多いようです。

図表2　経営者が作ったキャリアパスを職員が理解し、目標設定しているか？

職位レベル	期待役割	役職	役割定義（行動）
VI	園全体を統括する	園長	運営方針・予算の範囲内において自己の判断力をもって園全体を統括する。 職員の採用、人事評価において管理者層として対応する。 保育に関し、理念・方針に沿った全体の計画を立案する。各クラスの計画をまとめ、方向性を統一する。 事故やクレームが起こったときに施設側の責任者として対応する。
V	現場の調整役として園を統括する	副園長・主任	園長を補佐し、現場の取りまとめ役として全体のマネジメントを行う。 上司評価・同僚評価・本人評価を検証し、必要に応じて調整を提起する。 現場をマネジメントし、職員のスキルや適性を把握し、個別の育成や円滑な配置を行いながら保育の資質向上に努める。 園長補佐として保育者や自治体、監査の対応を行う。
IV	園長を補佐しながらマネジメントを行う	副主任	人事・経理面で上司の判断を必要としながら管理職を補佐し、現場を取りまとめる。 職員それぞれの得意不得意を把握し、クラス編成やチーム編成において助言・提言を行う。 職員のスキルや適性を把握し、個別の育成や円滑な配置の提案を行う。 保育者対応や自治体や監査への対応について、現場の状況を正確に伝えるために全体を把握し、関係書類の整備を行う。
III	クラスをまとめる	クラスリーダー	クラスをまとめ、円滑な人間関係を築く。 新任職員への助言や指導を行う。 緊急対応では現場の状況を主任や園長に報告し、対応を確認する。
II	一通りの業務を習得し、実践する		園のメンバーと協調しながら一通りの業務を一人で遂行する。 緊急対応の初動はマニュアルに沿って行うが、判断は求められない。
I	実践を通して一人前をめざす		トラブル・緊急対応は原則として行わない。 判断を要する業務は原則として行わない。 指導を受けながら保育を学ぶ。

等級	期待役割	役職	役割定義（行動）
プロフェッショナル2	高い専門性を発揮し、園全体の保育の質の向上に寄与する。	専門リーダー	園の理念に基づき、現場で実践し、保育の質向上のための企画提案を行う。 部下の評価は行わない。 専門スキルについての育成は行うが、組織の中で直属の部下を持たず、マネジメントは行わない。 専門性を生かして保育者対応や自治体、監査の対応や企画を行う。
プロフェッショナル1	担当する分野における専門性を発揮し、保育の質向上に寄与する。	職務分野別リーダー	担当する分野に関し、保育の質向上のための企画提案を行う。 専門スキルの伝達等や後進の育成は行うが組織の中での直属の部下を持たず、マネジメントも行わない。 責任者としての保護者対応、外部対応は行わない。

⇒何のためにキャリアアップするのか？ キャリアアップで何が変わるのか？ 職務が深まり、組織における責任を大きくなるが、その分、組織において自分発信でできることが増え、やりがいが増す。処遇も連動して引き上がる。

235

一方で、職員はキャリアに対して曖昧であったり、「出世に興味がない」「キャリアアップしたいと思わない」「スキルや経験値は自分自身が実感できればいい」という答えが返ってきたりすることもあります。また、若手の多くが「キャリア＝続けるもの」という意識がなく、ライフステージに合わせたキャリアビジョンというものが描けていないように見受けられることもあります。

　職員個々のキャリアアップは組織の成長になくてはならないものですが、経営者は組織の成長だけでなく個々の成長に目を向け、キャリアパスや育成の方針を示していくことが大切です。

図表3　ライフステージの変化に合わせた長期的なキャリアビジョンを描けているか？

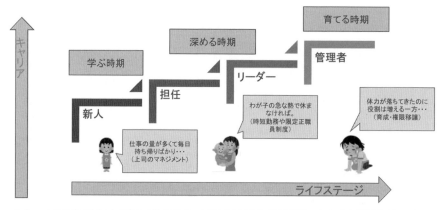

⇒キャリアを引き上げるだけでなく続けることで経験・スキルは深まる。キャリアを継続するということは単に知識や経験を積み上げるだけでなく、自分自身と組織における働く環境を整えることが必要になる。

❷　研修を受けさせるだけでなく、自発的な学びを促そう

　処遇改善等加算Ⅱの受給要件にキャリアアップ研修受講が義務付けられていることや、自治体の指導監査の確認事項に園内・園外研修の実施計画があることなどから、保育所等において研修は「受けさせるもの」

という意識が根強くあります。

　また、育成意欲が高く、たくさんのプログラムを用意して研修に力を入れている体力のある施設・法人もありますが、人手不足の中で何とかシフトを工面しながらやっとの思いで受講させているという施設のほうが圧倒的に多いようです。また、研修量・内容が職員のレベルに見合っておらず、休日返上で受講するも身に付かずに疲弊してしまうというケースもあります。

　職員が保育実践の中で壁に突き当たったとき、自身で調べることももちろんですが、園特有の課題を皆で考える機会を持ちたい、同僚と一緒に対話を重ねながら学びを深めたいと思うでしょう。園としてどこまで応えられるか、そういったことも職員の満足度を高め、やりがいにつながるきっかけとなります。

❸　様々な育成の形を検討しよう

　保育士のキャリアパスは処遇改善等加算Ⅱと結びついており、特にマネジメント層へのキャリアを考える副主任、現場における専門スキルを高めていく専門リーダーと、適性に合わせたキャリアコースを選ぶことができます。

　しかし、多くの施設・法人で、キャリアの方向性について本人の希望を聞いて決定しているにもかかわらず、本人も経営者側も、職員自身の適性を十分に理解していないことから、ミスマッチが起きています。

　ミスマッチを防ぐために、あえて組織の中で様々な立場を経験し自分の適性を知り、組織の役割を深く理解することにつなげていくことも検討してみます。具体的には、計画的に担当をローテーションさせることや、自己申告によって異動・配置転換を認めるといったことが考えられます。変化になじめないような硬直的・閉鎖的な組織にしないこと、様々な経験を通してうまくいくこと・いかないことが出てきてもその人の能力を責めない関係性ができていれば、より彩り豊かな経験を通してキャリアを見据えることができるようになります。

4 より良い人間関係を築くために

人間関係のよさ、風通しのよさとはどういうものか、きちんと定義し、確認しましょう。

ポイント

❶ 保育者の離職原因の1位でもある「人間関係」は、定期的に状況を確認する。

❷ 指示・指導するだけでなく後輩を理解し、支えるための支援型マネジメントを意識する。

❸ ハラスメントのない健全な関係性についても考える機会を設ける。

〇快適職場調査（人間関係）（厚生労働省／中央労働災害防止協会）

> ☑ 上司（先輩）は、仕事がうまくいくように配慮や手助けをしてくれる。
>
> ☑ 上司（先輩）と部下（後輩）が、気兼ねなく付き合える関係にある。
>
> ☑ 困ったときは、お互いに助け合っている。
>
> ☑ 職場に、相談したり励まし合ったりできる人がいる。
>
> ☑ 職場の人間関係は良好である。

❶ 人間関係の定期的な状況把握が大切になる

同僚との協力関係が不可欠で、非常に距離が近いのが保育の職場の特徴です。全体としてチームワークが発揮され、意識が高く前向きに見えても、たった1人の言動で士気が大きく下がったり、周りの職員が苦しい思いをしたりすることもあります。担任の組合せには相当な配慮をしても人手不足の組織では限界もあり、ミスマッチをフォローできないと

いったことも起きるため、定期的な状況把握が大切になります。

❷　支援型マネジメント（サーバントリーダーシップ）を意識してみよう

　組織を束ねるには、園長の強固なリーダーシップも大切ですが、保育の現場ではトップダウンで指示・指導するよりも、実際の保育の担い手である担任をはじめとした職員が主体的に提案し、意見を言える関係性が大切になることから、サーバントリーダーシップにも注目してみましょう。

　サーバントリーダーは、職員の主体性を引き出すために、ときに士気が下がっている職員がいればしっかりと支えて癒し、エンパワメントしていくことのできるリーダーを指します。決してサーバント（召使い）のように何でも言いなりになって大変な役回りを引き受けるというものではなく、職員の個々の能力や資質、得意分野を生かしながら、組織の成長と職員 1 人ひとりの成長を考えて関わっていくことのできるリーダーです。

【サーバントリーダーシップに求められる特性】

(1)　傾　聴

　　⇒メンバーの意見に耳を傾け、相手が本当に伝えたいことを引き出します。傾聴は、部下の主体性や意見を引き出すうえで基本となる行為です。

(2)　共　感

　　⇒メンバーの立場に立って物事を考えます。誰しも完ぺきではないことを理解し、相手を受け入れ、気持ちを理解しようとします。

(3)　癒　し

　　⇒メンバーの心身に配慮します。メンバーが落ち込んでいれば心の傷を癒し、本来の力を回復させます。チームに欠けているところや傷

ついているところがあれば、各メンバーの強みを活かして補えるようにします。

(4) 気付き

⇒物事を敏感に感じ取って、本質を見ます。自分自身、そして自分の関わるチームや部署にアンテナを立て、リーダーが気付きを得るだけでなく、フィードバックして相手にも気付きを与えます。

(5) 説　得

⇒リーダーとしての権限や権力で服従させるのではなく、相手が納得できるように、相手の同意を得ながら話を進めます。

(6) 概念化

⇒個人やチームのビジョンを明確に提示します。業務目標を超えた大きなビジョンによりメンバーを鼓舞します。

(7) 先見力、予見力

⇒現状を俯瞰し、過去の経験とも照合しながら、未来に起こりうる出来事や問題を予測して対策を打ちます。

(8) 執　事

⇒相手より一歩引いた場所から、メンバーの利益に貢献します。

(9) 人々の成長に関わる

⇒メンバーの成長に関心を持ちます。1人ひとりの可能性や価値に気付き、それぞれの成長へと積極的に関わります。

(10) コミュニティ作り

⇒メンバーへの愛情と癒しにあふれ、それぞれが大きく成長できる協力的なコミュニティを作ります。

❸　ハラスメントに該当する場合は適切に対処する

　「人間関係の問題」を超えてハラスメントに該当する場合は個別の支援にとどまらず組織として事実確認や処分を検討する必要も出てきます。

　話合いで穏便に済ませることに固執したり、一方の言い分しか聞かず

に処理してしまったりすると深刻な問題に発展するおそれがあります。特に保育の現場ではパワハラやセクハラが不適切保育や虐待につながるケースもあります。ハラスメントに関しては通報窓口の設置が義務付けられていますので（パワハラ防止法）、どんなものがハラスメントに当たるのか（定義）、対応方法や解決の流れについて経営者・職員双方で共通理解を図るようにしておきましょう。

図表2　ハラスメントの定義

パワハラ （パワーハラスメント）	セクハラ （セクシュアルハラスメント）	マタハラ・ケアハラ （マタニティハラスメント、 育児介護に関するハラスメント）
労働施策総合推進法 パワハラ防止指針	男女雇用機会均等法 セクハラ防止指針	男女雇用機会均等法 育児介護休業法 マタハラ・ケアハラ防止指針
①～③の要素を全て満たすもの ①優越的な関係を背景とした言動 ②業務上必要かつ相当な範囲を超えたもの ③労働者の就業環境が害されるもの	【対価型】性的な言動に対する労働者の対応により当該労働者がその労働条件につき不利益を受けるもの 【環境型】当該性的な言動により労働者の就業環境が害されるもの ※同性に対するものも含まれる。 ※性的少数者に対するものも含まれる。 ※社外の人に対するセクハラも含まれる。	【制度等利用への嫌がらせ】 妊娠または出産、育児、介護に関する制度または措置の利用に関する言動により就業環境が害されるもの。 【状態への嫌がらせ】 妊娠、出産したことその他の妊娠または出産に関する言動により就業環境が害されるもの
客観的にみて、業務上必要かつ相当な範囲で行われる適正な業務指示や指導については、パワハラには該当しない		業務分担や安全配慮等の観点から、客観的にみて、業務上の必要性に基づく言動によるものについては、マタハラ、ケアハラには該当しない

5　仕事に裁量性を持たせよう

　保育者の仕事は、複数担任や学年の連携などでつねにチームワークを求められますが、裁量性があるか否かで仕事のモチベーションは大きく変わります。

❶ 自分の意見が言える心理的安全性が保たれた職場を目指す。

❷ 心理的安全性をつくる４つの因子を考える。話しやすく、チャレンジができる組織は変化にも強い。

❸ 責任が心理的負担になる場合もあるため、放任にならないように注意する。

○快適職場調査（仕事の裁量性）（厚生労働省／中央労働災害防止協会）

☑ 自分の新しいアイデアを活かして仕事を進めることができる。

☑ 仕事の目標を自分で立て、裁量を持って進めることができる。

☑ 自分のやり方と責任で仕事ができる。

☑ 仕事の計画、決定、進め方を自分で決めることができる。

☑ 自分のペースで仕事ができる。

❶ 心理的安全性が保たれた職場

心理的安全性とは、「チームにおいて、他のメンバーが自分が発言することを恥じたり、拒絶したり、罰をあたえるようなことをしないという確信をもっている状態であり、チームは対人リスクをとるのに安全な場所であるとの信念がメンバー間で共有された状態」と定義されています。これは、ハーバード大学で組織行動学を研究するエイミー・エドモンドソン教授が1999年に概念を提唱したものです。また、米グーグル社が2012年から約４年かけ、効果的なチーム構成の条件を模索する「プロジェクトアリストテレス」という大規模の労働改革プロジェクトを実施し、「心理的安全性がチームの生産性を高める重要な要素である」と結論付けました。

保育の現場は正解がなく成果が見えづらい、細かいプロセス１つひとつを大切にする文化があるため、他の業種と比較しても変化を起こしづ

らいといえます。チームワークという名のもとに個々の意見が言いづらく、身動きが取れない組織は人間関係に苦しさを感じさせます。トップ主導で心理的安全性が保たれた組織づくりを意識してみましょう。

❷　心理的安全性がある組織づくり

上述した米グーグル社が提唱した心理的安全性をつくる4つの因子について具体的な場面をあげながら考えてみます。

【心理的安全性をつくる4つの因子】

(1)　話しやすさ（何を言っても大丈夫、という安心感）

(2)　助け合い（困ったときはお互いさまという協力関係）

(3)　挑戦（まずやってみよう、というスピード感）

(4)　新しいことを歓迎する（多様性、周りと異なる意見に興味関心を示す好奇心）

---

(1)　話しやすさ

会議や打合せの場で自由な発言を促すことを前もって伝えます。また、偏った発言にならないよう、誰に対してもできるだけ均等に発言の機会を与えます。さらに、上司が気軽に1on1ミーティング（立ち話でも大丈夫です）を促すなど、意識して話しやすい空気をつくるようにします。

(2)　助け合い

感謝の気持ちを伝えあうことを意識づけるようにします。組織によっては「ピアボーナス制度」といって、職員同士が感謝を伝えるために報酬を送り合うという制度を設けているところもあります。お金のやり取りではなく、ポイントや社内通貨をつくり、それを福利厚生等で還元す

るしくみを設けているケースもあります。そこまでは難しいとしても常に共有会議等で職員の見えない功績や感謝をたたえ合う文化を醸成することが大切です。

⑶　挑戦する組織

新しいことへの挑戦は不安がつきものですが、不確実性と呼ばれる時代において学校教育が大きく変わり始めているように、保育の職場環境も変化が求められています。

まずやってみる、失敗しても一緒に解決方法を考えていこう、という園のスタンスは、職員の成功体験を導き、心理的安全性を生み出します。ここで重要なのがサポート体制を厚くすることです。挑戦者の背中を押すだけでなく、フォローする仲間をしっかりつくることも大切です。

⑷　新しいことを歓迎する

働き方もライフステージも異なる職員が集まれば衝突も起きやすくなりますが、価値観の違いを認め、組織にどのようなメリットをもたらすのか考えてみましょう。近年では校則の撤廃、見直しの動きがあるのと同様に、服装や髪色についてもその人らしさ・自由を尊重する園も増えつつあります。「保育者らしさ」「教育者らしさ」という価値観も時代とともに少しずつ変わってきているのかもしれません。

❸　放任にならずに必ずサポートを

多様な考えを認め合い、自由に意見が出せる環境は職員の安心感につながりますが、それは職員を放任するということではありません。子どもの人権、職員の人権侵害につながりかねない姿勢・言動は毅然と注意・指導しなければなりません。管理者が注意できない・叱れない組織は無法地帯になります。また、任せて終わり、何でもやらせるではなく、適宜サポートする体制を整えることも管理者・上司の責務です。

6　社会とのつながりは職業の誇りにつながる

　保育者は社会貢献への誇りを持ちやすい職業ですが、職場においてその意義をより明確に伝え、理念として浸透させていくことが大切です。

ポイント

❶　社会への貢献度は職員満足度に大きく影響する。

❷　保育業界に浸透しつつあるSDGsの取組みは、施設（法人）における社会とのつながりを考える動機づけとなる。

❸　職業としてのイメージだけでなく、所属する組織としてのあり方を理念に落とし込めているかも重要な要素となる。

○快適職場調査（社会とのつながり）（厚生労働省／中央労働災害防止協会）

☑　自分の仕事は、より良い社会を築くのに役立っている。

☑　自分の仕事が、社会と繋がっていることを実感できる。

☑　自分の仕事は、世間から高い評価を得ている。

☑　自分の仕事に関連することが、新聞やテレビでよく取りあげられる。

☑　現在の職場や保育の仕事に関わる一員であることを誇りに感じる。

❶　職業としての社会貢献度の高さ

　保育士の仕事の魅力について考える厚生労働省　保育の現場・職場の魅力向上検討会においても「保育士は、子どもを通して、命と向き合い、社会と関わる。豊かな人間性と高度な専門知識を備えた専門職として、多くの子どもの多様な姿や育ちを定点観測のように見守りながら育み続けることができる魅力あふれる仕事である」と明記されています。未来

の日本をつくるといっても過言ではないほど、次世代育成の根幹を担う仕事です。最近では女性の就労率向上、孤独な子育てや虐待から親子を守るといった観点でもその重要性が評価されています。こうしたポジティブな社会からの評価を職員にきちんと伝えているでしょうか。職業への誇りを持てるようになることは、確実に職員満足につながります。

❷ SDGsの取組みは、職員が社会とのつながりを具体的に実感できるアクション

　経営者や社会からの評価を待つだけでなく、自分たちでアクションを起こし、やりがいや社会貢献意識を持つことも職員の満足度を高めるポイントです。

　特にSDGsの取組みは項目ごとに目標・ゴール設定ができ、子どもや職員と一緒に取り組むことができるため、一体感も増します（参照48頁）。

❸ 所属する組織としての社会とのつながり

　職業としての社会貢献だけでなく、職場として社会とつながり、貢献できているかという点も、職員が職場を選び、誇りを感じられるかどうかの指標となります。経営理念や保育理念において社会の一員としての役割を位置づけているか、具体的な保育実践や日々の活動によって社会に貢献できているか、こうしたことを日々実感できるような働きかけや問いかけをしていくことも大切です。

7　適切な処遇について考える

　公定価格や処遇改善等加算などのルールがある中で、いかに自園の方針を賃金・評価制度に落とし込めるか、透明性のある制度にできるかしっ

かり考えましょう。

ポイント

❶ 自園の給与制度や評価制度を理解していない職員が多い。キャリアパスのしくみと処遇改善等加算や自園の賃金制度をしっかり説明しよう。

❷ 働き方が多様化するからこそ、公平・公正な処遇が求められる。

❸ 正しい給与計算も納得感ある処遇につながる。

○快適職場調査(処遇)(厚生労働省／中央労働災害防止協会)

☑ 世間的に見劣りしない給料がもらえる。
☑ 働きにあった給料がもられる。
☑ 地位に見合った給料がもらえる。
☑ 給料の決め方は公平である。
☑ 経営はうまくいっている。

❶ 職員への説明

　職員が自分の給与を十分だと感じるか、少ないと感じるかは主観によるところが大きいため、職員調査をしても正確な把握はできないと感じる経営者も多くいます。しかし、職員の捉え方の違いは、自身の組織の給与制度や処遇が十分に説明されておらず、納得感が得られていないことが原因であることがほとんどです。学生時代の友人と、月額の給与額が1万円違うということをもって「私の給与は少ない」と不満を漏らしたり、近隣の園に転職したりすることが未だに多いのはこのためです。

　給与制度は法人ごとの考え・方針によりますが、筆者がこれまで多くの保育・幼児教育施設の給与制度を策定してきた中で、職員の納得度が高く効果的に運用されていると考える賃金制度には以下のような共通点

があります。

---

(1)　基本給には前職の経験が換算されている。

(2)　少ない額であっても定期昇給がある。

(3)　手当の種類がシンプルで目的に沿ったものになっている。

(4)　月額で支払われる処遇改善等加算Ⅱの対象者については職務・職責について本人・周囲ともに共通認識をもっており、透明性がある。

(5)　世間相場、地域相場だけでなく、公定価格に反映されている国家公務員福祉職俸給表の水準等、客観的な数字を参考にして給与決定を行っている。

(6)　人事評価が給与に大きく影響しない。

---

(1)　基本給の決定

　基本給は施設ごとの決定に委ねられており、金額に差が出るのも当然です。世の中全体では、能力主義やジョブ型など、賃金形態も多岐にわたりますが、保育・幼児教育の施設においては、専門職であることや処遇改善等加算によってある程度の経験年数に基づいた加算を算定していること、国家公務員福祉職の給与を基に公定価格を決定していることに鑑みても、経験年数ベースで安定的な昇給を保証する方法が最も納得感が高いといえるでしょう。

　保育（教育）方針、運営形態、場合によっては宗教等（キリスト教系、仏教系の園があるため）が異なることから、新卒者も転職者も新しく入職した職員については最下限の等級からスタートするという法人がありますが、専門職である以上、これまでの経験値を加味するほうがその後の育成・評価においても公正です。

　そのとき、運営形態の違い（認可・認可外・幼稚園・小規模等）、雇用区分（正職員・パート）、役職経験の有無などの違いは年数換算のと

きに加味してもよいでしょう。

(2)　定期昇給

　処遇改善等加算の国家公務員給与改定部分（人事院勧告対応分・人勧分）が上昇して公定価格が上がった場合については、賃金水準を引き上げるための公定価格増額ですから、その増額分をもともと約束していた定期昇給に充てることはできません。つまり、定期昇給を約束している施設は定期昇給に加えて国家公務員給与改定部分（人勧分）の賃金改善を行わなければならないのです。

　そうすると、定期昇給の原資は、職員が辞めずに働き続けていったら、いつか限界が来てしまうという危惧もあり、定期昇給を見送る施設も増えてきました。

　しかしながら多くの施設を回り、保育職員のヒアリングも重ねる中で、モチベーションダウンになるのではとも感じています。

　もともと給与水準が低いと言われる業界であること、本人の努力が施設の収入増と直結している実感が持ちづらいことなどを見ても、わずかであっても安定的に給与が上がっていくしくみのほうが就労継続につながる傾向にあり、定期昇給の価値は高いといえます。それでも園児の急激な減少等により昇給が難しい場合もあります。その場合、規程には「運営状況に応じて昇給を行わないことがある」という文言を入れておき、都度検討できるようにしておきます。

(3)　各種手当

　たとえ役職手当のようなわかりやすい名称であっても、園長・主任・副主任・専門リーダー・職務分野別リーダーの職務・職責が誰にでもわかるものであるか、その遂行状況を皆が認め合えているか、そういったことも職員の納得感を左右します。職務手当も同様です。

　また、社会福祉法人の給与制度にある勤勉手当や、形骸化している精勤手当、スキルレベルが図りにくい技能手当、誰にでも支給される資格

手当なども今一度、その定義を説明できるようにしましょう。

⑷　処遇改善等加算

　処遇改善等加算については、「賃金規程」「給与明細（賃金台帳）」「個別の労働条件通知書（あるいは給与辞令）」によって明確にします。

　通常、処遇改善等加算は職員に対して内訳がわかるよう区分して明示する必要がありますが、自治体の確認レベルによっては、処遇改善等加算が基本給に内包されていたり、職員が給与明細を見たときに内訳がわからないということがあります。しかし、今後は自治体への申請においても職員との信頼関係という点においても明確に提示することが必須となります。

⑸　人事評価

　人事評価本来の目的や得られる効果という点を考えてみると、人事評価制度を策定・導入し、個別の給与に反映されるようにしても、当の職員は逆にモチベーションが下がってしまうということが多々あります。また、保育者は自分の努力と、施設から支給される収入とを結び付けにくいということもあります。よって、評価を導入したばかりの時はまず評価を個人の成長につなげるための指標として用い、職員に浸透し、機能してきたら給与制度と連動させていくほうが組織としては上手く回ります。

　一方で、組織の統制が利かなくなってしまったような施設についてはある程度評価と給与を連動させます。マネジメントができるようになった後、少しずつ自主性を重んじる組織を目指していくということも考えられます。

❷　多様な働き方と公正な処遇

　これまでは正職員とパートしかなかった雇用形態に「限定正社員」や「職務同一パート」といった新しい形態が加わるようになりました。育

児休業の取得促進や、人手不足による職員確保・定着のために、結婚・出産等をしても本人の意向に合わせて働き続けられるしくみを試行錯誤しているからです。

　働き方の多様化によって人事制度や給与制度も複雑化します。単に時間帯だけを限定して何となく給与を減らす、というのではなく、時間帯を限定したことでどのような職務が免除されるのか、正職員にかかる負担との差はどのくらいなのかといったことを検討し、バランスを考えて人事・賃金制度を整える必要があります。

　制約があり、限定的な働き方しかできない職員に対する配慮という点ではとても優しい仕組みである一方で、処遇の差が小さすぎると皆が限定的な働き方を希望してバランスが崩れてしまうことになります。限定正職員はあくまでも一定期間のみの特別措置であると捉えてもらうこと、つまり「家族の協力や自分自身の工夫によって何とか正職員にチャレンジしよう」と思ってもらえるような、一人ひとりのモチベーションを高めるような仕事とそれに見合った待遇を整えていくことで、成長する組織になっていきます。

例）経験年数・スキル等も同等の保育士

	① 正職員 （シフト勤務）	② 限定正職員 （シフト固定）	③ 育児時短 （7時間・ シフト固定）	④ フルタイム パート
時間帯の制限	なし	あり	あり	なし
職務の制限	なし	あり	あり・なし	あり・なし
給　与	240,000円	216,000円 （フルタイムの 90%）	183,750円 （シフト固定の 87.5% ※時間按分	時給 1,200円× 160h ＝192,000円
賞　与	基本給の4カ月	基本給の2〜 2.5カ月	時間賃率で減額 した基本給の2 〜4カ月	職務の内容に応 じて正職員との 均衡を考慮

① 基準となる働き方・待遇
② シフトではなく定時勤務となることで、朝夕の時間帯の勤務を免除。フルタイムであり、正職員としての職務・職責はそのまま。時間帯を限定する分、給与・賞与を減額する。
③ 育児時短で勤務時間を短縮するときは時間に応じて減額。原則は勤務時間を短くするだけでシフト対応をしてもらう必要があるが、シフト固定も希望する場合、②同様に賞与も減額。
④ 職務・職責が正職員と異なる（違いについては施設や法人ごとに決定してよい）

❸ 正しく給与計算をする

　いくら素晴らしい保育が展開され、職員がやりがいを感じられたとしても、それに見合った処遇が保証されなければ職員の納得感は得られません。また、処遇が保証されたとしても、それがルールに基づいて正しく運用されなければ信頼関係が崩れてしまいます。

　例えば、地域の中でも高い水準の給与を提示していたとしても、毎日サービス残業続きで法律に則った給与計算ができていない、支払いがなされない状態であったとしたら、職員は園に対する信頼が次第に薄れて

しまいます。

　職員が提供する労働は、職場で培った知識経験だけではなく、学校や以前の職場等これまで積み上げてきたものを含むものです。それは大切な財産であり、1分1秒に価値があります。それに対して職員が責任を持ち、最大の価値を提供しているのであれば、経営者は対価を支払うべきです。こうした関係性があって初めて経営者・職員相互の納得感につながります。

〇納得感のある給与計算

□タイムカード（客観的に把握できる勤怠システム等）で時間管理をしている。

□始業・終業の時刻の定義が具体的に明示されたうえで時間管理をしている。

（例）

- シフト時刻前後に単に同僚と談笑している時間は労働時間に含めない。
- 定型のユニフォームはなく、着替えを義務付けているわけではないため、更衣室での私的な着替え時間は労働時間に含めない。
- 原則として残業は許可制としつつ、保護者対応や準備作業が想定よりも長引いたことによる場合には事前申請がなくても労働時間（残業）としてカウントする。

□正確に記録されたタイムカードに基づいて1分単位で給与計算を行っている。タイムカードの時間を30分単位や15分単位で切り捨てていない。

□「新人だから仕事が遅い」といった理由で残業代を支払わないといった慣行がない。

□賃金規程に則った計算方法がなされている。

8 休暇・福利厚生の考え方

希望すればいつでも休むことができる、十分に休むことができる。そんな安心感が、職員の満足度を高めます。

ポイント

❶ 休日数の多さだけでなく、休みやすい環境整備を目指す。

❷ 有給休暇や特別休暇、変形労働時間制のルールを丁寧に説明できることが重要。

❸ 運営形態や担当する学年によっても休みの取りやすさは変わる。

○快適職場調査（休暇・福利厚生）（厚生労働省／中央労働災害防止協会）

> ☑ 十分な年次有給休暇や夏季休暇がある。
>
> ☑ 年次有給休暇が取りやすい。
>
> ☑ 産休、育児休暇、介護休暇が取りやすい。
>
> ☑ 職場に心や身体の健康相談にのってくれる専門スタッフがいる。
>
> ☑ 心身の健康相談のために、社外の医療機関などを気軽に利用できる。

❶ 休日数だけでなく、休みやすさも重要

求人情報に年間休日の多さをアピールする園は少なくないでしょう。休日が多いほど職員の働きやすさにつながります。しかしながら、休日が多くなるほど、プラスαの有給休暇が取りづらくなるケースもあります。急遽休まなければならなくなったときに自分で代替職員を探さなければならない職場は多いですが、代わってくれる人がいない、調整役の上司に迷惑をかけることになりストレスを感じる、自分が休みの日に頻繁に出勤依頼の連絡が来る等、休まざるを得なくなった人も、元々休み

を予定していた人もストレスを抱えることになります。

　保育現場は決まった人数の職員配置が必要であるため、一般企業に比べて休みづらさを感じる職場でもあります。休日の多さをアピールするだけでなく、十分な職員確保によってシフト上での休み・有給休暇・急遽の休みを含めて「休みやすい」といえる環境を整えておくことも重要なポイントになります。

　例えば、完全に正職員で固めようとするのではなく、週単位月単位で柔軟に勤務日数を調整できるパート職員を活用すれば、園運営にとってもすべての職員にとっても負担が少なく、希望の働き方に近づきます。

❷　休日・休暇について

　休日の定義付けが曖昧だと職員の不満やトラブルにつながります。また、一人ひとりの休日を確保するためには十分な職員がいることと余裕をもって業務が行えることが大前提です。

休日：労働者が労働義務を負わない日
休暇：労働者が労働する義務がある日に、使用者がその労働義務を免除
　　　する日

　園のカレンダーや個別のシフトで設定している休日は、正職員であれば必ず全員同じ日数でなければなりません。一方で、休暇は有給休暇や慶弔休暇、子の看護休暇など、本来は出勤日である日にお休みを取ること（働く義務を免除する）をいいます。おそらく、どの園も休日の日数は守ることができていると思われますが、休暇を取れないというストレスを抱える園は多いようです。有給休暇は原則として理由を問わず、いつでも取れるものです。ただ、園の運営に支障がある場合、使用者（園長等）は「時季変更権」を使えますので、複数の職員からの休日希望が重なるような場合は日にちを変更することを職員に依頼することができ

ます。とはいえ、職員にとってはその日に予定があるから休暇を申請し
ていることがほとんどですので、「園側には時季変更権があるから別の
日に取ってください」と言われると、非常に困ってしまいます。また、
自身の体調不良や子どもの病気といった突発的な理由では休みを言いづ
らく無理して出勤するというケースも見られますが、こうしたことが重
なると働きづらさにつながります。

❸　運営形態や担任によって休みやすさは異なる

　職員が休みやすいと感じるかは、施設や担当する学年の違いによって
も異なります。複数担任の乳児クラスでは何かと融通が利くものの、1
人担任の幼児クラスや幼稚園では、平日に有給休暇を取るなんて許され
ないという雰囲気の園もあります。

　休みやすさの違いは離職率にも顕著に表れており、「幼稚園教諭は出
産後も働き続けるのが難しい」と言われる要因にもなっています。こう
した状況を見ると、「休みの取りやすさ」は保育者が長く働き続けるた
めの大きなポイントになるといえます。

　保育者に責任感が強い人が多いのは、「保育者たるもの、どんなこと
があっても休んではいけない。体調が悪い時は這ってでも出勤すべき」
という昔からの慣習が当然のように業界全体に浸透しているからかもし
れません。保育者の意識の高さには頭が下がりますが、一方で、彼らが
保育の仕事を長く続けていくためには、「体調が悪いときは休める」「学
校行事への参加などわが子の成長に寄り添える」「リフレッシュなど、
特に用事がなくても自分のために休める」といった希望を叶える組織を
めざしていくことが求められます。

　担任としての責任感は当然ですが、休みが必要なときは副担任や同じ
学年、隣のクラスの担任がサポートできる体制をつくること、それを保
護者とも共有し、理解を得ること、信頼関係を築いていくことで職員に
かかる負荷が軽減されていきますし、長期的に見れば採用増にもつなが
るのです。

＜POINT＞シフト変更時のルールを工夫する

　前日の夜や当日の朝、急遽休みの連絡が入ると、シフト調整が非常に大変になります。シフト管理者のストレスを減らすため、休む人が責任を持って代わりの職員を探して調整するというルールにしている園も多くあります。

　しかし、職員の人数がギリギリであったり、先輩には頼みづらかったり、毎回同じ人に代わってもらうといった状況では、休むこともままなりません。体調不良時や急を要するときにそのような対応をするのも大変です。簡単に休んでほしくないという意図もあるようですが、心的負荷が大きいと、働き続けることを諦めてしまう職員も出かねません。

　そこで、シフトを組み終えた段階で、休みを入れているが、緊急の場合は交代可である旨をあらかじめ示してもらうようにします。また、職員から休みの連絡があれば、園児の登園状況（休む園児の人数）をいち早く把握できている人が、シフト変更・調整の必要があるか否かを確認するようにします。

　休みやすさが働きやすさ、そして働きがいにつながれば、離職防止や採用強化にもつながるものです。長期的な改革実現のためにも休日休暇の意識はとても大切です。

【休日と休暇】

(1)　休日について

　園の就業規則やシフトで、もともと休みとされている日は休日です。就業規則を見ると日曜日、国民の祝日、年末年始などが定められていることが多いですが、「日曜日を起算日として週1日」といった規定をしているケースもあります。

　休日は法律で定められた休日（法定休日）※1を下限として、施設（法人）ごとにルールを定めることができます。

　施設（法人）ごとに定めた休日を所定休日といい、法定休日と所定休

日は割増賃金の計算が異なるため、区別して考えなければなりません※2。

　※１　労働基準法で定める「休日」の定義

　　　「使用者は、少なくとも毎週１日の休日か、４週間を通じて４日以上の休日を与えなければならない」と労働基準法で定められています。曜日に指定はないため、日曜日が休日とは限りません。また、４週間を通じて４日以上とは、休日が２日ある週と１日も取れない週があったとしても、４週間を通じて４日以上の休日が確保できていれば問題ないということです。

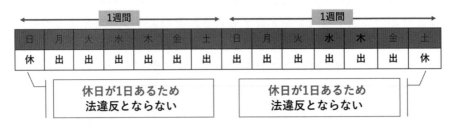

　※２　法定休日と所定休日の割増賃金の違い

日曜日から月曜日まで連続勤務した場合

	日	月	火	水	木	金	土
労働時間	8時間	8時間	8時間	8時間	8時間	8時間	8時間
	所定労働	所定労働	所定労働	所定労働	所定労働	所定休日労働	休日労働

割増賃金 1.25倍

割増賃金 1.35倍

(2)　休暇について

　有給休暇が代表例です。正職員であれば年間の所定労働日数は決まっていますが、有給休暇を申請することでその分の出勤日数を減らすことができるというものです。

　夏休みを「夏季休暇」としている場合は、年間休日とは「別に」休みを取ることができますが、年間休日の一部として夏休みを組み込みたい場合は、あらかじめ年間カレンダーの中に夏季休暇の日数を入れておく

必要があります。

　また、有給休暇はその名の通り給与の支払いがありますが、夏季休暇や慶弔休暇、子の看護休暇などのその他の休暇に関しては有給・無給を問いません。就業規則に明確に定めておくようにしましょう。

9　労働負荷と軽減のための具体策

　保育現場においては、快適職場調査の7領域の中で最も満足度の数値が低くなりがちで重点的に取り組むべき項目です。

ポイント

❶　労働負荷は職員の感じ方によって異なるため、一定の基準を定め管理する。

❷　保育者の業務における「負荷」とは、「保育者が子どもとの関わり方を考え相談できる時間を十分に取れていない状態」。業務負荷軽減について具体策を考えよう。

❸　労務トラブルだけでなく、職員のバーンアウトにも注意する。

○職場快適調査（労働負荷）（厚生労働省／中央労働災害防止協会）

☑　仕事はいつも時間内に処理できているか
☑　全体として、仕事の量と質は適当か
☑　残業、休日、休暇を含めて、労働は適当か
☑　翌日以降も前日の仕事の疲れを残すといったことがないか
☑　仕事を家に持ち帰るといったことがないか

❶ 仕事量の負担感を把握する

　どんなにスキルの高い保育者であっても、疲労が溜まった状態では日々の保育の質を落とします。しかし、「業務量が多い」「疲れが溜まっている」という状態は職員の主観によるところも大きいので、管理者側がしっかり線引きをしてマネジメントする必要があります。

　この線引きの基準となるのが就業規則で定めた就業時間と所定休日です。残業をしないこと、所定休日に出勤をしないことは当然のこととして、業務量の振分けをしなければなりません。就業時間内では到底終わらない仕事を任せているのであれば業務量を減らすか、業務の見直しを徹底しましょう。

❷ 保育者の業務における「負荷」

　「令和元年度 保育士の業務の負担軽減に関する調査研究事業報告書」（厚生労働省）では、保育士の業務における「負荷」について、「保育士が子どもとの関わり方を考え相談できる時間を十分に取れていない状態」と定義しています。つまり、「保育に関わる相談時間の確保が困難であること」「保育士自身が子どもに行う保育のあり方を検討する時間が不足していること」が保育業務に影響していることを意味しています。

　解決策としては書類作業の効率化、ICT化、保育補助者の活用を解決策として挙げつつも作業改善や活用の難しさもあり、現場でなかなか浸透していない状態です。

　活用事例も多岐にわたるため、何から始めてよいかわからないという園も多いのですが、確実に時間が確保できる方法から徐々にステップアップしていくことを心がけてみましょう。

⑴ ICT化は「どれだけ時間削減につながったのか？」を意識する
○記録

- 内容が重複する書類については、専用のシステムを導入したことで、

効率化されたフォーマットに入力できるようになった。
- 計画の文案のコピペ機能は保育者のスキルを落とすと懸念していたが、年齢ごとの基準が示されていることは見立ての統一による物差しになると考え、参考にしながら計画を立てられるようになった。
- 他のクラスが何をしているのか、常時把握できる。

〇マネジメント

- 登降園管理は欠席者・在園人数を即時に確認できるため、給食喫食数の把握・延長保育などの連携もスムーズになる。
- データで管理することで、様々な書類作成に活用できる。
- 補食、延長保育料、一時保育のデータと請求・集金システムが連動していることで集計・請求・集金の手間が削減される。
- 小口現金をなくしてネット購入。買い物に行く人件費、記録と現金実査のコスト、集計コストが大幅に削減される。

(2)　**保育補助者の業務はできるだけ定型化。頼む人・頼む日によって作業工程や業務内容が異なるということのないようにする**

　補助者が複数いる場合、伝達の違いが指示ミスにつながるため、マニュアル等を作成し可視化しておきます。

〇補助者への指示

- 可視化したマニュアルによって誰もが同じ作業ができるようにする。
- 文字よりも写真等を用いたマニュアルのほうが作成時間を短縮でき、見る方もわかりやすい（資料1、2）。

◇保育補助(仕事内容)　　　　　　　*11:30勤務開始

*うさぎ組の布団敷き

*きりん組の布団敷き

*うさぎ組の食事補助

*うさぎ組食事の片付け

*食器の片づけ
〈ワゴン運び〉
⇒必要に応じて

*きりん組　食器補助と
　片付け

資料2

やかん⊕	やかん⊗	やかん⊗＋⊙	やかん⊕	やかん⊕
白かご	茶かご	青かご	青かご	青かご
*コップ 園児＋担任	*コップ 園児＋担任	*コップ 園児＋担任	*コップ 園児＋担任	*コップ 園児＋担任
*皿2枚　*ボール	*皿2枚　*ボール	*皿1枚	*皿1枚	*皿1枚
深バット	浅バット	*はし1膳	*はし1膳	*はし1膳
はし2膳 フォーク園児分	はし2膳 フォーク15本	*ボール	*ボール	*ボール
〈きりん〉	〈ぞう〉	〈れんげ・すみれ〉	〈ちゅうりっぷ〉	〈たんぽぽ〉

やかん⊕
白かご
*コップ 園児＋担任
*皿2枚　*ボール
深バット
はし2膳 フォーク園児分 はさみ1
〈うさぎ〉

やかん⊙
白かご
*コップ 園児＋担任
*皿2枚　*ボール
浅バット
はし2膳 フォーク園児分 はさみ1
〈ひよこ〉

配膳準備(クラスごとの皿の並べ方)

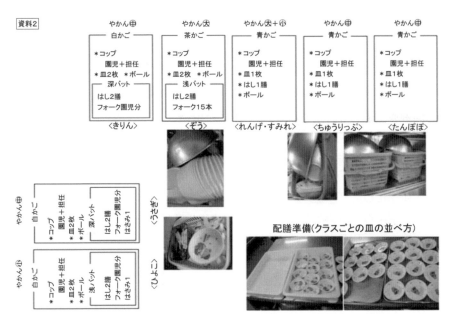

❸　職員のバーンアウトにも注意

　勤怠管理や休憩付与、残業代支払いなど、保育業界には労務管理上の課題が多くあります。こうした課題のリスクとして真っ先に思い浮かぶのがいわゆる「労務トラブル」、つまり未払い賃金の請求をされたり、訴訟にまで発展するといったケースです。

　「そうしたトラブルは職員と経営者の関係が悪いからだ。うちの園は職員が皆やる気にあふれ保育を楽しんでいるし、経営者との関係も良好だからトラブルは起こらない」と思われるかもしれませんが、そんなことはありません。

　職員は、仕事に真摯で一生懸命だからこそちょっとした変化で心が折れてしまったり、結婚や出産といった生活環境の変化に対応できずに退職してしまったりする「バーンアウト」の状態に陥ることがあるからです。やる気があって仕事が好きな人ほど燃え尽きてしまい、二度と保育の世界に戻らないということもあり、業界全体の損失となります。また、本人が職場を訴えることがなくても、家族が園に対して責任追及することもあります。

　保育者一人ひとりのキャリアを大切に育てていくためにも、労務負荷は本人任せにせず、管理者の責任の下でマネジメントする必要があります。

労働時間	
リーダーの責務	✓ 変形労働時間制を採用している場合、どの時間が勤務時間でどの時間が残業時間なのか、区別がついている ✓ 園長・主任は職員の1カ月の残業時間（上記の定義による）を前月比を含めて把握できている ✓ 疲労がたまっている職員に対して休息を取らせたり面談をする機会を意識的に設けたりしている
考えられるリスク	✓ 信頼関係が崩れ、管理者の指示に従えなくなる ✓ 毎日、持ち帰り仕事をしているのを見ていた家族が労基署に労災請求と未払い賃金請求の申告をした

休　　職	
リーダーの責務	✓ 遅刻や急な欠勤が増えた職員に対して、適切な声掛け・対応を理解している ✓ メンタル不調により休職した職員が回復して復帰することになったときの手順やサポートの方法を理解している ✓ 職員の家庭環境や素因（もともとの病歴）などを把握して普段から意識している
考えられるリスク	✓ 見えないところで園児に対する不適切保育が行われる ✓ 幼児教育の世界に二度と戻れないトラウマができてしまう ✓ 休職期間が満了しても復職できず、退職の折り合いがつかない

早期離職	
リーダーの責務	✓ 出産・育児を経てもずっと保育士としてのキャリアを続けていきたいという長期的なビジョンが持てるような教育をしている ✓ 育児・介護休業規程にある育児時短や残業制限、労働基準法の妊産婦への配慮について把握し、適切な業務指示を行っている ✓ 安心してキャリアアップできる働き方・制度を整えている
考えられるリスク	✓ 「結婚したら仕事は続けられない」という先入観で短期的な目標しか持てなくなってしまう ✓ 優秀で想いのある職員が、責任感から誰にも相談することなく一人で退職を決めてしまう

恵庭幼稚園

　ICT化により完全ペーパーレスの次世代型ワークスタイルを実現。マネジメントの見直し、コミュニケーションの円滑化を目指し、結果として理想の働き方、待遇、保育の質向上につながっています。

施設概要	
施設名	恵庭幼稚園・恵庭保育園・恵庭ひだまり保育園
運営法人名	学校法人リズム学園
施設所在地	北海道恵庭市
定　員	185名
運営形態	幼保連携型認定こども園・小規模保育・企業主導型保育

①　恵庭幼稚園について

　64頁で紹介したはやきた子ども園と同じ法人が運営する幼保連携型認定こども園です。

　明治時代に北海道の恵庭市で初めての寺子屋として小学校が建学。その後、昭和33年に恵庭の教育発祥の地である曹洞宗大安寺の本堂を借りて、現在の学校法人リズム学園恵庭幼稚園が設立されました。現在は幼保連携型認定こども園となり保育所機能が追加され、０歳〜２歳児については恵庭保育園、恵庭ひだまり保育園を併設し、多様なニーズに応えながらも一貫した保育理念のもとで、恵まれた自然環境を生かした保育が展開されています。

　園から車で15分ほどのところにある「北清の森」は、自然のままの林や沢があり、四季折々の生き物や植物の変化を感じながら五感をフル

に使って楽しみながら遊びを創造することができます。

② 卓越したICT環境

　中学校の教員をしていた井内先生がリズム学園の学園長に就任した当時、法人全体で業務が非効率な状態で、抱えきれないほどの仕事に追われている職員の姿がありました。井内先生は、まず業務を効率化して時間を生み出さなければ保育の質は向上しないだろうと考え、本格的な改革を実行したのです。

　現在、職員室には袖机も書棚もなくスッキリとしており、完全フリーアドレスです。園長の席もありません。教職員は1人1台ずつPCとスマートフォン、インカムマイクが支給されており、職員室や保育室等、様々な場所で業務を行っています。保育・幼児教育施設の中でも最先端のICT環境が完備されています。

職員室はフリーアドレスで書類を入れる袖机もない

◇ICT化とは単なるペーパーレスのことではない

　ICT化は情報を円滑化するということを最大の目的とするものであって、「C」＝コミュニケーションを円滑にしなければ意味がありません。手書きの資料をパソコンで作ろうとすることではないのです。そのため、単におたよりをPDF化して一斉送信できるようにしても結局は「A4

のレイアウトに収まるように」という意識が働いてしまいます。本当に伝えたいことを丁寧に伝えるには文字制限やレイアウトを意識せずに書ききることができたほうがよいという理由でWord文書も廃止しています。

◇「PCを使うこと」ではなく「便利になること」が目的

手書きをPC化するだけでも時間短縮になりますが、それだけでは本当の意味での効率化にはつながりません。管理部門であればデータ管理ができるようになることで処理能力を格段に上げていく、保育者であればICTを使いこなしてコミュニケーションを円滑化することも大切にしています。

例えばシフト作成に関して、手書きのシフト表をExcelで作成するという単なる工程の効率化だけで終わりにしません。

Googleスプレッドシートでシフトを作成すれば全職員が編集可能です。

保育現場では急な休みがある場合、法定配置人数の確保と職員配置の記録の観点から、管理者が交代要員を確認してシフトを修正するという作業が生じ、休む人は代わりに出勤してくれる人を必死に探さなければならないというストレスがありますが、スプレッドシート上では、どの職員であれば交代可能かが一目瞭然のため、本人がシフト修正を行って全体に向けて休みの連絡を入れれば作業は完了します。

また、職員間の連絡は有料のチャットツールを使っています。休みの連絡を見ても他の園よりもかなりの人数が急なお休みを取っていました。他の園であれば「責任感がない」などと言われてしまうのかもしれませんが、「何かあればいつでも休むことができる」「誰かが必ず代わりに入ってくれる」という安心感は、実は保育の世界では職場における心理的安全性を保つ大きな要素となるのです。「自分の生活にも余裕を持ち、交代できる協力関係づくりに貢献しよう」「自分が休みたいときに休めるよう、逆に誰かが休むときには積極的に代わってあげよう」とい

う意識にもつながります。

◇インカムマイクでのコミュニケーション

　恵庭幼稚園では、職員が園のバス運転手さんと自由にやり取りしてバスを手配し、北清の森やグループ園のはやきた子ども園に出かけることもあります。園外へ出かけるときは、指導監査等でもクラスごとの行き先と人数、引率者の名前を記録することが求められますが、恵庭幼稚園ではそれらをインカムマイク（無料アプリ）を使って完結させます。口頭で伝えた音声データは録音されるとともに、リアルタイムで全員の耳に入り、音声データも保存されています。そのため、記録を見ないと他のクラスの行き先がわからないといったこともなく、データを探して確認するという手間もありません。このようにチャットツールと音声ツールを上手く活用しながら最適なコミュニケーションを目指しています。

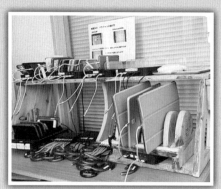

全職員がスマートフォン、タブレット、インカムマイクを持つことができる

◇抵抗はなかったのか？

　ここまで徹底したICT化は理想的である一方で、自園で参考にしようにも「職員の抵抗にあうのではないか？」と不安を持たれるかもしれません。しかし、それは単にPC化という慣れない作業が発生することへの抵抗です。便利になると実感できれば抵抗はありません。

　恵庭幼稚園の取組みはまさに誰にとっても便利になることへの改革でした。そしてICT化により、管理職からパートまで情報の均一化が図られ、コミュニケーションがスムーズになり、人間関係のトラブルもない、水平化した組織が可能になりました。

③　園長は管理しない

　マネジメント能力が保育の質に影響を与えるといいますが、恵庭幼稚園の井内園長はできるだけ管理をしない方針を採っています。例えば、職員の休みについては「許可制」ではなく「報告制」、さらには購買についてもクラスに任せています。

　誰かの指示を待つ人がいるということは、管理が必要になるということです。そして業務をマニュアル化した瞬間に業務の本質が見えなくなります。1人ひとりが自律して動けるようになるためにも「見たらわかる文化」＝本当の意味での見える化を目指していく必要があります。

◇購買は予算内であれば自由

　購買については、各学年にクレジットカードが渡されており、報告は必要なものの、予算内であれば自由に使うことができます。たとえ失敗したとしても責めるようなことはしません。誰にでも「買い物の失敗」はありますし、管理者の承認を得たとしても、失敗することはあるからです。自分の責任で買い物をするからこそ経験値が上がり、自律性が高まるという考えです。

◇本当にやりたいことがあったら相談しないこと

　「反対されたらできない。反対されてもやりたいと思っているのであれば相談する必要なんてない。でも迷ったことがあれば相談して」

　井内園長が職員に常々伝えている言葉です。職員を信じ、職員が自立していく姿を見守っているからこそできることです。

④ 理念の共有

　理念を共有し、保育の質を保つため、園では月2回の研修を行っています。また、クレド（行動指針）は職員と園長が一緒になって作りました。

　「目標」ではなく「約束」として捉え、恵庭幼稚園が恵庭の教育発祥の地であることに誇りを持ち、幼児教育の重要性と崇高さを社会に伝えることを使命として、皆が「実践しなければならない」という強い意識を持っています。

　「心温かきは万能なり」

　熱すぎても冷めすぎてもだめ、真ん中がちょうどよく、良い人であることを皆が心がけることで組織のひずみや衝突は起こらない。そんな考え方をつねに浸透させているため、職員間の人間関係はとても良好です。

⑤ 人事制度は「ベーシックインカム」と「同一労働同一賃金」で評価しない制度を実現

　子育てなど職員のライフスタイルに応じた多様な働き方は保育業界においても浸透しつつありますが、どのように職員を評価すればよいかという問題も出てきています。

　恵庭幼稚園が属する学校法人リズム学園は、法人としての共通の考え方として、「生活の違い」と「職務の違い」という視点で明確に分け、個別の能力評価は行っていません。

◇ベーシックインカム

　職員の能力や職務・職責に関係なく、子どもの養育、就学費用等、生活のための所得保償（ベーシックインカム）が約束されています。

　自身の子育てのため勤務時間を短くしたり、役職を降りたりすれば、その分給与が減ることが多い中で、生活給の保障は職員にとって大きな安心感をもたらします。

　一方で、他の職員からは「自分たちがカバーしているのに不公平だ」

といった不満が出るのではないかとの懸念が生まれます。特に時間に対する縛りの大きい保育業界ではこうした声が多く、できるだけ自己努力で子育ての壁を乗り切ってほしいというメッセージを送り、負担を被ってくれるフルタイム勤務者の待遇を手厚くするケースが多数でしょう。しかしながら、恵庭保育園の人事制度は、出産や子育てという生活負担の増大とそれに対する手厚い保障を皆が理解し、安心して働き続けられる環境を整備しています。

◇いかに学びを深めているか

　万全な生活保障に加えて特徴的なのが、教育機会の提供と、それに応える給与制度です。リズム学園では通常の外部研修受講の支援に加えて大学院への進学サポートがあります。あらゆる保育園にとって、質の高い保育を目指すことは揺るぎない目標ですが、1人ひとりの能力を高めるには、研修の提供にとどまらず、能力評価によって個々のレベルを測っていくことも必要でしょう。しかし、「能力評価の難しさ」というものは、答えのない保育の世界ではとても難しいものです。

　そこでリズム学園では、「いかに学びを深めているか」という視点で給与が決まるしくみを採っています。役職の昇格や昇給の判断は、外部研修の受講を加味します。管理職に上がるにつれ、論文提出や修士課程での学びなどが給与決定の判断に組み込まれ、園長を超える給与水準を獲得することも可能です。上のポジションが空かない限り昇給しないのではなく、自らの学びを保育の現場で還元できる人こそがより評価されるという、個々のプロフェッショナルを重視する制度です。

⑥　保育者の応募は定員の3倍

　リズム学園の施設がある恵庭市と安平町はいずれも北海道の中心部から離れたエリアですが、働き方改革や保育の質向上のしくみ、わかりやすく安心感のある人事制度があることで、定員の3倍もの保育者が全国から応募してくるようになりました。

手当を残業代に充てるよりも保育の充実のための費用や給与手当、ICTへの投資、学びの費用に還元することで、職員にとっても園児にとってもよい循環が生まれます。

　まずは時間を生み出すための投資、そして組織の整備と人への投資、保育の質への投資と、１つひとつ丁寧に向き合ってきたからこそ、職員の協力関係や学び楽しもうとする意欲が醸成され、保育の質が高まっていくという理想的な形を実現できているのでしょう。園をより良くしていく取組みに終わりはなく、つねに課題感を持って取り組もうとする井内園長の熱意は法人全体に広がっていっています。

第3節 新卒者・若者の育成とキャリア教育

1 若手から考えるキャリアビジョン 〜キャリアを見通せない新人

キャリアを見通せない若手保育者をどう導いていくか考えます。

ポイント

❶ リーダーや主任といった肩書きが目標値にならないこともある。キャリアパスは一般企業との違いにも考慮する。

❷ 保育士になりたいのであって主任や園長を目指しているわけではない。出世のモチベーションを考える必要がある。

❸ 理想と現実のギャップが保育者のキャリアを阻んでいる。

❶ 保育者が目標設定できるキャリアパスとは？

　組織が平坦（文鎮型）で目標設定が難しいとされる保育業界においても処遇改善等加算の定着によってキャリアパスを作成する施設（法人）が増えました。しかしながら、それが職員に浸透し、目標設定の一助になっているかというと、まだそこまでの段階に到達していないというのが実態です。

　というのも、これまでの日本の多くの企業では正社員はあらゆる職種にも対応しうる、いわゆる「ゼネラリスト」として経営者の配属命令に

従いながら幅広い知識経験を身につけて企業を知り、マネジメント職に昇格していくというモデルが標準だったからです。そのため、キャリアパスも職種に応じた必要なスキルや職務レベルというよりもその「役職」に就くために必要なものを定義する、という目的で設定されてきました。

　一方で、専門職の組織でありながらマネジメントを行う人・とにかくスキルを高めていこうとする人が混在する保育施設においては、一般企業向けに作られたキャリアパスのひな形は保育者の目標設定に向かない傾向にあります。答えがなく、一人ひとりの関わり方や個性が大切にされる職業においては評価によってスキルを測ることは困難ですが、役職ごとの職務・職責は定義付けが可能です。そして役職に就かなくてもスキルや経験が豊富で、園の保育を創っていくうえで存在感を発揮する人たちに求める専門性についても明示することが可能です。

　このように、保育施設においては、個々の特性を生かしながら、組織としてもしっかり機能していく、複層的なキャリアパスを考えていく必要があるといえるでしょう。

❷　出世を望まない若者

　業界を問わず、20代の若手が管理職になりたくないと答える割合が8割程度いるというニュースが話題になりました。理由はいくつかあると思いますが、いわゆるZ世代と呼ばれる若者たちは、多様性やインクルージョンに寛容な社会で育ち、デジタル・SNSネイティブのため社会問題にも関心が高く、自分軸で物ごとを考えて人生選択をしていくことができるので、一律に上を目指すことをしません。職務や責任に意味を見出せなければ、そこに目標を据えることをしないのです。こうした世代に「5年後に専門リーダーを目指しましょう」と伝えてもモチベーションアップにはつながらないでしょう。とはいえ、仕事でも常に「あなたらしくいなさい」では、上司も部下の成長を導くことに難しさを感じてしまいます。

　では、彼らのキャリア形成においてどのようなアプローチが重要なの

でしょうか。それは、あふれる情報社会の中で生きている世代という特性から見ても、たくさんのリアルな経験の集合なのではないでしょうか。これまでは狭い組織の中にいるためにロールモデルを見つけることができなかった若手に対し、施設を越えたたくさんのロールモデル、キャリアのパターンを見せていくことが求められるといえるでしょう。

❸　若手保育者の理想と現実のギャップ～若手の能力不足ではなく、慢性的な人手不足、マネジメント側の問題？

　筆者は数々の保育現場で新卒者の面談をしていますが、多くの新人保育者から「小さな頃から憧れて保育士になったのに理想と現実の差が大きすぎて、保育士になんてならなければよかったと思っています」といった声を耳にします。一昔前であれば、「甘い」「裏方の仕事も学んで一人前」なんてことを言われて我慢を重ねながら成長していくことが求められてきましたが、新人の声を聞いてみると、本人の経験不足や視野が狭いことが原因なのではなく、受け入れがたい現実に失望しているという事実も見えてきます。

　「子どもとゆったり向き合いたいと思ってもキビキビと現場で動けることがよしとされる。常に先を見て機敏に動ける先輩をすごいと思う一方で、クラス全体がピリピリしているように感じる」

　「大声を上げて子どもをまとめている先輩に当初は強い抵抗を感じたが、ほどなく自分も同じように声を張り上げて子どもたちを押さえつけていることに気づいて自己嫌悪に陥った」

　こうした原因の多くは若手の能力不足ではなく、慢性的な人手不足やマネジメント側に問題があると考えられます。「若手を指導する」のではなく、業務改善、若手のキャリア形成を助けることができる適正な労務管理、マネジメント層のマインドセットといった運営側の変化が求められる時期に来ています。

2　若手職員にのしかかる負担の正体

「先輩は大変な仕事をしないうえに、雑務を押し付ける」、若手職員からはそんな声が聞かれることがありますが、その裏には、構造的な問題が隠れているかもしれません。

ポイント
❶　育休取得・復帰が当たり前に。両立支援と多様な働き方によってフルタイム勤務が減りつつある。
❷　育児世代を「多様なキャリアを見る機会」と捉えることも大切。
❸　「多様な働き方」は職員だけでなく施設・法人にとっても持続可能なものであるべき。

❶　育休復帰者の増加が新人に負荷をかけている？

開園時間が長い保育所や、1人で担任を受け持つ幼稚園では休むことも難しく、結婚出産を機に離職する職員が数多くいました。逆にいえば、保育所や幼稚園で働くことができるのは正職員のみで、職場としてはシフトの調整も担任構成も非常にシンプルでまとまりある職場を組織できていたといえます。

しかしながら保育施設の数が増え、保育士や教諭不足が深刻になってくると、育休復帰者や一度現場を離れて戻ってくる保育者の希望を聞きながら、1人でも多くの保育者を採用していかなければ園運営が持続できない状況になっていきました。世の中全体も労働力人口が減少している今、「いわゆる正社員」といわれる時間帯・勤務地・職務内容のいずれも制約がない正社員の割合は減りつつあり、自分の希望する働き方をデザインできる時代になりつつあります。保育所等においても同様の流れが起きています。

　しかし、多様で柔軟な働き方によって生産性が上がる一般企業と異なり、時間帯ごとに人員配置のルールがあり、かつ長時間利用者が増えていくという特徴がある保育所等においては、育休復帰者や育児中の職員を支える若手の負荷が非常に大きくなっています。保育・幼児教育の楽しさをじっくり味わってもらいたいと願ったとしても、早番・遅番中心のシフトで急な職員の休みにも対応し、場合によっては早番〜遅番まで13時間以上勤務、有休など一切取れないといった状況が続いてしまうと、保育を学ぶ期間というよりも育児世代のフォローに終わってしまう期間となってしまうのです。

　このような状況では、目標を持ちながらモチベーションを維持することができない若手が離職するという悪循環が起きます。

❷　育児期間は「多様なキャリアを見る機会」

　若手からすれば、「すぐに休むし大変な仕事をしてくれない、自分に負荷ばかりかける先輩」に対して憧れを抱けなくなるのも無理はありません。一方で、いずれ結婚・出産し育児をするようになったときでも、仕事を続けることができるという「キャリアの続き」を描けるという安心感に繋げていくことも大切でしょう。

　女性の育休復帰が長い間4割にも満たず低水準だった理由として、実際に育休復帰をして働いているロールモデルがいなかったからといわれるように、正職員かパートか、もしくは正職員か退職かといった極端な選択肢しか知らないと働き続けようという意識も薄れてしまいます。

　ライフステージに応じた働き方をデザインしていけるようサポートをすると、若手も長期的に働くイメージが持てるようになり、結果的に人が辞めない、若手と先輩とのフォロー関係ができるようになります。

❸　職員と施設、そして子どもにとって最適な組織づくりを考える

　両立支援や多様な働き方を進めるのは若手の長期的なキャリア形成にとって非常に重要ですが、出産後、時間帯や職務の制限なく働くことが

できるようになるまでには、どのくらいの期間を要するものか把握しておくことも必要でしょう。

　育児・介護休業法上、時短勤務が認められるのは子どもが３歳になるまで、時間外労働の制限を請求できるのは子どもが小学校に入学するときまでとされていますが、時間帯の壁もあり、法律通りの取扱いでは足りないと感じる職員がほとんどです。小学校高学年になっても中学受験をさせる家庭も増えていますし、思春期や不登校への対応など、子どもに寄り添うために仕事をセーブしなければならない期間が以前よりも長期化している傾向にあります。施設側も配慮していますが、若手が出産する頃までの期間よりも両立支援期間のほうが長く、そして職員全体に占める割合も高くなると必然的に若手の負担が大きくなるということになります。

　こうしたことを踏まえて、多様な働き方を認める一方で待遇とのバランスを考える、子連れ出勤（自分の子を勤務先の園に入園させる）を認めて早番や遅番にも対応してもらえるようにする、夫婦で子育てをすることの大切さを伝え、パートナーと協力し合いながら正職員としての立場を維持するといったことも検討しながら、若手と育児世代が互いに協力し合いながら園運営を考えることも大切です。

3　キャリアパスとロールモデル

　キャリアの多様化が認められつつある現在、若手がたくさんのロールモデルと接し、自分自身でキャリアを構築していくことが大切。キャリアパスは「生きたロールモデルの結集」であるべきです。

ポイント ....

❶　役職に就くことだけを目標とするのではなく、自分らしいキャリア

を描くために目標設定をする。

❷　平均勤続年数が延びているということはロールモデルの数が増えているということ。キャリアパスは生きたロールモデルの結集である。

❸　自園だけでなくより多くのロールモデルに触れる機会をつくることが大切。

❶　キャリアパスは何のためのもの？

役職ごとにどんな待遇が保証されているのか、その役職に就くには何を学び身につける必要があるのか、キャリアの道筋を示すのがキャリアパスです。

専門職として自分のスキルを磨き続けていくことはとても大切なことですが、キャリアパスが上の役職に昇格していくための道筋としての意味づけしかなされないと、役職に就くことを望まない人、現場のスペシャリストを目指している人にとっては目標設定が難しくなります。

そして役職者の職務や責任については理解できても、家庭生活との両立も含めた人生設計までをデザインできないと、働き続けることへの不安も生じます。

正解がなく、その人らしい保育者に育っていくことが願いとしてあるのであれば、園は様々な園長像、役職者像のキャリアと生活の両立パターンに触れる機会を提供しながら自分らしいキャリア選択ができる支援をしていくべきです。

❷　キャリアパスは生きたロールモデルの結集

園（法人）が示すキャリアパスは、園におけるキャリアの道筋を示してくれるものですが、あくまでも指標に過ぎません。誰一人としてライフスタイル・ライフステージ、保育者としての強みや興味関心は同じではないため、いかに自分にとって最良のキャリアを築いていくか、自分自身で考えられるものであると、多様で彩りある豊かなキャリアパスに

なるでしょう。役職ごとの職務職責や能力レベルを示しながらも、柔軟な働き方を保証できるような制度を構築していくことで、キャリアパスが生きたロールモデルの結集となっていきます。

❸　自園だけでなくより多くのロールモデルに触れる機会をつくる

　たくさんのロールモデルに出会うことは非常に有益なことです。刺激を受けながら自分自身のあり方を内省する機会を作ることで自信をもってキャリアを切り拓いていけるようになるでしょう。園以外の保育者のコミュニティに触れたり、ワークショップのある外部研修に積極的に参加したり、あえて転職をしてみることで保育観やキャリアビジョンが大きく変わることもあります。法人側もそうした柔軟性・多様性を認め合う風土を作っていくことが、園の継続、発展に必要です。

【事例・保育者のキャリア①】
幼稚園教諭から結婚出産を経て小規模保育園でパート勤務

新卒～幼稚園教諭として7年間勤務

　休憩も十分に取れず、サービス残業も多いなど、決してホワイトな園とはいえなかったが、尊敬する園長がたくさんのことを教えてくれ、とにかく毎日が楽しく充実していた。ただ、結婚・出産後も働き続けることは難しく、退職。

専業主婦として8年間育児に専念

　専業主婦となり、2人の子どもを育てる中で独身時代に幼稚園教諭として働いていた時には見えていなかったものが見えた。「保護者はこんな気持ちだったんだな」と改めて考えることも増えた。そして、「働いていないこの時期はブランクではなく、立派なキャリアだ」と思った。次に再び働くときのためにたくさん豊かな経験を積み、子育てを楽しもうと思った。

パートとして小規模保育園で勤務（現在）

　小学生の子どもが学校から帰ってくるまでの時間働く。時間は短いけれども、職員と共有し合いながら自分の出せるスキル・経験値を存分に発揮できており、子どもと関わる時間がとにかく楽しいと感じる。

 【事例・保育者のキャリア②】
20年務めた園を出て、園長職に

新卒〜保育士として20年間勤務

　就職後結婚し3人の子どもを出産。子育ては大変だったが保育士の仕事が楽しくて仕方なかったので、両親と同居してサポートを得ながら育児休業期間以外は正職員として20年近く勤務。

　鼓笛や和太鼓の指導、ハイレベルな行事の練習の日々で、他園の保育を知りたい、自分のスキルがどこまで通用するか試してみたいという思いに駆られて退職。

小規模の保育園に園長として転職

　小規模保育園の園長に転職。子ども主体の保育というものを改めて学び、仲間と話し合う中で、新たなキャリアの道が拓けた。そして、「この理念に根ざした保育を町ぐるみで作りたい」との強い思いが芽生え、近隣の自治体に自らアプローチし、認定こども園の開園につなげた。

小さな町で初めての認定こども園の園長に

　念願が叶い、法人内の仲間らと自分たちの考えや思いが詰まった認定こども園を開園。人口減少が深刻で、さらには老朽化等により近隣の市町の保育園や幼稚園に流失していた町だったが、たくさんの入園希望が集まった。

　同じ保育所に勤め続けることも大切だとは思ったが、家族経営の法人では絶対に主任以上へ昇格することはなかった。認定こども園をつくっ

たことで、これまで培ってきた経験・スキルを自分らしく生かせる場所をいかに見つけ、自ら切り拓いていくか、その大切さに気づくことができた。

【事例・保育者のキャリア③】
出産育児と仕事のバランスを考え、自分なりにベストな働き方をデザインしていく

新卒～保育士として5年間勤務

同期は0歳児担任。自分は2歳児担任。マンツーマンで保育を学べる0歳児担任の同期と、収拾がつかない2歳児をまとめる先輩をひたすらサポートする自分。気づいたらスキルの差もでき、「できない新人」と言われて悩んだ。大きな園だったので自分の意見や考えを言うこともできず、先輩の指示・指導に従うしかなく成長の実感を持てずに過ごした。

認可外の小規模保育園に転職

小さな認可外保育園に転職し、責任者としてゼロから園づくりに従事。試行錯誤しながら自分主導で保育を進める中で「前職でのあの経験はこういうことだったんだ」ということを1つひとつ咀嚼できた。保育というものを改めて学び考える日々が、自分を大きく成長させてくれた。

子育てに悩むことがあっても働き方を柔軟に変えてキャリアアップ

認可外保育園に転職後、子どもを4人出産。子育てとの両立に悩んだ時期もあったが、誠実に仕事をしていたことを評価され、その時の自分に合った働き方をさせてもらい、それが正職員・限定正職員・パート（正職員同等の職務と時間給）といった人事制度に定着していった。働き方を柔軟に変更しながらその時の自分に合った働き方を選択してこれたおかげでキャリアが途絶えることなく、子育ても仕事も楽しむことができている。今は園長に抜擢されて力を発揮している。

中村学園大学

　学生時代から長期的なキャリアビジョンを持つことはとても大切です。

○パネリスト
那須信樹先生
北野久美先生
Kさん（中村学園大学教育学部　児童幼児教育学科　4年生）
Hさん（同　3年生）
Tさん（同　3年生）

聞き手：菊地加奈子（社会保険労務士）

【那須信樹先生】
中村学園大学　教育学部　教授
中村学園大学付属あさひ幼稚園教諭、園長を歴任。現場経験のある教授として令和元年度　中村学園大学ベストティーチャーに選出される。
厚生労働省「保育の現場・職業の魅力向上検討会」等の委員も歴任。

【北野久美先生】
社会福祉法人愛育会　あけぼの愛育保育園　園長
北九州市保育士会会長
20歳で同法人のあけぼの保育園に新卒入職してから主任・園長を歴任したのち、2012年にあけぼの愛育保育園の開園に伴い同園の園長に。保育士としてのキャリアを貫いている先生。

【座談会を開いたきっかけと目的】

　養成校で学問としての保育を実習経験も経ながら学んでも、いざ実践の場に出ると違和感を覚え挫折してしまう保育者が多くいます。筆者自身も数多くの園における処遇改善やキャリアパス等の人事制度策定に関わる中で、経営者層が願うキャリアアップへの意識と現場の保育者が抱く自己実現の形に違いがあるのではないかと感じてきました。

　多くの経営者は「目標があればそれに向かって努力することができる」と思い、キャリアパスを提示して見通しあるキャリアプランと目標設定を促しますが、果たしてそれが本当に保育者たちの原動力になるのか？そんな思いから、保育を学ぶ学生が今まさに抱いている思いを聞いてみることにしました。ベテランの園長先生の経験談も交えてお伝えすることで、改めてご自身のキャリアについても考えてみるきっかけになればという思いも込めました。

● なぜ保育士養成校に入学したのですか？　実際に学んでみてどうですか？

Ｋさん：幼稚園の担任の先生が大好きで、その先生に憧れて年長の時から夢はずっと幼稚園の先生です。以降、保育士以外の職業は考えたことがありませんでした。

　しかし、大学に入学して保育を学ぶうち、保育の仕事は子どもたちと遊ぶだけではなく、子どもの発達をしっかり理解して接することが必要で、高度な専門性や技能が必要だということを日々感じます。そして、私たちが保育を行う年齢は子どもにとってかけがえのない大切な時間なのだと感じながら、学びを深めていけばいくほど保育士になることに自信がなくなり、子どもたちを成長させられるだろうか、と不安に思うようになりました。

　就職先は保育園希望で、未満児を受け持ちたいです。理由はとにかく可愛いから。また０歳から５歳になるまでの成長を見てみたいです。

Hさん：親が保育園を経営していて、親の言われたとおりに大学進学を
視野に中村学園大附属校に進学しましたが、保育を学び始めて、改めて
自分のしたいことと違うと感じ、毎日が苦しくて勉強も全然楽しくあり
ませんでした。さらに学年が進んで実習も経験しましたが、やっぱり違
うなと感じました。

　何度も先生と話し合い、資格・免許は取得して卒業はすると決めまし
たが、今は一般企業の就職活動をしています。いつかは保育の仕事をす
るのかもしれないけれど、いろんな経験を積んでからでも遅くないし、
今は職業を1つに絞らず、同時にいくつもの仕事ができる時代だと思う
ので、じっくり考えて決めたいです。

Tさん：私自身は、4歳の時から幼稚園に入園したのですが、周りの子
がほとんど3歳で入園していたので、寂しい思いをしました。でも、新
卒の担任の先生がとても優しくて、その先生に憧れて保育士を目指そう
と思いました。入園後すぐ骨折をしてしまったのですが、その先生がみ
んなと仲良くするきっかけを作ってくれことが印象に残っています。

　私もKさんと一緒で幼稚園の頃からずっと夢は保育士です。そしてや
はり、大学入学後、保育士の専門性の高さや偉大さを感じました。4年
間の学びでは全然足りないと感じていて、仕事に就いてからも学び続け
ないといけないと感じています。

●就職してからの長期的なキャリアというものを考えたことがありますか？　そのようなことを考えるきっかけ（経験の機会）を得たことがありますか？

Kさん：母も若い頃に幼稚園教諭をしていたのですが、出産を機に専業
主婦になりましたので、私にとってはそれが当たり前でしたが、大学に
入学して初めて母親になっても幼稚園の先生や学校の先生を続けている
人がいることを知りました。でも、私自身はずっと働き続けるイメージ
がうまく持てないというのが正直なところです。

園長になって経営をしたい！　という保育学生はゼロではないですが、ほぼいません。主任になってとか、園長になってとか、そういったキャリアは想像できません。

Hさん：一般企業への就職を希望していますが、その会社で終わりではなく、35歳くらいで起業したいと考えています。子どもが好きというわけでもないので、子どもがほしい！　という気持ちもそれほどありません。とにかく何でも挑戦したい世代ということがあるかもしれませんが、今の時代、1つの仕事しかできないわけではないと思っています。今は想像できませんが、将来、親の経営している園を継ぐこともあるのかもしれないですし。

　大人の皆さんには色々な働き方を見せてほしいですし、保育士を目指す人たちにも様々なキャリアプランを示してほしいと思います。

Tさん：私は保育園希望で、少なくとも30歳くらいまでは続けたいです。保育園を選んだのは、保育園に行ったときに温かい雰囲気を感じたからです。将来的に子どもがほしいので、子育てと仕事を両立したいと考えています。

●北野先生にお伺いします。長きにわたり保育の第一線で働くことができたのはなぜだと思いますか？
北野：私は皆さんのように保育士になるなんてこれっぽっちも思ったことがなかったんです。なにせ子どもの時に通った保育園の先生がとにかく嫌だったから。でも、そんな経験から、子どもたちが嫌な思いを引きずったまま大人になってほしくないと思うようになり、決まっていた大学推薦を取り消して、保育の短大に進学したんです。

　そんな強い思いを持って保育士になったのですが、子どもからも保護者からも洗礼を受け、何度無理だと感じたことか。理想が高くて思いも強いけれどスキルが追い付かないギャップとか、連絡帳を書いたら保護者に赤字で修正されたりとか、挙げればきりがなく、たくさん失敗して

ボキボキ心が折れました。それでも子どもたちに救われ、続けることができました。そしてどんなに辛いことがあっても朝一番の保育室のにおいがとっても好きで、また頑張ろうと思えるんです。自身を鼓舞しながら、ここまで来た感じです。

●**長く働いている方々に見られる共通点があれば教えてください。**

北野：養成校から「この子は続かないと思います」と言われたのに入職7年目になる職員がいます。その職員を見ても、持論に固執しない人のほうが続くと感じます。自信がない＝これから自分の保育を作ろうとしている人だから、そのほうが伸びるし、1つ自信がつけば続いていきます。逆にオールマイティに何でもやろうとすると続かないので、SOSを出せる人、「手伝ってください」「わかりません」「助けて」と言えることが大切で、むしろ言ってほしいですね。

●**保護者対応でつまずく保育者が多いですよね。園長としてどんなことを意識されていますか？**

北野：自信はつけていくもの。むしろ自信がないから頑張ります、という気持ちが大切。私の園では、新任の先生にまず保護者対応のロールプレイ研修を受けてもらいますし、新任1人で保護者の対応をさせることはまずないです。

　保護者はすごく忙しい中で子育てをしていることは十分わかるので、基本的には家庭での食事や生活習慣の乱れについて思うことがあってもまずは受け止めるスタンスでいます。とはいえ、保護者から過度な要求等をされた場合は毅然とした態度で臨みます。もし保護者から保育士、特に若手保育士に無茶な要求があり、それが保育への批判や苦情のようになってしまったときには、まずは保護者に共感しつつ、気持ちを受け止めながらもあえて保護者の前で「○○先生、●●くんのことを気遣ってこんな対応してくれたのね。ありがとうね」と保育士の対応を褒め、園の方針を間接的に理解してもらうようにします。園長として、保護者

にも保育士も寄り添いたいと思っています。

　また、こうした過度な要求が起こる原因として、保護者自身の子育て経験が足りないということもあるので、いかに保護者に子どもと一緒に経験を積ませるかを考えます。

　遠足や保護者参加のイベントで大きな公園に連れていくと保護者が遊びだすんですよ。保育士はその間、笑いながら子どもたちを見ています。でもそうやって保護者自身が遊びの楽しさ、子どもの頃の記憶を取り戻して同じ目線でわが子と向き合えるようになれたら素敵なことですね。

●那須先生にお伺いします。たくさんの学生と接してきて、学生の意識の変化を感じますか？　また、現場の園長経験を踏まえて教壇に立たれている今、学生時代からキャリアを考える意義をどのように捉えますか？

那須：養成校における学生へのキャリア教育が足りないと感じています。教員の中には、保育養成校＝保育者にすることがすべてだと考えている者も少なくありません。もちろん、4年間大切に育てた学生たちに保育者になってもらいたいと思いますが、その芽が摘まれないように長くキャリアを築いてほしいという思いも強いのです。今回参加している（保育士を希望しない）Hさんとも、本当に何度も何度も話し合いました。

菊地：この座談会にあえて「保育士になりたくない」という学生を送り込んでくださった那須先生に感謝です。深く考えさせられます。

●学生さんたちへ。保育士としての経験を重ね、長期的に働く意義をどのように捉えますか？

菊地：ライフステージの変化とキャリアをイメージしてみてください。独身時代に幼稚園の先生をしていたけれども結婚や出産で辞める先生は多いです。クラスを1人で担任していたら平日に有給休暇を取ったり、妊娠しましたといって年度の途中で産休に入ることは無責任だから続け

られないと思ってしまうのでしょうね。シフト制や複数担任が可能な保育園はどうかというと、開所時間が長い分、子育てをしながら早番や遅番のシフトは無理、と思って辞めてしまう方も多いんです。そういうイメージをしたことありますか？

Kさん：自分の母が幼稚園の先生でしたが、結婚を機に辞めたこともあり、ライフステージとキャリアについては考えたことがなかったです。

Tさん：私も漠然と子どもを産んでも仕事は続けたいと思っていましたが、具体的に働き方とかどんな大変なことがあるのか、といったことは想像したことがありませんでした。

菊地：ライフステージとキャリアを考えるうえで、保育士資格と幼稚園教諭の免許を取って卒業したら選択肢は結構多いと思いますよ。たとえば、出産を機に幼稚園の先生を辞めて一旦は専業主婦になったけれども、子育ての経験を生かして短時間のパートで小規模の保育園で働くとか。（運営形態や雇用形態を柔軟に変化）

●キャリアアップすることに対してはどんなイメージを持っていますか？
Kさん・Tさん：園長や主任になりたいといったことはこれまで考えたことがなく、キャリアというイメージがまったくついていないことに気づきました。目の前の保育の仕事とひたすら向き合って、自分自身のスキルが上がっていけばいいのかな、と。

菊地：保育士という職業は専門職なので、組織のピラミッドの中で上に上がっていくことだけが選択肢ではないですからね。職人気質でとにかく現場で保育スキルを一生磨いていきたいと願うことも重要なキャリア選択の1つだと思います。

Hさん：周りの友達は、良い意味で出世することだけを望んでいないよ

うに思います。私のようにまったく別の業種の仕事を経験したいと考えている人も、何年かたって保育の現場にきたときにそれまでの経験を認めてもらえることも必要なのかな、と思います。

北野先生：私も主任になりたいとか、園長になりたいといったキャリアを考えていたわけでなく、ただ目の前の子どもたちに向き合って頑張ってきたら今の役職になっていた、そんな感じです。

那須先生：福岡では、以前は１法人１園が大多数という中で、管理職を目指すという志向性はあまり感じられませんでしたが、１法人複数園が増え、キャリア形成の捉え方が変わってきたと感じています。自分の中でのキャリア、組織の中での自分のキャリアを考える必要がありますね。

●保育の職場についての課題感〜多様な働き方が認められる一方で、若手に負荷がかかりすぎていないか？〜

北野先生：正職員の負荷（時間、残業、業務量、保護者対応等々）が大きいのであれば、園に伝えていいと思います。園にとって大切な保育士です。園に理由を伝えることと、権利主張が強すぎるということとは違います。例えば、早番遅番に偏らず、子どもにとって大切な時間（園児が一番多い時間帯）を一緒に過ごしたいなど、子どもと関わるうえで何を考えてそう思うのか伝えたらよいと思います。

　現実としては、正直、運営側もとても悩んでいます。正職員とパート、子どもがいる人と独身の人の不公平さをどう解消するか、どうすれば皆の理解を得られるか。良い意味での甘えあい、カバーに回って頑張ってくれている人へどう還元するかなど。私の園では、別の日に半休を取ってもらうなどして少しでも負担が軽くなるよう配慮しています。

那須先生：正職員の負荷に限った話ではなく、現場の実態を伝えることで保育者になる学生が減り、保育職への憧れや魅力が失われてしまうのではないかという不安があり、養成校でも難しさを感じますね。

北野先生：以前に比べて、職員として大切に育てよう、チームの仲間として育てたいという意識が醸成されてきていると思います。選択肢が増えたことについてマイナスな面ばかり捉えず、どういったこと（保育）をしたい？　ということを1人ひとりに問いかけてその思いを大切にしています。

Tさん：私はずっと華道を習っていて、卒論でも日本の文化（華道）と保育について考察しています。華道と保育、那須先生からも卒論のテーマとして取り上げるには時間的にも難しいのではないかと言われているのですが、でも実習に行ったときに園の先生方に趣味や好きなことを聞いてもらえて、そういう会話から保育にもつなげられるのではないかとイメージできて、それがとても嬉しかったです。

北野先生：本当の華道となると少し難しいですが、実際保育園でも、子どもたちが園庭の花を生けることを遊びのなかで自由に行っていますよ。実習調書や履歴書で「趣味・特技」の記入欄がありますが、たしかに現状では、今までやってきたことや、好きなこと、得意なことを入職後（実習時）に聞くことはあまりないですが、でもそういったことこそ保育士のマネジメントや個のキャリアに活かせると良いですね。

●保育士という仕事の魅力
北野先生：経験の中で見えるものがあるから、様々な事象に対して結果の予想がつくんです。でもそれがすべてではありません。子どもにとっては担任が一番で、いつも子どものことを見ているのは担任、子どもが大好きなのも担任。だから、まず担任に聞くようにして、園長は答えを押し付けないようにしています。

　保育は売上などのように、今日明日で結果が出るものではありません。10年20年後に園児が保護者になって戻ってきたり、園児が保育士として戻ってきたりすることに幸せを感じます。お父さんと子どもの癖がそっくりだったり、絵本を読んで同じ部分に同じ反応をしたり。園庭で

遊んでいる子があまりにお父さんの子どもの頃の面影そっくりだったから思わずお父さんの名前を呼んでしまったり。笑

　中学生になって園にふらっと遊びにくることもあるんですよ。中学校で何かあったのか…、「0歳児の部屋で遊んでおいで」と言うと、自分が小さい頃に愛された記憶を取り戻しすっきりして帰っていったり。

　大変なこともあるし、すぐに結果が出ない。でも、だからこそ、もう少し頑張ろうとここまでくることができました。

　だから保育士には辞めないでほしい。辞めたいと思う要因があるならば、辞めずにすむよう園と向き合ってほしいし、園を良くするために力を貸してほしい。そういう保育士が増えると組織はきっと良くなると思います。

●学生さんたちから〜キャリアについて

Kさん：保育者として働き続けたいと思いながらも、明確なキャリアプランがないことに、「果たしてこれでいいのだろうか…」と、就職が近づいている中で考えていたところでした。しかしキャリアについての質問をしてくださり、私の話を、「リーダーになりたい・管理職なりたいという肩書のキャリアではなく、保育者としてスキルを上げ続けていきたい・専門性を高めていきたいという想いがある」というお言葉に変えてくださったことで、どんな保育者でありたいのかを改めて見直すことができたように思います。つまりキャリアとは、肩書としてのキャリアプランだけでなく、自分がどのような保育者として、どのような信念を持ち、どのような生き方をしたいのかということなのではないかと考えました。北野先生のようにキャリアを積まれた先生のお話をお聞きすることで、そのような世界もあるんだと視野が広がると同時に、「現場で経験を積むしかない！」と感じました。キャリアを積まれた先生のお話をお聞きすることの重要性を感じました。

Hさん：お話を聞いて、一見よく聞こえる『多様な働き方』ですが、必

ずしも全員が良い思いをするわけではないということを知りました。多様性やジェンダーレスといったものが唱えられている世の中、何が一番私達にとって最善であり、苦しい思いをする人が少なくなるんだろうと考えましたが、きっとコレ！　という1つの正解はないですよね。その人の立場や価値観などで変わるものなのかなと思いました。

　この経験を機に、同じ世代の子達にもっと視野を広げてこの世界を見てみようよ！　と発信していければいいなと考えています。

Tさん：今回の座談会を通して今後への不安が少し軽減されたとともに、「保育は正解もなければゴールもない」ことを実感し、就職後も学び続け極めていきたいなと思いました。

　また、キャリアプランに関してはこれまで具体的に考えたことはなく、「キャリアなんてサラリーマンとかOLとか一般企業で働く人のもの」と話す友人もいたほどです（笑）。

　しかし、菊地さんの保育とキャリアに関する鋭い問いかけにハッとさせられました。

　今後、就職して結婚・出産…となんとなく想像していましたが、「なんとなく」の人生は勿体ないなと感じました。私はこれから様々な人生の分岐点を迎えても、できるだけ長く保育者として働き、現場での経験を積んで保育の専門性を高めたいという思いがあるので、その思いを基に、ときにキャリアダウンするようなことがあったとしても自分に合った働き方ができる選択をし、豊かな保育者人生を歩んでいきたいと感じました。

●**学生さんたちから〜保育士として**

Kさん：現場での経験の浅さから保育に「不安がある、自信がない」と感じてしまうものですが、北野先生のリアルなお話をお伺いし、不安が少し軽減されたように感じます。また、保育者になる身として緊張感とともに、責任の大きさと偉大さを感じました。

キャリアを積まれた方の話を聴くことは、学生が抱く不安に「大丈夫」と背中を押してくれ、保育者になることに期待やワクワク感をもたらしてくれるものではないかと感じました。そして、不安や自信のなさを"当たり前"として捉えるのではなく、今の学生生活でできることは何かを考え実践することが大切だと感じました。

Hさん：北野先生の様々な体験談をお伺いし、成功だけではない経験からの謙虚さというものを感じました。保育士会の副会長や園長という立場にいらっしゃいますが、包み隠さず色々なお話をしてくださり、話し方や周りへの気配りなども大変勉強になりました。

　また、北九州市の保育のあり方を良くするために奮闘されている姿は大変かっこよく、私も北野先生のように現状に満足せず、何事にも疑問を持ち、自ら行動していく意気込みで、取り組んでく決意を新たにしました。

Tさん：私自身、「これまでの学生生活での学びを通して保育の専門性の高さや奥深さを実感し、現場に出た時に果たして仕事が務まるのか」という不安をこれまで感じていました。しかし、北野先生のリアルな体験談や私たち学生の思いに寄り添ってくださる姿から、今後の不安が少し軽減されたとともに、「保育は正解もなければゴールもない」ことを実感しました。保育を面白がる姿勢を忘れず、日々の経験や学びをコツコツ積み重ねて保育の専門性を高めていこうという改めて思いました。

　さらに、現在卒論研究テーマとして考えている「保育への華道をはじめとする日本の伝統文化の導入」に関しても、北野先生のお話から実際に子ども達の花への興味関心やそれを面白がる姿が想像でき、自分の着眼点に誤りはなかったのだと感じましたし、保育への日本の伝統文化の導入は不可能ではないということがわかったので、より良い研究となるよう、学びを進めていきたいと思います。

左より　Ｔさん、Ｈさん、Ｋさん、菊地、北野先生、那須先生

第4節 未来人材を育てる
キャリアパスと人事制度

人事制度に正解はない。
自園に合った制度の方針を立てる

　人事制度の方針は園ごとに委ねられています。園（法人）の方針や成熟度に合わせて見直していくこともできます。

> **ポイント**
> ❶　キャリアパスは処遇改善等加算の支給要件に合わせるものの、任用の要件や職務・職責については園（法人）ごとの特徴を出すことができる。
> ❷　安定を保障するか、頑張りに応じた処遇にするか、職務職責に応じた処遇にするか、メリット・デメリットを整理して決定する。
> ❸　多機能化が進むと事業が複層化していく。職種や職務が増えたときの人事制度についても検討しておく。

❶　園（法人）の特徴を捉える

　人事制度についてはキャリアパス策定の部分で処遇改善等加算のルールの影響を受けますが（次項参照）、基本的には園（法人）の方針に委ねられています。園の特徴や法人の考えを整理し、将来に向かってあるべき姿を見据えたときに必要とされる制度を構築しましょう。

	特　徴	人事制度の特徴
歴史ある法人で園の数も少ない	古くからいる職員が定着し安定している。変化に対する抵抗がある。	定期昇給・年功序列の安定した賃金制度による安心感を持たせる。 評価は保育の自己評価のみ。給与とは切り離して考える。
	保育方針がしっかりしているが、働き方が古く、保育者の負担が大きい。	安定感ある制度にしつつ、残業の見直しや意識変革を評価に盛り込んでいく。 正しい労務管理についても並行して整備する。
株式会社等、比較的新しく園の数が多い	独立した本部が各園の職員の様子を把握しきれていない。	キャリアパスを整備して、能力・職務についても客観的に評価できるしくみを整備する。園長の評価者訓練が必要。
小規模保育など、組織が小さい	正職員が少なく、処遇改善等加算にマッチするキャリアパスを適用するのが難しい。	「ポスト不在」も含め、幅のあるキャリアパスを設定する。
	正職員並みに働くパートが多く、待遇差が生じている。	パートにも正職員のキャリアパスを一部適用する。

❷　人事制度の特徴とメリット・デメリット

　保育所等の人事制度は処遇改善等加算の制度とも結びついています。また、施設の運営形態によっても特徴が異なるため、メリット・デメリットを考え、組み合わせながら自園にあったしくみを検討しましょう。

	メリット	デメリット
(1)　賃金テーブルに合わせて毎年昇給。年功序列のしくみ	●職員が長期的な見通しを持って安心して働くことができる。	●職員が長く働くほど人件費が高騰する。 ●定期昇給分は処遇改善等加算の賃金改善要件

		分・人勧分の対象外。 ● 能力や意識が低くても給与が上がる。
(2) 能力や貢献度に応じた処遇	● 若手でも評価が高ければ昇格・昇給する公平性がある。 ● 職員のモチベーションアップにつながる。	● 経験年数ベースで考える処遇改善等加算のしくみとなじまない部分が多い。 ● 職員の能力や貢献度を適正に評価できなければ不満につながる。
(3) 職務・職責に応じた処遇	● 短時間勤務のパートでも正当な評価が受けられる。 ● キャリアパスに当てはめやすい。	● 複数の園を運営している場合など、同じポジションで職務・職責に差が生じる場合がある。 ● 自分の職務以外はやりたくない、という声が出る場合がある。

❸ 多機能化と新たな職種

保育所等の多機能化が進めば、新たな職員の処遇について既存の職員とのバランスを考慮する必要が出てきます。

	職　種	処遇改善等加算
病児保育	・看護師 ・保育士 ・民間資格で病児保育専門士がある	×
児童発達支援	・児童発達支援管理責任者 ・指導員 ・保育士…実際に子どもの療育などを行う。 ・機能訓練担当職員（任意。言語聴覚士や理学療法士、作業療法士な	○ （障害）

	ど）	
子育て支援	特に不要。 虐待などの深刻な問題を抱えている保護者が多く、継続的な支援を行う場合は臨床心理士を置く場合もある（外部委託や連携も可）	×
学童保育（小学生）	・学童保育指導員	×
放課後デイ （6歳〜18歳）	・管理者（常勤要件なし） ・児童発達支援管理責任者 ・児童指導員 ・保育士	○ （障害）

(1)　処遇改善（等）加算の対象が異なる

　保育の処遇改善等加算のほかにも福祉・介護職員の処遇改善加算の対象となることがありますが、それぞれに対象の有無も異なるため、賃金基準の設定と管理が複雑になります。

(2)　施設が違っても必要資格が重なる場合がある

　「保育所の保育士と病児保育担当保育士」、「保育の専任看護師と病児保育の看護師」など、同じ資格でも職務が異なる場合があります。職務の整理は大切ですが、兼務する場合や異動を考え、できるだけ手当等で調整できるようにしたほうがよいでしょう。

2　これだけは押さえておこう 処遇改善等加算のルール

　園の方針や理念を職員に浸透させるために人事制度は重要ですが、処

遇改善等加算のルールを押さえておかないと制度が成り立たない場合があるので注意が必要です。

ポイント
❶ 昇給のしくみが毎年の定期昇給のみの場合、処遇改善が認められない。
❷ 処遇改善等加算は経験年数ベースのしくみになっている。
❸ 今後の園児数の減少が処遇改善等加算にも影響する。

❶ 昇級の種類と処遇改善等加算

処遇改善等加算には、次のようなルールがあります。

●賃金改善要件分：本来ある賃金制度を見直して、処遇改善等加算として職員に支給する
●人事院勧告対応分：国家公務員給与の変動に合わせて職員の賃金改善のために公定価格（委託費のベースとなる金額）が引き上げられたら、その部分について、確実に職員の賃金を引き上げる。

定期昇給とは、「毎年必ず●月に昇給しますよ」と約束したものですので、施設全体の「賃金水準」を引き上げることを目的とした処遇改善等加算の賃金改善要件分や人事院勧告対応分の昇給分については定期昇給による昇給を処遇改善に充てることができません。

300

図表1　定期昇給とベースアップの違い

✕　定期昇給

号俸	基本給
3	204,000
2	202,000
1	200,000

毎年定期昇給で1号俸ずつ昇給する

○　ベースアップ

号俸	基本給
3	206,000
2	204,000
1	202,000

号俸の金額を上げる
※賞与等を基本給ベースにしている場合は賞与も引き上がる
※毎年賃金表を書き換えるのは煩雑

> 期末賞与など一時金で支払い、年俸の引き上げをすることで
> 賃金改善・人事院勧告対応分の要件を満たすのが最もスムーズ。

　図表1のように、「毎年1号俸ずつ上がります」と約束するのが定期昇給であるのに対し、号俸表を書き換えることをベースアップといいます。まさに賃金水準の引上げです。ベースアップであれば処遇改善等加算の要件を満たします。

　しかし、ベースアップをすれば賞与や退職金も同時に引き上がりますし（基本給をベースにしている場合）、毎年賃金表を書き換えるのも手間がかかります。また、人事院勧告対応分は年度の途中で発表されるため、年度初めから適用するにはある程度の予測による運用が必要で、過不足が生じてしまいます。

　こうしたことを踏まえると、毎年の人事院勧告対応分の発表を待ち、期末賞与・年度末賞与で調整するというのが最も過不足なくスムーズに賃金改善できる方法といえます。

❷　経験年数を切り離して考えることは難しい

　処遇改善等加算Ⅰは施設職員の平均経験年数で加算率が決まります。また、賃金改善についても経験年数に応じた賃金が基準年度と比べて増えているか、という見方をします。経験年数に応じた加算は施設平均の

301

ため、個々に加算率が計算されるわけではありませんが、処遇改善等加算の本来の目的に照らして考えると、「年功序列を撤廃し、年数に関係なく評価をする」という方法を導入することは難しいといえます。

　そもそも保育所等で働く職員のほとんどが専門職ですので、経験年数と能力は比例するという考えが根底にあります。それでもなお、経験年数と施設におけるパフォーマンスが比例しない（ベテランなのにまったく貢献しない、もしくはフットワークの軽い若手の貢献度が高い）という場合は、職務や役職に応じた手当を別途用意して反映するようにします。

❸　園児の減少と処遇改善等加算

　処遇改善Ⅰ・Ⅱ・Ⅲともに園児数が金額に影響します。今後、園児数が減り続けて職員に変動がなかった場合には処遇改善等加算も減額され、配分できる金額が減ることとなります。

例えば…

◎処遇改善等加算Ⅱの副主任・専門リーダー相当の加算対象人数が園児の減少に伴って４人から３人に減ってしまった。

　（４万円×４人＝16万円　→　４万円×３人＝12万円）

→専門リーダー保育士Ａさんの給与から処遇改善手当４万円をカットする？

　収入減を給与に反映してよいか、不利益変更にならないように給与を施設側の責任で補填するかについては自治体ごとの考え・方針が異なりますが、法律上の考え方に照らして、職員に丁寧に説明し、合意を得て進めます。

●不利益の程度（不利益が大きすぎないこと）
●不利益変更を行う必要性（使用者側の事情として、例えば経営不振等）
●変更内容の相当性（他の労働者や同業他社と比べて不利なものとなっていないか、一方的に不利益を押し付けないよう代替措置や経過措置が設けられているか等）
●労働者や労働組合への説明や必要な手続きの履践がなされているか等

3　公平で人が育つ人事制度

公平で人が育つ人事制度をどうつくっていけばよいかをみていきます。

ポイント

❶　安心感は基本給で、公平性は手当で、バランスを考えたしくみをつくる。
❷　自己成長につながる評価とフィードバックで職員を育てる。
❸　園内外の研修も重要。育てるしくみも考えよう。

❶　基本給と手当

保育所等の人事制度・賃金制度は処遇改善等加算の制度・しくみに左右されます。また、専門職としてのキャリアという点を反映させることも重要になってきます。こうした点を踏まえると、保育所等の賃金制度は基本給と手当の目的を整理したうえで安心感と公平感のバランスある制度にしていくことが重要であるといえます。

図表1　基本給と手当の考え方

基本給	**経験年数に応じて定期昇給する賃金テーブルがあると安心感がある** • 中途入職の場合、前職をどのように換算するかもルール化して、専門職としてのこれまでのキャリアを適正に反映できるようにする
職務手当	**職務に応じた手当で貢献度に応じたバランスを取る** • 若手は基本給が低いけれども、時間の制約がない分、早番・遅番などの負担をカバーしてくれる • ベテランで基本給は高いけれども、育児等で時間制約があり、これまでの経験を生かした職務を担えない
資格手当	• 多くが保育士・看護師・栄養士・調理師など専門職である職場であるため、資格に手当を付けても仕事の動機づけになりにくい場合がある
役職手当	**処遇改善等加算とバランスを取る** • 処遇改善等加算IIの対象外の園長、副主任よりも処遇改善等加算IIの配分額が少なくなる主任に付けるとよい
処遇改善手当	**制度改廃の可能性を説明しておく** • 制度が変更になったり、園児の減少等で施設に支給される加算の額が減った場合に給与も引き下がる可能性がある旨を職員に丁寧に説明しておく • 対象となる職員・ならない職員の区別を明確にしておく （多機能化により、同じ法人内・施設内でも対象者が異なる場合が出てくる）

❷　自己成長につながる評価とフィードバック

　評価と賃金が結びつきにくいという点については前項で解説しましたが、評価は一切なくてもよいかというとそうではありません。職員の育成という点においても、評価制度を導入することで確実にチームワークや組織のあり方が強化され、保育の質も高まります。重要なのは、評価やキャリアパスを待遇決定のものさしにしないこと。あくまでも職員を育てるための評価として運用することを意識しましょう。

　自身の強みや将来に対するキャリアビジョンをつねに意識しながら、信頼できる管理者に伴走してもらうことで人間性や目標達成に対する意識も高まり、それがキャリアの土台となっていきます。

図表2　保育所等における評価の位置づけ

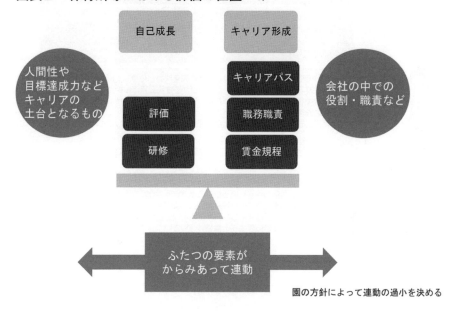

POINT！

　自己評価も管理者評価も評価項目に対して点数をつけて終わりにするのではなく、必ず言語化して振り返りましょう。そのうえで面談をすると目標やそれぞれの強みがより明確になり、意識も高まっていきます。

<目標を達成するために取り組むこと>
遠足、お別れの会などの行事があるので、クラス担当や園全体を巻き込み、率直に意見を言い合い、共に成長できるような雰囲気をつくり、行事を進めていく。

子どもたちの様子や希望を踏まえながら散歩先を決め、色々な公園巡りをすることができました。遊具で遊ぶだけではなく、自然遊びができる公園へ出掛け、子どもたちと日々、違う発見を楽しみ、走ったり、登ったり、跳んだりと体全体を使った遊びができました。1歳児には異年齢児との関わりを持たせ、手つなぎで散歩の楽しさを伝えました。散歩から戻ると子どもたちはキラキラした目で「楽しかった！」と話してくれました。

自己評価

2歳児の担任ではリーダーシップを積極的にとり、他の担任をリードしてくれていました。遠足では子どもたちが楽しめる企画を提供することができていました。トイレトレーニングでは子どもたちの個々の特性を知り、幼稚園に入る前までにパンツに移行したいと保護者の焦る気持ちも受け止めながら、自宅と同じように園でもトイレトレーニングがスムーズにできるように常に保護者と情報共有していました。2歳児の先生だけではなく、職員全体に周知して、トイレトレーニングを進めることができました。

同僚評価❶

子どもの様子・職員配置と常に全体を把握して展開することができていました。新しい先生や困っている職員への配慮が行き届いていて、周りの職員をポジティブな気持ちにさせてくれました。時には「体調はいかがですか？」「疲れていないですか？」等、保護者を労る声掛けもしてくれました。新型コロナウィルス感染拡大防止対策では2部制での活動になり、密にならないようにするにはどうしたら良いかを一緒に考えてくれました。

同僚評価❷

2歳児の担任のチームワークはとてもよく、きっとリーダーが他の担任の良さを十分に引き出せていたのだと思います。2歳児の行事が多くありましたが、園全体としての行事と捉えて、周囲の職員からの意見も取り入れていました。キャリアアップ研修で学んだ分散型リーダーシップを他の職員の成長に繋げるためにも取り入れていってほしいです。

管理者評価

❸ 育成のしくみを整えよう

　処遇改善等加算の受給要件にキャリアアップ研修の受講がありますが（図表3）、特定の職員に対する外部研修だけでなく、いかに職員全体に適切な研修を受講させ、育成していくかを考えていきましょう。

○キャリアアップ研修参加者に伝達研修をしてもらい、園でさらに深めていく。
○チームワークを強化するための研修
○日々の保育についてドキュメンテーションを用いた振り返りとディスカッション

図表3　処遇改善等加算Ⅱとキャリアアップ研修受講要件

	役職	勤続年数の目安	加算	要件
	園長	平均24年	―	―
	主任	平均21年	―	―
副主任	副主任保育士	概ね7年以上	4万円	① 職務分野別リーダーを経験 ② マネジメント＋3つ以上の分野の研修を修了 ③ 副主任保育士としての発令
	専門リーダー	概ね7年以上	4万円	① 職務分野別リーダーを経験 ② 4つ以上の分野の研修を修了 ③ 専門リーダーとしての発令
保育士	職務分野別リーダー※スタッフ職	概ね3年以上	5千円	① 担当する職務分野の研修を修了 ② 修了した研修分野に係る職務分野別リーダー※としての発令 ※乳児保育リーダー、食育・アレルギーリーダー等 ※同一分野について複数の職員に発令することも可
	一般保育士	～平均8年	―	―

<キャリアアップ研修科目>
① 乳児保育　② 幼児教育　③ 障害児保育　④ 食育・アレルギー
⑤ 保健衛生・安全対策　⑥ 保護者支援・子育て支援
⑦ マネジメント　⑧ 保育実践

4 業界全体の保育者の価値を高めていくために

キャリアパスは施設の方針に委ねられる部分が大きいですが、自園の保育者だけでなく、全体の価値を高めていくためにもある程度基準は統一すべきです。

ポイント

❶ 保育職員の流動化で「園の常識」は崩れつつある。

❷ 転職は当たり前になったが、キャリアを測れない。

❸ 様々な保育を経験することをポジティブに捉えよう。

❶ 保育者の流動化で、「この業界では当たり前」という感覚は少しずつ薄れている

保育・幼児教育の現場では、経営者側も職員も「休憩は取れなくて当たり前」「終わらない仕事は持ち帰って当たり前」「シフトを超えた時間はサービス労働で当たり前」、そんな常識が少し前までありましたが、当事者の意識も徐々に変わりつつあるように思います。その大きな理由の１つが雇用の流動化です。

人材不足の保育業界において、保育者はより良い条件の職場に躊躇なく転職するようになりました。働き方のルールに関するリテラシーが業界全体で高まってきたことが要因といえるでしょう。人の移動を離職率や定着率という言葉で表現するとマイナスなイメージを持たれるかもしれません。長く働き続けられる職場というのは確かに理想的ですし、あるべき姿です。

一方で、ほとんどの保育者が新卒入職で、若いうちから園の理念や方針がしっかり浸透している園こそが理想的かというとそうとはいえないかもしれません。一昔前の日本企業のような終身雇用を前提とした環境

は、帰属意識や安心感は得られるかもしれませんが、職員は1つの組織のルールの中で育つことになり、改革・革新の意識が醸成されず、全体としての保育・幼児教育の現場は変わっていかないからです。

❷　転職は当たり前になったけれども、キャリアを測れない

　今は転職するにしても働くうえでのルールがわかりやすく明示されるようになりました。園の年間休日や行事の内容もわかりますし、有休取得率や月平均の残業時間、育休取得率などを正確な数字で開示してくれている園もあります。資格や免許があれば職員はより自分の希望に近い園を選べますから、今の園に不満があれば転職に迷いません。こうした背景もあって、ここ数年で急速に園側が働くルールについて考え、整備しようとする意識が高まったのだと考えられます。

　職員にとっては有利なことですが、まだまだ整備が追い付いていないと感じる部分もあります。その1つを例に挙げると、たくさんの保育者と面談を重ねる中で印象に残る「これまでのキャリアをリセットされてしまった」という言葉です。

　前述した通り、条件面についてはたくさんの園の中から比較、さらに面接の過程で交渉することも可能ですが、自分の強みやこれまで積み上げてきたキャリアを新しい職場で存分に発揮できるかというと、そうでない場合も多くあります。園の雰囲気も良く、保育方針も待遇も自分の希望に近かったので入職を決めたけれども、期待した役割を与えられなかった、というようなケースです。労務管理や働き方については改善意識が出てきていますが、それぞれのキャリアを測り、個々の希望に沿って能力を生かすしくみがまだ整っていないのです。

　施設型給付（認可保育所や認定こども園、幼稚園）や地域型保育給付（小規模等）の園には処遇改善等加算によってキャリアパス要件をクリアしている園が増えてきていますが、このキャリアパスにはポストの数、ポストに対して支給される手当の原資に限りがあることから、既存の職員だけで組織のピラミッドをつくってしまい、中途入職した職員が入り

づらいという課題があります。

　国が示している経験年数の目安もありますが、結局はその施設におけ
る相対評価で立場が決まってしまうという実情もあり、どんなに経験年
数があってもベテランばかりの園に行けばポストは下がります。逆に、
若手ばかりの園に転職したら、待遇は上がるかもしれませんが、スキル
に見合わないポストに苦しむようなことも出てきます。また、空いたポ
ストに補充されたとしても、それぞれの役割が曖昧であるため、能力が
発揮できないといったことも起こります。

　中途入職者にとっては、これまでの経験や専門的スキルを給料に換算
するモノサシが用意されているだけではなく、役割や職責、育成のしく
みがしっかりと構築されていないと個々の強みを生かしきれず、働きが
いを持ちながら仕事と向き合うことが難しくなってしまうのです。

❸　様々な保育を経験することをポジティブに捉える

　「長く働くことができる」というのは、魅力ある職場への定着を意味
することでもありますが、職員の立場から見てみると、「長い職業人生
において、様々な保育現場を経験しながらキャリアを積み上げていくこ
と」であるともいえるのではないでしょうか。

　本来であれば専門職である以上、転職したとしてもこれまでの経験値
は可能な限り生かされるべきであり、ライフステージの変化に合わせて
緩急があったとしても積み上げてきたキャリアが崩れることもないはず
です。職員が様々な職場を経験することがポジティブな業界の発展につ
ながることが期待されます。

5　雇用の流動化で前向きな離職を受け入れていこう

　職員それぞれの意志や意欲、個々の状況に応じた働き方を受け入れ、

長く働き続けられるよう業界全体で体制を整えることが大切です。

ポイント
❶　職員の働き方を多様性という視点で考える。
❷　雇用の流動化でイノベーションを起こそう。
❸　管理者はネガティブな離職を減らす努力をしていこう。

❶　長時間働いてくれる職員だけが優れているのか？　多様性という視点で考えてみよう

　保育者の育休取得率・復帰率はともに上昇傾向にあります。長期的なキャリアを考えるうえでは、より柔軟性のある両立支援のしくみが求められます。例えば、若いうちは時間帯の制約もなく、本人主導で働くことができるため、幼児クラスを1人で担任するといったことも可能ですが、出産・育児を経て復帰する際には難しくなるでしょう。

　同じ組織で時短勤務をしながら複数担任の乳児クラスを受け持つことや雇用形態を変えてパートタイマーになること、職務内容や責任の程度を少し軽減した限定正職員になる、といった選択肢を設けることも考えられます。

❷　雇用の流動化でイノベーションが起こる

　保育・幼児教育の世界では一般企業と大きく異なる点があります。それは、園児に定員があるのと同様に職員数も一定である必要があるという点です。

　また、副主任や専門リーダーといった複層的な役職組織が生まれつつある一方で、園によっては園長と主任が絶対に変わらないというケースもあるため、働き続けても出世しない、平均年齢が上がってベテランが増えていくものの硬直化した組織でイノベーションが起こらないといった問題が出やすいです。

こうした構造をどのように捉えればよいでしょうか。それには、「業界全体での離職者を減らす」という視点を持つことです。保育の仕事そのものが辛くて辞めたい、二度と保育の世界に戻りたくないというような状況をなくしていかなければなりませんが、雇用が流動化することで本人にとっても施設にとっても良い作用がもたらされる場合があります。

キャリアアップにチャレンジしてみたい、これまでと違った運営形態の施設で働いてみたい、出産で退職したけれども離職期間をブランクと捉えずに育児という経験値を新たな現場で発揮したい、別の園を経験してまた戻ってきたい、といった前向きな転職であればどの施設にとっても好循環が生まれます。

また、複数施設を運営している場合は職員の硬直化を防ぐため、積極的に異動させること、その心理的ハードルをなくすために法人全体の一体感を築いていくことも大切です。

❸ 管理者として変革していくべきこと

誰ひとりとして辞めることのない組織づくりを意識するだけでなく、ネガティブな理由による離職を減らすこと、そのための労務管理や管理者自身の業務改善を徹底していくことが重要です。そして、長期的に働く意思がある職員に対しては、ライフイベントや自身の体力・体調の変化に応じた柔軟な対応と、どんな状況であっても安心して全力を発揮できる体制づくりをめざしましょう。

意識的に人を入れ替えたり、離職を促したりする必要はありませんが、変化を受け入れ、組織がイノベーションされ続けていくために、つねにアンテナを張って新しい学びを受けられる環境をつくっていくことも大切です。

<プロフィール>

菊地　加奈子（きくち　かなこ）

社会保険労務士法人ワーク・イノベーション代表
株式会社フェアリーランド代表取締役

　自身も保育園の経営を行っている経験を活かし、社会保険労務士として全国の保育園の労務管理・給与計算・処遇改善等加算・キャリアパス・人事制度構築の支援を行い、セミナーも多数登壇している。

　厚生労働省 保育の現場・職場の魅力向上検討会委員、厚生労働省 保育分野の業務負担軽減・業務の再構築のためのガイドライン編集会議委員など。

　プライベートでは6児の母。

人口減少時代における保育の多機能化
～子育て支援・保育の職場環境改革～　　令和5年5月20日　初版発行

検印省略

日本法令®

〒101-0032
東京都千代田区岩本町1丁目2番19号
https://www.horei.co.jp/

著　著　菊　地　加奈子
発行者　青　木　健　次
編集者　岩　倉　春　光
印刷所　東　光　整　版　印　刷
製本所　国　　宝　　社

（営　業）　TEL　03-6858-6967　　Eメール　syuppan@horei.co.jp
（通　販）　TEL　03-6858-6966　　Eメール　book.order@horei.co.jp
（編　集）　FAX　03-6858-6957　　Eメール　tankoubon@horei.co.jp

（オンラインショップ）https://www.horei.co.jp/iec/
（お 詫 び と 訂 正）https://www.horei.co.jp/book/owabi.shtml
（書籍の追加情報）https://www.horei.co.jp/book/osirasebook.shtml

※万一、本書の内容に誤記等が判明した場合には、上記「お詫びと訂正」に最新情報を掲載
　しております。ホームページに掲載されていない内容につきましては、FAXまたはEメー
　ルで編集までお問合せください。